"十三五"职业教育国家规划教材

新编旅游中等职业教育系列教材

模拟导游（第2版）

陈 波 雷 鸣 主 编

钟 林 董 媚 桂千武 张佩芹 副主编

MONI
DAOYOU

旅游教育出版社
·北京·

图书在版编目（CIP）数据

模拟导游 / 陈波，雷鸣主编. -- 2版. -- 北京 : 旅游教育出版社，2022.1（2023.9）
新编旅游中等职业教育系列教材
ISBN 978-7-5637-4329-2

Ⅰ. ①模… Ⅱ. ①陈… ②雷… Ⅲ. ①导游—中等专业学校—教材 Ⅳ. ①F590.633

中国版本图书馆CIP数据核字(2021)第234616号

新编旅游中等职业教育系列教材
模拟导游
（第 2 版）
陈波　雷鸣　主编

责任编辑	贾东丽
出版单位	旅游教育出版社
地　　址	北京市朝阳区定福庄南里 1 号
邮　　编	100024
发行电话	（010）65778403　65728372　65767462（传真）
本社网址	www.tepcb.com
E - mail	tepfx@163.com
排版单位	北京旅教文化传播有限公司
印刷单位	北京市泰锐印刷有限责任公司
经销单位	新华书店
开　　本	787 毫米 × 1092 毫米　1/16
印　　张	16.25
字　　数	282 千字
版　　次	2022 年 1 月第 2 版
印　　次	2023 年 9 月第 8 次印刷
定　　价	45.00 元

（图书如有装订差错请与发行部联系）

编委会

主　　编　陈　波　雷　鸣

副 主 编　钟　林　董　媚　桂千武　张佩芹

参编人员（按姓氏音序排列）

范靖环　李铁峰　李　霞　肖　蕾

印　杨　朱德勇　朱　轶

出版说明

结合《现代职业教育体系建设规划（2014—2020年）》的指导意见和《教育部关于“十二五”职业教育教材建设的若干意见》的要求，我社组织旅游职业院校专家和老师编写了“新编旅游中等职业教育系列教材”。这是一套体现最新精神的、具有普遍适用性的中职旅游专业规划教材。

该系列教材具有如下特点：

（1）编写宗旨上：构建了以项目为导向、以工作任务为载体、以职业生涯发展路线为整体脉络的课程体系，重点培养学生的职业能力，使学生获得继续学习的能力，能够考取相关技术等级证书或职业资格证书，为旅游业的繁荣和发展输送学以致用、爱岗敬业、脚踏实地的高素质从业者。

（2）体例安排上：严格按教育部公布的《中等职教学校专业教学标准（试行）》中相关专业教学要求，结合中等职业教育规范以及中职学生的认知能力设计体例与结构框架，组织具有丰富教学经验和实际工作经验的专家，按项目教学、任务教学、案例教学等方式设计框架、编写教材。

（3）内容组织上：根据各门课程的特点和需要，除了有正文的系统讲解，还设有案例分析、知识拓展、课后练习等延伸内容，便于学生开阔视野，提升实践能力。

旅游教育出版社一直以“服务旅游业，推动旅游教育事业的发展”为宗旨，与全国旅游教育专家共同开发了各层次旅游专业及相关专业教材，得到广大旅游院校师生的好评。在将这套精心打造的教材奉献给广大读者之际，深切地希望广大教师、学生能一如既往地支持我们，及时反馈宝贵意见和建议。

旅游教育出版社

前言（第2版）

立体化教学资源

2019年国务院颁布的《国家职业教育改革实施方案》中提出了“教师、教材、教法”（“三教”）改革的任务。“三教”改革中，教师是根本，教材是基础，教法是途径，它们形成了一个闭环，解决教学系统中“谁来教、教什么、如何教”的问题。

2020年文化和旅游部等十部门联合颁布《关于深化“互联网＋旅游”推动旅游业高质量发展的意见》，提出以“互联网＋”为手段，丰富旅游产品业态，拓展旅游消费空间，培育适应大众旅游消费新特征的核心竞争力，推动我国旅游业高质量发展。

可以预测，我国旅游职业教育将会面临重大改革和机遇，“模拟导游”作为旅游专业的专业核心课程，其重要性不言而喻，当前首先需要进行改革，以适应新形势下旅游业发展的需求，以符合“三教”改革对教材的要求。

本书在第1版的基础上，保留了第1版的优点和特色，除更新最新、最全的数据外，在第2版修订中，还尝试进行了三个方面的探索：一是加强与生产生活的联系，以项目＋任务驱动形式对章节内容进行编排，同时把第1版的案例分析更改为操作示例，用实际工作中的实例进行示范，突出应用性与实践性；二是完善教材形态，通过配套数字化教学资源，形成“纸质教材＋多媒体平台”的新形态一体化教材体系；三是开发数字课程，建设在线开放课程，满足“互联网＋职业教育”的新需求。

本书第2版由武汉市旅游学校陈波、雷鸣共同修订，数字化资源和数字课程由陈波、雷鸣、钟林共同完成。

由于时间和水平所限，书中难免存在疏漏和不足之处，恳请广大师生、读者以及旅游业内人士批评指正。

编者

2021年6月

前 言

本书为“十二五”国家规划立项教材之一。全书采用以实际工作为导向的项目教学法，针对中等职业学校学生的特点，引导学生以服务流程为主线，以学生为主体，以实践为核心，将导游能力的培养贯穿在每个项目之中。本书针对工作任务，设计工作情境，并且在设定的情境下，让学生扮演相应的角色，完成指定的工作任务，并对练习项目进行任务评价总结。本书摆脱了纯理论教学的模式，以提升学生的职业能力，培养学生导游工作规范化及进行个性化导游服务为目的。

全书共分十一个项目，每个项目包括任务导读、项目概览、学习目标、情境导入、任务描述、相关知识、案例分析、角色练习、视野拓展九大环节，以方便教与学的实施与检验。另外，本书还配有图片和练习题，增强了趣味性与实用性。

本书由武汉市旅游学校陈波、雷鸣担任主编，负责全书的整体结构设计及修改定稿工作。湖北十堰职业技术（集团）学校董媚、桂千武和江苏省铜山中等专业学校张佩芹任副主编。具体编写分工如下：

项目一：雷鸣、张佩芹；项目二：雷鸣、朱德勇（武汉城市职业学院）；项目三：范靖环（湖北十堰职业技术［集团］学校）；项目四：董媚、陈波；项目五：朱轶（武汉市旅游学校）；项目六：桂千武；项目七：张佩芹、李铁峰（山东省淄博市博山第一职业中等专业学校）；项目八：肖蕾（武汉市旅游学校）；项目九：李霞（山东省淄博市博山第一职业中等专业学校）；项目十：雷鸣、印杨（武汉市旅游学校）；项目十一：陈波、雷鸣。

在编写过程中，本书还得到了武汉市旅游学校、湖北十堰职业技术（集团）学校等单位领导的关心与支持，在此表示衷心的感谢。

编者

2016 年 8 月

目 录

项目一 认识导游工作

项目概览

在旅游接待中，导游员处在接待第一线。导游员工作独立性强、涉及面广、工作量大、关联度高。导游员和游客接触交往时间长，导游员工作的好坏，关系到旅行社的形象和声誉，进而关系到本地旅游业的健康发展。在教师分发工作任务书的基础上，学生通过资料收集、角色扮演、技能训练、小组讨论等方法，培养职业意识、基本操作技能和专业能力。

任务导读

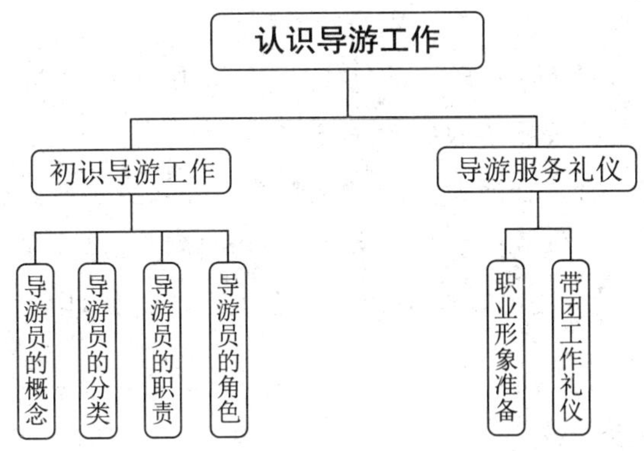

学习目标

（1）了解导游员的概念与分类，掌握导游员的职责，认清导游员角色。

（2）掌握导游员在服饰及服务等方面的礼仪。

任务一　初识导游工作

情境导入

“导游带团是一项工作，同时也是一门艺术。”

“导游要做的是，在知识方面不断充实自己，勤于收集相关资料，在讲解时以丰富的信息和生动的语言来打动游客。”

“导游是谦虚谨慎、善于交际、会处事的人。”

……

请谈谈你对导游工作的认识。

任务描述

本任务要求学生掌握导游员的概念、分类、职责及角色定位，为认识并理解导游工作打下良好的理论基础。

相关知识

一、导游员的概念

导游，顾名思义，就是引导旅游者旅行游览。导，有开通、引导的意思；游，即旅行、旅游。从内涵上看，“导游”这一概念包含两层含义：一是指导游者，二是指导游活动。在现实生活中，这两种含义常常被混淆，实际上是有区别的。导游员指的是前者；而导游业务、导游接待服务、导游工作，则是指的后者。

根据《导游人员管理条例》，导游员是指依据条例取得导游证，接受旅行社委派，为旅游者提供向导、讲解及相关旅游服务的人员。

导游是社会职业的一种，在旅游活动中是旅游服务人员之一。影响团队旅游体验的主要因素集中在导游服务上，优秀的导游服务可以使游客充分地感受到旅游的乐趣，并帮助游客从中获取足够的知识，还可以使游客对当地留下美好的印象，从而吸引游客的再次到访。

二、导游员的分类

导游员由于业务范围、业务内容的不同，服务对象和使用语言各异，其业务性质和服务方式也不尽相同。即使是同一个导游员，由于从事的业务性质不同，所扮演的社会角色也随之变换。根据目前的实际情况，对我国导游员，可以从不同的角度进行以下分类。

（一）按照业务范围划分

按照业务范围导游员分为海外领队、全程陪同导游员、地方陪同导游员。

1. 海外领队

是指经国家旅游行政主管部门批准可以经营出境旅游业务的旅行社的委派，全权代表该旅行社，带领旅游团队从事旅游活动的工作人员。

2. 全程陪同导游员（简称全陪）

是指受组团旅行社委派，作为组团社的代表，在领队和地方陪同导游员的配合下，实施接待计划，为旅游团（者）提供全程陪同导游服务的工作人员。

这里所说的组团旅行社是指受旅游团或海外旅行社预订，制订和下达接待计划，可提供全程陪同导游服务的旅行社。这里的领队是指受海外旅行社委派，全权代表该旅行社带领旅游团从事旅游活动的工作人员。

3. 地方陪同导游员（简称地陪）

是指受接待旅行社委派，代表接待社实施接待计划，为旅游团（者）提供当地旅游活动安排、讲解、翻译等服务的工作人员。

这里的接待社是指接受组团社的委托，按照接待计划，委派地方陪同导游员负责组织安排旅游团（者）在当地参观游览等活动的旅行社。

（二）按照职业性质划分

按照职业性质导游员分为专职导游员和兼职导游员。

1. 专职导游员

是指在一定时期内，以导游工作为其主要职业的导游员。目前，这类导游员一般为旅行社的正式员工。

2. 兼职导游员

也称业余导游员，是指不以导游工作为其主要职业，而是利用业余时间从事导游工作的人员。

目前，还有一种导游员，他们以导游工作为主要职业，但又不是旅行社的正式员工，一般挂靠在导游管理中心等单位，同时为若干家旅行社服务。这种导游员既不是专职导游员，又不是兼职导游员，称为“自由执业导游员”，按照发展趋势这种导游员很可能成为导游队伍的主体。

（三）按照导游使用的语言划分

按照使用语言导游员分为中文导游员和外语导游员。

1. 中文导游员

是指能够使用普通话、地方话或者少数民族语言从事导游服务的人员。目前，这类导游员的主要服务对象是国内旅游中的中国公民和入境旅游中的港、澳、台同胞。

2. 外语导游员

是指能够运用外语从事导游服务的人员。目前，这类导游员的主要服务对象是入境旅游的外国游客和出境旅游的中国公民。

视野拓展

“一带一路”建设需要培养国际旅游人才

早在2015年，国家发改委牵头下发的《推动共建丝绸之路经济带和21世纪海上丝绸之路的愿景与行动》明确指出要“加强旅游合作，扩大旅游规模”。历史告诉我们，“加强旅游合作，扩大旅游规模”非一朝一夕之功。工欲善其事，必先利其器。人才是旅游合作的支点，是国家可持续发展的保障。“一带一路”沿线国家语言多样、习俗各异、信仰有别，资源禀赋和发展程度也不尽相同。2017年，在“一带一路”沿线60多个国家中，中国游客到访人数最多的前十个国家中仅新加坡一国将英语列为官方语言。我国游客到访增速前十名国家为俄罗斯、文莱、波兰、捷克、匈牙利、尼泊尔、埃及、塞尔维亚、土耳其、斯洛伐克，这些国家都不是英语国家。由于种种原因，中国大多数旅游院校在国际交往过程中长期以美英澳为代表的英语国家为主，对“一带一路”沿线国家较为陌生。这一现象引致国内普遍缺乏精通“一带一路”沿线国家语言、深知“一带一路”沿线国家社情、国情的复合型人才。

（资料来源：高明．“一带一路”建设需要培养国际旅游人才［N］．中国旅游报，2018-7-6.）

（四）按照技术等级划分

按照技术等级导游员分为初级导游、中级导游、高级导游和特级导游。

1. 初级导游

《中华人民共和国旅游法》中明确规定，参加导游资格考试成绩合格，与旅行社订立劳动合同或者在相关旅游行业组织注册的人员，可以申请取得导游证。也就是说，具有高中、中专及以上学历，通过国家文化和旅游部组织的统一考试，获得导游资格证书并进行岗前培训，与旅行社订立劳动合同或在相关旅游行业组织注册后，自动成为初级导游。

2. 中级导游

初级导游报考同语种中级导游和初级外语导游报考中文（普通话）导游的，学历不限；初级中文（普通话）导游和中级中文（普通话）导游报考外语导游的，需具备所报考语种大专以上学历。取得导游资格证书满3年，或具有大专以上学历的取得导游证满2年，报考前3年内实际带团不少于90个工作日，经笔试《导游知识专题》《汉语言文学知识》或《外语》，合格者晋升为中级导游。

3. 高级导游

取得中级导游资格满3年，具有本科以上学历或旅游类、外语类大专学历，报考前3年内以中级导游身份实际带团不少于90个工作日，经笔试《导游能力测试》和《导游综合知识》（包括对旅游政策法规的掌握和运用能力，对旅游业发展趋势的深入了解，对国内外重大事件的及时掌握和分析，以及对旅游相关知识的综合运用能力），合格者晋升为高级导游。

4. 特级导游

取得高级导游资格5年以上，业绩优异，有突出贡献，有高水平的科研成果，在国内外同行和旅行商中有较大影响，经论文答辩通过后晋升为特级导游。

三、导游员的职责

（一）导游员的基本职责

每一种职业的从业人员都有其职责规定。人们常说的“做好本职工作”，就是这一层意思。根据当前我国旅游业发展的实际和各类导游员的服务对象，现将导游员的基本职责概括如下：

（1）根据旅行社与旅游者签订的合同或约定，按照接待计划安排组织游客参观游览。

（2）负责向旅游者导游、讲解，介绍中国（地方）文化和旅游资源。

（3）配合和督促有关单位安排旅游者的交通、食宿等，保护旅游者的人身和财物安全。

（4）耐心解答旅游者的问询，协助处理旅游途中遇到的问题。

（5）反映旅游者的意见和要求，协助安排旅游者会见、座谈等活动。

（二）全程陪同导游员（全陪）的职责

全陪是组团旅行社的代表，对所率领的旅游团（者）的旅游活动负有全责，因而在整个旅游活动中起主导作用。其主要职责是：

1. 实施旅游接待计划

按照旅游合同或约定实施组团旅行社的接待计划，监督各地接待单位的执行情况和接待质量。

2. 做好联络工作

负责旅游过程中同组团旅行社和各地接待旅行社的联络，做好旅行过程中各站的衔接工作。

3. 做好组织协调工作

协调领队、地陪、司机等各方面旅游接待人员之间的合作关系；配合、督促地方接待单位安排好旅游团（者）食、住、行、游、购、娱等旅游活动，照顾好游客的旅行生活。

4. 维护安全、处理问题

维护游客旅游过程中的人身和财物安全，处理好各类突发事件；转达或处理游客意见、建议和要求。

5. 宣传、调研

耐心解答游客的问询，介绍中国（地方）文化和旅游资源；开展市场调研，协助开发、改进旅游产品的设计和市场促销。

（三）地方陪同导游员（地陪）的职责

地陪是接待旅行社的代表，是旅游接待计划在当地的执行者，是当地旅游活动的组织者。其主要职责是：

1. 安排旅游活动

根据旅游接待计划，合理安排旅游团（者）在当地的旅游活动。

2. 做好接待工作

认真落实旅游团（者）在当地的接送服务和食、住、行、游、购、娱等服务；与全陪、领队密切合作，做好当地旅游接待工作。

3. 导游讲解

负责旅游团（者）在当地参观游览中的导游讲解，解答游客的问题，积极介绍和传播中国（地方）文化和旅游资源。

4. 维护安全

维护游客在当地旅游过程中的人身和财产安全，做好事故防范和安全提示工作。

5. 处理问题

妥善处理旅游相关服务各方面的协作关系及游客在当地旅游过程中发生的各类问题。

作为全陪、地陪或领队的导游员，都必须获得国家旅游行政部门颁发的导游资格证书，并持导游证上岗。

四、导游员的角色

随着旅游业的发展和旅游者需求层次的提高，现在的导游再也不是当初“向导＋服务员＋讲解员”那么简单的工作了。导游已经成为一个在全国有着几十万从业人员的职业，越来越多的人抱着美好的愿望义无反顾地投入到这个事业中来。那么，市场经济下，导游员在旅游过程中都扮演着什么角色呢？

（一）讲解员

为游客介绍旅游目的地秀丽的风光、风土人情、城市建设、人口状况、经济情况、生活状况、历史典故，这些都是导游员的基本工作，也是这个行业诞生的主要原因，这是导游工作的基础。

（二）城市（国家）名片

一个导游员是一个城市甚至一个国家的名片。游客可能一生只来一次这个国家、这个城市，在这短短的旅程中他们接触时间最长的人就是导游员。游客一般会从一个导游员的言谈举止、风度素质、穿着打扮等方面来评定当地人。因此，导游员是一个城市（国家）的名片。

（三）导购员

旅游六件事：食、住、行、游、购、娱。购买旅游目的地土特产品、特色工艺品是旅游的一件大事。指引、带领游客购买适合的当地特色产品和宣传地方文化是导游员的又一大职责。因此，导游员又是游客的导购员。

（四）杂务员

导游员时而是行李员，时而是传菜员，时而是意外事故处理员。总之，导游员经常扮演杂务员的角色。

（五）旅行社的活招牌

旅行社为旅游活动做了大量的前期工作，如设计线路、安排行程、招揽客人、联系各部门等，最后终于成行。如果遇上一个不令人满意的导游员，小则此次旅游以失败告终，大则给整个旅游线路及旅行社的品牌造成巨大负面影响。一名优秀的导游员不仅要让游客满意，更应该是旅行社的活招牌，要为旅行社赢得客源，增加经济收入。

视野拓展

“导游”一词的来历

导游，顾名思义就是指导旅游的人。导游之称是从“向导”一词演化而来的。“向导”这一称谓，在我国古代是军队中的一个专门名词。《孙子兵法》中就有“不知山林险阻沼泽之形者不能行军；不用‘向导’者，不能得地利”之语。

在我国旅游行业中，20 世纪 80 年代以前，还是沿用了“向导”这一称谓，也有称为“旅行干事”的，还有的叫作“领队”。改革开放以来，由于旅游事业发展突飞猛进，方才确定了“导游”这一专门称谓。

现在导游成为一种专门的职业，作为导游，必须有导游证，具备丰富的地理、历史等文化知识。旅游业的快速发展使导游迫切要求提高自身水平，只有这样方能在竞争中立足。

角色练习

【练习名称】

初识导游工作。

【练习要求】

掌握导游员的概念、分类、职责及角色定位。

【角色设置】

对学生进行分组，各组之间进行知识竞赛。

【练习材料】

课前准备关于导游员概念、分类、职责及角色定位的题目若干。

【练习步骤】

1. 常规概念抢答

（1）导游员概念。

（2）导游员分类。

（3）导游员职责。

（4）导游员角色定位。

2. 阐述对导游工作的理解

课前收集资料，组内交流，推选小组代表阐述对导游工作的理解。

3. 评价总结

教师对各组展示进行评价总结。任务评价内容及要求等见表 1–1。

表 1–1　任务评价表

序号	任务内容	任务要求	等级	待改进技能	备注
1	认识导游工作	了解导游员概念			
		理解导游员分类			
		熟悉导游员职责			
		熟悉导游员角色定位			
2	阐述对导游工作的认识	能够正确理解导游工作			
		对导游工作有着自己的见解			

任务二　导游服务礼仪

情境导入

导游员小李今天第一次上岗，她不知道自己是穿职业装、运动装还是休闲装。你对小李的着装有什么建议？

任务描述

本任务要求掌握导游带团工作中的礼仪，通过模拟练习掌握导游工作的形象准备和带团工作礼仪两方面知识。

相关知识

一、职业形象准备

（一）服饰搭配

服务业有句名言：“服装造就一个人。”欧美有这样一种说法：“衣着不得体，连自己也管不好的人，怎么能照顾好别人？”服饰可以说是一张醒目的“名片”，既是一个国家、地区、民族的精神风貌、生活习惯的反映，也是一个人气质修养、职业习惯的体现。导游员的服饰搭配，要注意整洁、得体、协调。

1. 款式

选择一款适合自己的服装，是导游员职业形象准备首先考虑的问题。如果选择的服装款式恰当，就会显得高雅、沉稳，富有魅力；相反，衣着随便、不伦不类，会给人漫不经心、随意马虎、草率鲁莽的印象，令游客产生不信任感。

在带团过程中，便装是导游员最常用的服装款式，如休闲服、运动服、牛仔装等。便装会令导游员工作起来非常方便，令游客感觉亲切。

导游员的服饰，因地区和旅行社的不同而有很大差异。有的旅行社提供全套服装，有的旅行社只规定服装的颜色或式样。

当然，如果旅游行程中安排了一些会议、宴会、舞会等，导游员要准备好适合这些场合的正装或民族服装。男性导游员可以准备一套西装。

2. 颜色

导游员要根据自己的带团风格和个性特点选择相应颜色的服装。一般来说，深色系的服装给人深沉、稳重的感觉；浅色系的服装给人清新、活泼的感觉；单色服装给人细心、纯洁的感觉；花色服装给人轻快、热情的感觉。

体形较胖的导游员和个性外向的导游员最好选择深色调、单色和较暗的服装。体形较瘦的导游员和个性内向的导游员最好选择浅色调、花色、较亮的服装。

导游员要根据不同的带团场合、季节选择不同色彩的服装。比如，春暖花开的季节，选择一款色彩明亮的服装带游客在野外游览，人和自然都有生机盎然的向上感觉，很有生气。

3. 饰物

饰物和服装密不可分，可以视作导游员整体着装的点缀。但是，导游员佩戴饰物必须牢牢把握自己的身份。应该选择恰当合理的饰物，起到锦上添花而非画蛇添足的效果。

（1）导游证：是职业形象的重要标志，导游员上团必须佩戴在胸前。

（2）帽子：既是装饰品，也是防晒御寒的实用品。

（3）首饰：导游员选择首饰要掌握精美而不夺目、雅致而不低俗的原则。

（二）发型

头发要保持清洁和整齐。女性导游员如是长发，在工作时应束起或盘起头发，不要随意披散；男性导游员，应前发不覆额、鬓发不过耳、后发不及领。

（三）化妆

女性导游员上团时可以化淡妆，既表示尊重游客，又可以适当修饰和美化自己，体现出自然、大方、清新的风貌。导游员的手部指甲要及时修剪，不要留过长的指甲，指甲内要保持干净，不能藏有污垢，不要涂深色指甲油或做过分夸张的美甲。

由于带团在外，对导游员的体力要求较高，经常东奔西走，出汗较多，男女导游员都可适量使用香水，遮盖汗味。但是要控制香型和使用量，味道浓郁和过量使用都会适得其反。

视野拓展

导游员职业形象

所谓职业形象，就是社会与公众对某个固定职业的从业人员进行仪表和行为的针对性评价。良好的职业形象不仅能够保证业务的进行质量，更影响着整个行业的发展。旅游业作为第三产业的代表性行业，其导游的职业形象直接影响着游客们的旅游感受。对于导游来讲，其职业形象亦是游客整个旅游过程中的一道风景线。为此，导游必须要树立良好的职业形象，进而增加游客的合作率，提高导游的工作质量。

〔资料来源：陈云志．导游服务和导游员职业形象探析［J］．才智，2017（16）．〕

二、带团工作礼仪

（一）姿态语言

导游员在工作状态中，大部分需用站立式服务，对于站姿的要求主要体现在以下两方面：

1. 车内讲解

面对客人，背倚导游工作靠背，一只手握扶手，一只手握话筒。

2. 实地讲解

面对游客，组织游客呈半圆形后站在游客中心位置。

（二）表情语言

1. 微笑

微笑，是世界通用的无声语言，可以超越民族和文化的差异。微笑的基本做法是：不发声、不露齿、肌肉放松，嘴角两端向上略微提起，面含微笑，亲切自然。微笑一定要发自内心，由内而外的微笑才是真诚的。

2. 目光

“眼睛是心灵的窗户。”眼睛能如实反映出人的内心世界、喜怒哀乐，在传递信息的过程中起着重要的作用。

与游客交流时，目光应停留在客人的双眼与嘴唇之间的三角区域内，保持一定的目光接触，不要左顾右盼，以免显得不尊重人。与游客交谈时，目光尽可能与游客的目光保持在同一水平高度。目光应真诚、大方、友善、亲切。

（三）服务礼仪

1. 迎送礼仪

（1）凡导游员到机场、车站、码头迎接客人，必须比预定的时间早到，以等候客人，不可让客人等候导游员。

（2）游客上车时，导游员应主动、恭敬地站立于车门口，欢迎每一位游客，并协助其上下车，待客人上齐后导游员方可上车。

（3）游客落座后及时清点人数。清点人数时，可默数。忌用导游旗来回比画，也不能用手拍打客人的肩背部位，更不得用单手手指对游客头部或脸部指指点点。

（4）到达目的地前，应提前将即将进行的活动安排、集合时间和地点等相关信息明白无误地向全体游客通告，并再次告知游客旅游车的车牌号码及司机的电话号码，以方便走失的游客寻找。

（5）车辆启动后，切忌沉默不语，可以向游客介绍日程、民俗风情、旅游景点等。但是，要注意观察客人的精神状况，如客人较为疲劳，则让客人休息。

（6）为客人送行后，应使对方感受到自己的热情、诚恳、有礼貌和有修养。临别之时，应亲切询问客人有无遗漏物品并及时帮忙解决；送站人员要尽量帮客人将行李安顿好，分别时讲些“一路顺风”“欢迎再来”的话，待飞机起飞后或车船开动后方可离开。

2. 导游活动中的礼仪

（1）导游员要高举导游旗，保持导游旗正直，不扛在肩上，更不要反复摇晃导游旗或将其拖在地上。

（2）导游证、旅行社的徽章或者名牌应佩戴在服装左胸的正上方。

（3）在车上讲解时，导游员站姿要到位，表情自然，与游客保持良好的“视觉交流”。目光应关照全体在场者，以示一视同仁。手持话筒，音量适当，规范讲解。手势力求到位，动作不宜过多，幅度不宜过大。

（4）游客提出问题时，导游员要耐心听取，并及时解答。如果自己正在说话或讲解时，可亲切示意对方稍等，待自己说话告一段落时再解答旅游者的提问，不可视而不见、充耳不闻。

（5）带团期间，导游员应随时提醒客人注意行路安全，凡遇到难以行走或拐弯之处，应及早提醒客人多加注意。

（6）带客游览过程中，导游员应认真组织好客人的活动，做到服务热情、主动、周到。导游员讲解应内容准确、表达流畅、条理清楚、语言生动、手法灵活。此外，还应注意给客人留出摄影时间。

（7）导游员与游客交谈时，一般不要涉及疾病、死亡、隐私等不愉快的话题。对客人不愿回答的问题，不要追问；遇到客人反感或回避的话题，应表示歉意，并立即转换话题。导游员要尊重不同国家、地区和少数民族游客的宗教信仰和风俗习惯。对游客不要询问对方收入、婚姻状况、年龄、家庭、个人履历等私人问题。

视野拓展

中国饮食文化中的用餐礼仪

我国饮食文化体现了“阴阳五行”的哲学思想。阴阳五行的哲学思想认为金、木、水、火、土五种物质是构成世界的基本元素，这五种物质又是相辅相成，处于不断的运动变化之中的。饮食作为人类生存必不可少的因素，也蕴含着这样的思辨特点。例如，中国的饮食文化把味道分为“五味”，把谷物分为“五谷”等，都遵循着“阴阳五行”的哲学思想。

据文献记载，我国早在周代，用餐礼仪就已形成一套相当完备的体系，并对以儒家文化为主流文化的“中华文化圈”国家起着长久、深远的影响。

在中国的用餐礼仪中，很讲究就餐时的座位安排。距离门口最远的正中央的位置是主座，主座一般是邀请人或者辈分最高的人坐的位置。主宾和副主宾分别坐在主座的右侧和左侧，位居第三位、第四位的客人分别坐在副陪的右侧和左侧。剩下的座位没有顺序，但要先协助年长者或妇女坐下。在就餐开始时，只有在主座先动筷子以后，其他人才能动筷子。

晚辈和长辈同席，不能当着长辈面饮酒；若要饮酒，也须转过身去饮用，且只有长辈举杯，其余人才可以依次举杯；长辈若在吃饭时还未归来，全家要等到老人归来方能进餐；每上一道菜，也必须在长辈尝过后，晚辈才可享用。

（资料来源：方碧陶．中韩饮食文化中的用餐礼仪比较［J］. 戏剧之家，2017-06.）

角色练习

【练习名称】

导游礼仪。

【练习要求】

掌握导游工作的形象准备和带团工作礼仪两方面知识。

【角色设置】

对学生进行分组练习，各组之间进行竞赛。

【练习材料】

（1）课前准备某旅游团的基本情况，包括团员年龄、游览景点、天气等信息。

（2）设计旅游过程中的相关场景：迎送游客、清点人数、用餐。

【练习步骤】

1. 换装比赛

（1）教师给出一个旅游团的基本情况，包括团员年龄、游览景点、天气等信息。

（2）小组比赛，根据以上信息来设计职业形象并阐述理由。

2. 情境模拟比赛

抽签，根据场景进行模拟比赛。

3. 评价总结

教师对各组模拟比赛进行评价总结。任务评价内容及要求等见表 1-2。

表 1-2 任务评价表

序号	任务内容	任务要求	等级	待改进技能	备注
1	职业形象准备	认识职业形象的重要性			
		能够根据具体内容设计得体的职业形象			
2	带团工作礼仪	姿态语言			
		表情语言			
		服务礼仪			

课后练习

1. 你认为作为一名导游员应具备哪些重要素质?
2. 简述导游员的概念。
3. 导游员可以从哪些角度进行分类？分为哪些类别?
4. 简述全陪、地陪、海外领队的职责。
5. 简述导游员的职业形象的重要性。
6. 导游员在带团工作中要注意哪些方面的礼仪?

项目二

接待准备工作

项目概览

接待准备工作是导游工作的关键。这个环节的好坏会直接影响到整个旅游过程中游客的感受，在一定程度上决定了一次行程是否顺利。在教师分发工作任务书的基础上，学生通过角色扮演、技能训练、小组讨论等方法，培养职业意识、基本操作技能和专业能力。

任务导读

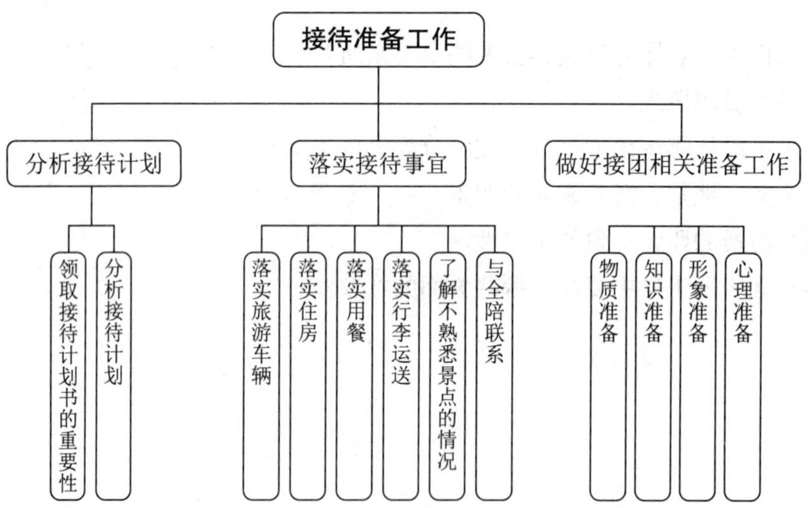

学习目标

（1）掌握接团准备的要素与步骤，学会分析接待计划。

（2）熟悉如何落实接待事宜。

（3）接团准备工作的模拟训练。

任务一 分析接待计划

情境导入

一天，导游员小李接到了旅行社电话，让他接一个武汉 3 日游的地接团。随后，小李到旅行社领取了接待计划书。

请问，接待计划书（出团任务书）中包括哪些内容？这些内容对于团队接待有何影响？

任务描述

本任务要求学生熟练分析接待计划。主要是通过分组教学、角色扮演等方法，对分析接待计划进行模拟。

相关知识

组团社与接待社双方以传真的方式确认旅游团之后，旅行社计调人员会据此做好接待计划，并向导游员下达接待计划。导游员在接团前必须领取接待计划书，并认真分析接待计划上的相关信息。

一、领取接待计划书的重要性

（一）提前与旅行社建立联系，了解和熟悉团队的相关信息

1. 与旅行社做好事先沟通工作

通过领取任务这一环节，导游员可以提前明确团队的性质、出团要求，并做好与旅行社方面的事前沟通工作，根据导游员的带团经验可以对出团任务书中相关问题进行协商、询问，提出相应的建议，以便更好地为旅游者服务。

2. 掌握旅游团队相关信息

一名导游员在出团前对旅游团队信息的了解程度，在一定程度上决定此次行程是否顺利。因为游客的要求千差万别，只有早做准备才能在有限时间内提供有针对性的服务。

（二）发现行程安排中的问题，及时调整

在接到出团任务书后，要求导游员细心阅读要求、行程、特殊安排等。对一些特殊的安排和细节方面的要求进行详细的分析、沟通和协调，对于存在问题的方面，可以尽早要求旅行社的相关人员进行调整和更改，以防止不必要的损失。

（三）有助于接待前各项准备工作的实施

针对出团任务书中的安排和要求，导游员要提前做好各项准备工作，包括语言、形象

等各个方面工作。

二、分析接待计划

导游员在接受任务后，通过仔细阅读分析团队接待计划，应掌握旅游团队以下信息。

（一）旅游团的基本信息

旅游团的基本信息包括旅行社的名称，联络人姓名、电话，客源地组团社名称、团号，旅游团的结算方式，旅游团的等级（如豪华团、标准团、经济团），全陪信息，地陪信息。

旅游团一般都会有一个自己独有的团号，一般是英文字母与数字的组合，字母大多是城市或者旅行社的拼音缩写，而数字是团队到达该地的日期，如，团号 YYTX-20191202-D，表示的是易游天下旅行在 2019 年 12 月 2 日抵达的旅行团。如果同一天该旅行社有几个团到达的话，习惯在数字的后面标注 A、B、C、D 以示区别。这样的一个团号具有唯一性，地接社预订酒店或者在餐厅与景点签单时都需要用到团号。

（二）旅游团队成员的基本情况

旅游团成员的基本情况包括游客姓名、性别、职业、年龄、民族、宗教信仰等。

视野拓展

旅游者的一般类型与特征

旅游者的类型一般可以分为四种：以收集文化知识为主要目的的旅游者，以观光旅游为主要目的的旅游者，以娱乐消遣为主要目的的旅游者和以健身保健为主要目的的旅游者。

1. 以收集文化知识为主要目的的旅游者

这类旅游者因为求知欲很强，所以他们会克服食宿和交通等方面带来的不便和困难。即使是身份地位较高的专家学者，为了获取知识，他们也会付出一定的艰辛，不辞辛苦地坚持完成旅游实践活动。这一类旅游者随着社会经济的发展和社会文明的进步呈现出了不断增长的趋势。

2. 以观光旅游为主要目的的旅游者

这类旅游者在游客中占有很大一部分比例，是在所有类型的旅游者中比较理智的一类人群。他们的旅游范围比较广泛，既可以去名山大川观赏秀丽的自然山水和珍稀的动植物，也可以前往陵墓碑林回顾人类的历史古迹，感受不同地域不同民族的风土人情。他们对没有见过或不是特别了解的内容都表现出极大的兴趣，大海、冰雪、森林都是他们要观赏的景物。

3. 以娱乐消遣为主要目的的旅游者

注重娱乐消遣的旅游者除了欣赏美丽的风景，更加喜欢游乐场这样的地方，对文艺演出或是其他表演也情有独钟。单纯地去观赏自然风光是远远不能激起这些旅游者浓厚兴趣的，他们更希望旅行社给他们安排出内容丰富多彩、形式多变的活动，能够让旅行生活富有变化和节奏感。尤其是一些体验参与活动，能够极大地满足这类旅游者的兴趣。

4. 以健身保健为主要目的的旅游者

随着社会的发展和人类保健意识的日益增强，这类旅游者非常注重自己的身体保健。旅行社或相关组织安排的户外活动并不总能引起他们关心，他们最注重自己的身体健康和与健身保健有关的项目。旅游活动和旅游目的地的保健作用是他们做选择时的第一考虑要素，安静的环境、适宜的气候、饮食的安全性、住宿条件及卫生情况，这些都将成为这些旅游者决策时的重要考虑因素。

（三）旅游团路线相关情况

包括全程旅游路线、时间，如是海外旅游团队，还需了解入出境地点。

（四）所乘交通工具的情况

交通工具的情况包括团队抵离目的地时所乘飞机（火车、轮船）的班次、时间和机场（车站、码头）的准确名称。

（五）掌握交通票据的情况

（1）团队前往下一站的交通票是否按计划订妥，有无变更及更改后的落实情况；有无返程票。

（2）接海外团应了解该团机票有无国内段机票；要弄清机票的票种是 OK 票还是 OPEN 票。

① OK 飞机票：OK 飞机票是已经订妥日期、航班和机座的飞机票。凡是确定好座位的飞机票，都被称为 OK 飞机票。旅客持有确定好座位的飞机票，即可按上边的日期和航班号登机启程。

② OPEN 飞机票：OPEN 飞机票一般是指不指定具体航班信息的飞机票。有半 OPEN 票，就是指定航空公司，不指定航班号。还有全 OPEN 票，就是航空公司、航班号都不指定。国际航班的 OPEN 飞机票较多，国内航班一般不允许 OPEN。

OPEN 飞机票也是相对 OK 飞机票而言的。凡是飞机票上没有确定起飞具体时间，即没有预订妥座位的有效飞机票，都被称为 OPEN 飞机票。

旅客如需购买 OPEN 飞机票，要到航空公司售票处办理订座手续，订好日期、航班后贴更改日期条。此种机票虽然较自由，购买时回程在有效期内可以不定日期，但风险较大，可能会遇到希望预订的日期订不上机位或订不到同飞机票上舱位等级一致的机位的情况，特别是在航线旺季时经常整月订不到机位。一旦发生上述情况，旅客往往会滞留境外或补交差价购买高舱位飞机票或另购其他航空公司的飞机票返回，经济上损失较大。因此游客在选择 OPEN 飞机票时，要慎重考虑。

（六）掌握特殊要求的注意事项

（1）该团是否要求有关方面负责人出面迎接、会见、宴请等礼遇。

（2）该团有无要求办理通行证地区的参观游览项目，如有则要及时办理相关手续。

导游出团通知书模板见表 2-1，旅游任务派遣书模板见表 2-2。

表 2-1　导游出团通知书模板

导游出团通知书

制单：	电传：
导游：	手机：

（如因字迹不清，内容不详，请及时回复核实）

TO：导游员

现公司有一团，团号为________，人数___人，抵本地旅游线路为________，游览___天，特委派你来接待该团。团队性质：□散客拼团　□独立团队　□可散拼团队　□港澳台游客　□其他语种游客。请认真阅读导游出团通知书，遵循公司的规章制度，注意行为规范，维护公司的信誉，做个合格的优秀导游员。

<table>
<tr><td colspan="4">送接团方式：由______乘______航班飞抵武汉或乘______车次抵达武汉
接团：______月______日______时在出口处举“______”旗或举游客姓名______接团
送团：______月______日______时将游客提前一小时送抵______，送机时请协办登机手续 / 送车时送到指定候车厅</td></tr>
<tr><td>接团提示</td><td>□请在机场 1 号航站楼出口处候客
□请在机场 2 号航站楼出口处候客
□请在汉口火车站出口处举旗候客
□请在武昌火车站东出口处举旗候客
□请在______________</td><td>送团提示</td><td>□将游客送到天河机场 1 号航站楼国内出发厅大屏幕下
□将游客送到天河机场候机厅办理登机手续
□将游客送到汉口火车站指定车次候车大厅
□将游客送到______________</td></tr>
<tr><td colspan="2">酒店
酒店名称________　入住日期________
电　话________　联 系 人________
所处位置________
早餐方式（□桌餐　□自助餐　□不含餐）餐标：__元
付款方式（□前台现付　□挂账）</td><td colspan="2">其他
___月___日入住位于______酒店共___天
总机___联系人___手机______
付款方式（□前台现付　□挂账）</td></tr>
<tr><td colspan="2">公司签单餐厅
________联系人________特色________
________联系人________特色________
________联系人________特色________</td><td colspan="2">公司指定商场
________联系人________
________联系人________
________联系人________</td></tr>
</table>

续表

<table>
<tr>
<td>公司签单景点（在团队售票处签单）
1. 黄鹤楼　　2. 归元寺
3. 东湖　　4. 红楼
5. 其他________________________

本团司机　姓名________　手机____________
车型________　牌照号________　正坐________
车内设施：□液晶电视　□车载电视　□话筒　□空调
车队电话__________　联系人__________
付款方式：□送团时现付　□挂账　□其他
其他__________

导游员声明
本人已详细阅读以上提示与内容，同意并遵守导游带团法则，维护公司信誉。

导游员签字　　　　日期</td>
<td>特别提示
（1）接团时仔细核对行程、人数、标准、景点、接站车次 / 航班、组团社名，并提前 30 分钟到达指定地点。
（2）送团时必须核实返程车票 / 机票的班次、时间，并提前一小时将游客送到指定地方。代收余款必须提前收齐，如有变动听从公司安排，切莫擅自变更。散客团必须提前分组，便于分票分房。
（3）行程内景点、酒店、游船、商店必须提前联系，以免措手不及产生后患。自备团款应急。
（4）介绍游客参加合同未约定的消费项目时，必须取得游客的书面签字同意，不得到非公司定点商店购物；凡涉及游泳、爬山等高危险项目的活动，必须坚决杜绝；遇突发事故要及时报警并保留证据。
（5）导游讲解要语速适中，吐字清晰。带团期间不得饮酒、赌博、言语不文明及做出有损公司形象的行为。
（6）领取任务后不得随意停团、刁难客人，更不应将个人情绪带到工作中，如因个人利益而影响团队质量，或因个人原因造成团款及机、车、船票遗失，所引起的投诉与纠纷、造成的损失自行承担。
（7）导游员必须两次至桌前询问用餐情况，如菜量不足应通知餐厅采取补救措施，确保客人满意，不得擅自退餐、写餐标费用证明。
（8）提前告知游客下榻的酒店名称、导游员手机号，并提醒游客入住前检查房间物品是否完好；通知前台叫早并安排好次日的早餐，协调好司机的行车路线。擅自离团或私自转团所造成的损失由导游员承担，公司有权追究其法律责任。</td>
</tr>
</table>

注：导游员在带团出游或地接时，必须携带任务派遣书。旅行社必须按照要求填写，并加盖公章。

表 2-2　旅游任务派遣书模板

旅行社旅游任务派遣书

<table>
<tr><td>旅行社名称</td><td colspan="3">湖北易游天下国际旅行社</td><td>电话</td><td colspan="2">123456789</td></tr>
<tr><td>团号</td><td colspan="2">YYTXTS-20191202-D</td><td>游客类别</td><td>□国际　□国内</td><td>游客人数</td><td>35 人</td></tr>
<tr><td>导游员姓名</td><td>李某某</td><td>专兼职</td><td>专</td><td>导游证号</td><td colspan="2">D-4201-100000</td></tr>
<tr><td>目的地</td><td colspan="3">武汉精华两日游</td><td>团队性质</td><td colspan="2">□地接　□出游</td></tr>
<tr><td>任务时间</td><td colspan="5">2019 年 12 月 2 日至 2019 年 12 月 3 日</td><td>2 天 1 夜</td></tr>
<tr><td rowspan="4">乘坐交通情况</td><td>抵达</td><td colspan="4">交通工具：动车　航（车）次 12 月 2 日 12 时</td><td></td></tr>
<tr><td>离开</td><td colspan="4">交通工具：动车　航（车）次 12 月 3 日 20 时</td><td></td></tr>
<tr><td>接送站</td><td colspan="4">接：车型　旅游大巴　座数 39　司机　张师傅
送：车型　旅游大巴　座数 39　司机　张师傅</td><td></td></tr>
<tr><td>城市间</td><td colspan="4"></td><td></td></tr>
</table>

续表

住宿饭店	东方建国大酒店	住宿天数	1
游览景点	黄鹤楼、归元寺、红楼、东湖听涛、东湖磨山、省博物馆、户部巷		
进餐地点	户部巷、楚灶王		
购物地点	无		
其他安排	无		
计调部负责人	（签名）	计调部电话	1234567
完成任务情况及有关说明			

操作示例

一个旅游团的北京日程安排

某年7月份，北京导游员小王接待了一个20人的旅游团。该团在北京的日程安排得很是紧凑：第一天晚上抵达北京后，全团入住酒店休息；第二天早上6点起床，上午参观天安门、故宫，下午前往颐和园、动物园，晚上吃风味餐、看京戏，晚上10点全团回酒店；第三天上午团队前往八达岭长城，下午去定陵，晚上前往王府井购物；第四天上午去天坛、雍和宫，午餐后送团离开北京。

如果此团的20名团友均为60岁以上老人，你觉得团队安排上有何问题？你在领取接待计划时发现了存在的问题，你会和旅行社做怎样的沟通？

在我国的旅游市场中，老年游客占有较大比例。应根据老年游客的生理特点和身体情况安排旅游计划，日程安排不要太紧，活动量不宜过大，项目不宜过多。同时，注意适当增加休息时间，晚间活动后不要回饭店太晚。

角色练习

【练习名称】

分析接待计划。

【练习要求】

熟悉接待计划书的内容并做分析。

【角色设置】

（1）教师为计调人员或业务员，设置接待计划书并与导游员核对问题。

（2）学生分组，各组独立完成接待计划分析。

【练习材料】

接待计划书（课前收集、准备）。

【练习步骤】

1. 熟悉接待计划书并做记录

认真阅读接待计划书的有关资料，详细地了解该旅游团的服务项目与要求，并就相关要点做记录。

（1）接待计划书签发单位（即组团社）、联络人姓名及电话号码。

（2）客源地组团社名称、旅游团名称及代号、电脑序号、国别、语言、收费标准（豪华团、标准团、经济团）和领队姓名。

（3）组团人员的情况：人数、性别、姓名、职业、宗教信仰。

（4）全程旅游线路、入出境地点。

（5）所乘交通工具情况：抵离本地时所乘飞机（火车）、码头名称。

（6）掌握交通票据情况。

（7）该团去下一站的交通票据是否按计划订妥，有无变更及更改后的落实情况。

2. 各组针对接待计划书核对内容

（1）询问团队情况，弥补接待计划书中的不足。

（2）针对团队问题与旅行社沟通，进行调整与更改。

（3）各组代表阐述旅游团队特点及注意事项。

3. 评价总结

教师和各组代表对模拟过程进行评价总结。任务评价内容及要求等见表 2–3。

表 2–3　任务评价表

序号	任务内容	任务要求	等级	待改进技能	备注
1	认识领取接待计划书的重要性	提升认识			
2	分析接待计划书	详细地了解该旅游团的服务项目与要求			
		与旅行社核对接待计划书			
		把握团队特点			

任务二　落实接待事宜

情境导入

导游员小李从旅行社领取了接待计划书后，准备开始安排落实相关事宜。

请问，小李需要和哪些部门联系，安排哪些事宜呢？

任务描述

本任务要求学生掌握落实接待事宜的方法。主要是通过分组教学、扮演角色等方法，对落实接待事宜进行模拟。

相关知识

按照《导游服务质量标准》的要求，在全面掌握旅游团的基本信息后，地陪导游员应在旅游团抵达的前一天，与有关部门或人员落实、检查旅游团的交通、住宿、行李运输等事宜。

下面，以地陪工作为例，介绍落实接待事宜的相关知识。

一、落实旅游车辆

（一）与车队或汽车公司联系

一般情况下，旅行社的相关工作人员已经和车队或汽车公司联系过。车队或汽车公司已经按照团队的人数和时间要求，安排了相应的接团司机。导游的此次电话是问清并核实车号、司机师傅的姓名、联系电话，并对以上情况做书面记录。

下面是导游（地陪）与汽车公司调度员的电话联络内容。

导游：您好，请问是 A 旅游汽车公司的张调度员吗？

调度员：是的，请问您是哪位？

导游：我是 B 旅行社的导游员小李，请问明天接待我社的 YYTXTS–20191202–D 团的旅游车安排好了吗？

调度员：已经安排好了，33 座金龙旅游车，司机是王立。

导游：张调度，我们原来预订的可是 45 座的旅游车，现在换成 33 座恐怕不行呀！

调度员：现在是旅游旺季，车辆较为紧张，如果实在不行的话，能不能再加一辆 17 座的小车？

导游：加一辆车，就需要增加一位导游员，现在是旅游旺季导游员也不好安排啊。如果分成两辆车，对我们的工作也多有不便。实在有困难，请您想办法再调整一下。

调度员：好吧，那我想办法给您安排一辆 45 座金龙吧。

导游：您现在能告诉我这辆 45 座车的司机是哪位吗？

调度员：现在不能，等调整过后才能知道，您下午再来电话好吗？

导游：好，我下午再与您联络。

（二）在车上做好标记

在接待一些大型旅游团时，导游（或汽车公司）应该事前准备一些编号或醒目的标记贴在车上。

（三）与司机联系

导游与汽车公司联系后，核实了出团司机的相关信息，应提前一天与司机约定接头地点、出发时间（准确估计时间，提前半小时到达接站地点）。接头地点一般会选择机场（车站、码头）的停车场。

下面是一段导游（地陪）与司机的对话。

导游：是王师傅吗？我是B旅行社的导游小李，您明天和我一起接团吗？

司机：是的，我们明天怎么接头呢？

导游：明天下午4点的飞机，您看我们明天下午3点钟在新世界酒店门口见面，可以吗？

司机：好的，可以。

导游：王师傅，对不起，问一下，您车上的空调与麦克风都没问题吧？

司机：是的，都没有问题。

导游：另外，我再简单地跟您介绍一下团队的行程，等我们见面后再详细向您说。（简单介绍行程。）请您现在告诉我您的车牌号码。好，记下了。这次又让您辛苦了。多谢，明天见。

二、落实住房

（一）地陪应熟悉饭店情况

地陪应该熟悉团队所住饭店的名称、位置、服务设施和服务项目，如距离市中心的距离、附近有何购物娱乐场所、交通状况等。

（二）地陪与饭店核对信息

首先，地陪需要向饭店销售部或总服务台核实该团游客所住房间的数量、级别、用房时间是否与旅游接待计划相符合，以及房费内是否含有早餐。其次，地陪需要向饭店提供该旅游团抵店的时间。

下面是导游（地陪）与宾馆总服务台的一段对话。

导游：请问是新世界酒店总台吗？我是B旅行社的导游员小李，请问您接到我社明天抵达的YYTXTS-20191202-D团的住房预订了吗？

宾馆总服务台：请您稍等，我查一下。好，有的，明天入住，人数36+1，共18间标准间，1个全陪床，对吗？

导游：对，但是我们要求其中有14间为海景房，请问，是否能够保证？

宾馆总服务台：没问题。

导游：另外，希望您能尽量安排我们全团住在同一楼层。

宾馆总服务台：好的，已按照您的要求安排好。请问，您还有什么要求吗？

导游：这个旅游团，在我们这里是入境的第一站，可能会有很多游客要换外汇，请通知一下酒店的外汇兑换处多准备一些零钞。

宾馆总服务台：好的。

导游：团队会在明天晚上 7 点以后入住，请您通知宾馆的行李服务生做好准备。

宾馆总服务台：好的。

导游：拜托了，谢谢，再见。

三、落实用餐

地陪应提前与各有关餐厅取得联系，确认该旅游团接待计划书上安排的每一次用餐的情况。其中需要确认的信息包括日期、团号、用餐人数、餐饮标准、特殊要求等。

下面是导游（地陪）与餐厅方面的一段对话。

导游：您好，您是 C 餐厅的主管吗？我是 B 旅行社的导游员小李，明天晚上我社有一个旅游团在您那里用餐，请问，您接到预订通知了吗？

餐厅主管：有的，是 36+3 吗？

导游：是的，现在有几个问题需要跟您落实一下。一是其中有 9 个人是素食主义者，请单独安排，多做些笋类、菌类及豆制品和青菜类饭菜。二是根据客人要求请提前把啤酒和饮料冰镇。三是菜不要放味精，不要太咸，清淡一些。团队估计要在晚上 6 点半赶到，请做好准备，车辆为一辆 45 座客车，请给留一个大车位。

餐厅主管：好的。

导游：拜托了，谢谢，再见。

操作示例

两位团员要吃素菜

某旅游团抵达 A 市后，全团前往餐厅用第一餐。导游员小王按照旅游协议书规定的标准，给客人预订了八菜一汤。当所有菜全部上齐后，有两个旅游者提出，他们是佛教徒，从不吃肉，要求小王为其另外安排，并说早在报名参加旅游团时就提出了这项特殊要求。

旅游团就餐时为何会出现以上问题？导游在工作中应该如何避免以上问题的出现呢？

出于宗教信仰、生活习惯、身体状况等原因，有些游客会提出饮食方面的特殊要求。若游客所提要求在旅游协议书中有明文规定，接待社必须早做安排，地陪在接团前应检查落实情况，不折不扣地兑现。

视野拓展

柳州螺蛳粉、沙县小吃等上榜！

2021 年 6 月 10 日，国务院公布第五批国家级非物质文化遗产代表性项目名录。其中，柳州螺蛳粉、沙县小吃等制作技艺上榜。

传统技艺（共计46项）

序号	项目编号	项目名称	申报地区或单位
1488	Ⅷ -242	八义窑红绿彩瓷烧制技艺	山西省长治市上党区
1489	Ⅷ -243	鲁山窑烧制技艺（鲁山花瓷烧制技艺）	河南省平顶山市鲁山县
1490	Ⅷ -244	北京蒙镶技艺	北京市东城区
1491	Ⅷ -245	缂丝织造技艺（定州缂丝织造技艺）	河北省保定市定州市
1492	Ⅷ -246	花边制作技艺（萧山花边制作技艺）	浙江省杭州市萧山区
1493	Ⅷ -247	彩带编织技艺（畲族彩带编织技艺）	浙江省丽水市景宁畲族自治县
1494	Ⅷ -248	丝绸染织技艺（周村丝绸染织技艺）	山东省淄博市周村区
1495	Ⅷ -249	佤族织锦技艺	云南省普洱市西盟佤族自治县
1496	Ⅷ -250	铸铁技艺（永康铸铁技艺）	浙江省金华市永康市
1497	Ⅷ -251	青铜器制作技艺（青铜编钟制作技艺）	湖北省随州市曾都区
1498	Ⅷ -252	刀剑锻制技艺（七台河刀剑锻制技艺）	黑龙江省七台河市
1499	Ⅷ -253	银胎掐丝珐琅器制作技艺（永胜珐琅银器制作技艺）	云南省丽江市永胜县
1500	Ⅷ -254	金镶玉制作技艺（郏县金镶玉制作技艺）	河南省平顶山市郏县
1501	Ⅷ -255	制漆技艺（坝漆制作技艺）	湖北省恩施土家族苗族自治州利川市
1502	Ⅷ -256	书画毡制作技艺（定兴书画毡制作技艺）	河北省保定市定兴县
1503	Ⅷ -257	简牍制作技艺（楚简制作技艺）	湖北省荆州市
1504	Ⅷ -258	麻纸制作技艺（西和麻纸制作技艺）	甘肃省陇南市西和县
1505	Ⅷ -259	传统书籍装帧技艺	国家图书馆
1506	Ⅷ -260	宫廷传统囊匣制作技艺	故宫博物院
1507	Ⅷ -261	脂粉制作技艺（谢馥春脂粉制作技艺）	江苏省扬州市
1508	Ⅷ -262	骨器制作技艺（白沙黎族骨器制作技艺）	海南省白沙黎族自治县
1509	Ⅷ -263	云南围棋子（云子、永子）制作技艺	云南省
1510	Ⅷ -264	擦擦制作技艺（拉萨擦擦制作技艺）	西藏自治区拉萨市
1511	Ⅷ -265	葫芦制作技艺（天津葫芦制作技艺）	天津市宝坻区
		葫芦制作技艺（文水葫芦制作技艺）	山西省吕梁市文水县
1512	Ⅷ -266	严东关五加皮酿酒技艺	浙江省杭州市建德市
1513	Ⅷ -267	黄茶制作技艺（君山银针茶制作技艺）	湖南省岳阳市君山区
1514	Ⅷ -268	德昂族酸茶制作技艺	云南省德宏傣族景颇族自治州芒市
1515	Ⅷ -269	中餐烹饪技艺与食俗	中国烹饪协会
1516	Ⅷ -270	徽菜烹饪技艺	安徽省

续表

序号	项目编号	项目名称	申报地区或单位
1517	Ⅷ-271	潮州菜烹饪技艺	广东省潮州市
1518	Ⅷ-272	川菜烹饪技艺	四川省
1519	Ⅷ-273	食用油传统制作技艺（大名小磨香油制作技艺）	河北省邯郸市大名县
1520	Ⅷ-274	果脯蜜饯制作技艺（北京果脯传统制作技艺）	北京市怀柔区
		果脯蜜饯制作技艺（雕花蜜饯制作技艺）	湖南省怀化市靖州苗族侗族自治县
1521	Ⅷ-275	梨膏糖制作技艺（上海梨膏糖制作技艺）	上海市黄浦区
1522	Ⅷ-276	小吃制作技艺（沙县小吃制作技艺）	福建省三明市
		小吃制作技艺（逍遥胡辣汤制作技艺）	河南省周口市西华县
		小吃制作技艺（火宫殿臭豆腐制作技艺）	湖南省长沙市
1523	Ⅷ-277	米粉制作技艺（沙河粉传统制作技艺）	广东省广州市
		米粉制作技艺（柳州螺蛳粉制作技艺）	广西壮族自治区柳州市
		米粉制作技艺（桂林米粉制作技艺）	广西壮族自治区桂林市
1524	Ⅷ-278	龟苓膏配制技艺	广西壮族自治区梧州市
1525	Ⅷ-279	凯里酸汤鱼制作技艺	贵州省黔东南苗族侗族自治州凯里市
1526	Ⅷ-280	土生葡人美食烹饪技艺	澳门特别行政区
1527	Ⅷ-281	水碓营造技艺（景德镇瓷业水碓营造技艺）	江西省景德镇市浮梁县
1528	Ⅷ-282	盘炕技艺（桓仁盘炕技艺）	辽宁省本溪市
1529	Ⅷ-283	潮汕古建筑营造技艺	广东省汕头市龙湖区
1530	Ⅷ-284	彝族传统建筑营造技艺（凉山彝族传统民居营造技艺）	四川省凉山彝族自治州
1531	Ⅷ-285	传统帐篷编制技艺（巴青牛毛帐篷编制技艺）	西藏自治区那曲市
		传统帐篷编制技艺（青海藏族黑牛毛帐篷制作技艺）	青海省海西蒙古族藏族自治州天峻县
1532	Ⅷ-286	关中传统民居营造技艺	陕西省
1533	Ⅷ-287	固原传统建筑营造技艺	宁夏回族自治区固原市

（资料来源于《国务院关于公布第五批国家级非物质文化遗产代表性项目名录的通知》[国发〔2021〕8号]。）

四、落实行李运送

是否配备行李车是由旅行社根据旅游团的人数多少而定，地陪需要了解本社的具体规定。如该旅游团是配有行李车的旅游团，地陪应该了解并且落实为该团提供行李服务的车辆和人员，提前与司机联络，使其了解旅游团抵达的时间、地点、入住哪一家饭店等。

五、了解不熟悉景点的情况

地陪导游应该事先了解旅游行程中所有景点的相关信息。当旅游线路中安排有不熟悉的旅游景点时，地陪应提前了解其基本情况，如开放时间、景点特色、最佳游览线路、卫生间的位置、休息地点、注意事项等，以便使游览活动能够顺利进行。

另外，导游应针对旅游团在游览中的特殊要求提前与景点联络。比如：宗教团体需在某寺庙从事法事活动；夏令营团队需在某景点举行开营、闭营及其他仪式活动；红色之旅需在纪念地举行与名人座谈的活动及对景点的捐赠活动等。

六、与全陪联系

地陪应该与全陪提前约定接团的时间和地点，防止漏接或空接事故的发生。

角色练习

【练习名称】

沟通模拟。

【练习要求】

按照落实接待事宜的相关要求，模拟与各个环节中工作人员的沟通。

【角色设置】

将学生按照角色类别分组。角色有地陪、汽车公司调度员、司机、饭店总台服务员、餐厅服务员、全陪。

【练习材料】

情境设置如下：

（1）地陪与汽车公司调度员电话联系，协调旅游车的安排事宜。

（2）地陪与旅游车司机电话联系，落实接头地点并告知活动日程和具体时间。

（3）地陪与饭店总台电话联系，落实住房事宜。

（4）地陪与餐厅电话联系，落实订餐事宜。

【练习步骤】

1. 认真回顾落实接待事宜的要求

2. 电话沟通模拟

（1）角色扮演，电话沟通模拟，落实接待过程中的相关事项。

（2）对重要的信息做好记录，如与司机接头的时间、地点等。

3. 评价总结

教师点评沟通技巧及知识点落实情况。任务评价内容、要求等见表 2-4。

表 2-4 任务评价表

序号	任务内容	任务要求	等级	待改进技能	备注
1	回顾落实接待事宜的要求	强化知识点			
2	电话沟通模拟	严格落实接待信息			
		信息记录完整、准确			
		礼貌沟通			

任务三　做好接团相关准备工作

情境导入

小李根据旅行社提供的接待计划书与相关部门进行了沟通后，小李开始准备各项接团工作。

请问，接团准备工作包括哪些内容？

任务描述

本任务要求学生明确准备工作的重要性，并且能够针对不同的旅游团做好接团相应的准备工作模拟。

相关知识

导游员在落实了接待事宜后，还需要做的接团准备工作有物质准备、知识准备、形象准备、心理准备和联络畅通准备。

一、物质准备

导游在上团前应该做好必要的物质准备，《导游管理办法》第二十条规定：“导游在执业过程中应当携带电子导游证、佩戴导游身份标识，并开启导游执业相关应用软件。”另外，地陪和全陪的物质准备，因为工作内容的不同而有所区别。

（一）地陪导游员的物质准备

1. 证件及必备物品

地陪导游员上团必须带三证（电子导游证、本人身份证、接待计划书），举本社导游旗、接站牌迎接旅游团。保持手机等通信设备畅通，并存好所需联系人的电话号码。此外，根据团队情况，地陪还需要准备旅行车标志。

2. 领取票证和表格

地陪在做准备工作时，一项重要的工作就是按照团队中的游客人数与行程需要，前往旅行社有关人员处领取门票结算单与旅游团餐饮结算单等结算凭证及与该团有关的表格（如游客意见反馈表）。

（二）全陪导游员的物质准备

1. 证件及必备物品

全陪上团也必须带三证（电子导游证、本人身份证、接待计划书）。另外，全陪还需要准备社旗、分房表、旅游宣传资料、行李封条、旅行社徽记、全陪日记、名片等。

对于人数较多的旅游团队全陪应携带扩音器；专项旅游项目应带上相关的仪器设备；到高原旅游还应常备氧气袋、氧气瓶和防晒霜、墨镜等用品。

2. 结算票据和费用

在旅游行程中，全陪要携带结算单据和费用，如团款结算通知单或支票、现金，足够的旅费。需要强调的是全陪必须妥善保管好所携带的支票和现金。旅行社业务来往中，有时会采用现金支付团款的方式，所以全陪需要携带的现金数量往往较大，如不加以妥善保管会给自己和旅行社带来重大的损失。

3. 回程交通票据

国内团的回程交通票据一般由组团社负责，由全陪出团时带上。全陪在领取交通票据时要认真清点数量，并核对团员信息有无错误。

视野拓展

带团必备物品清单

从一个导游带的包和准备的物品就可以看出一个导游的优秀程度。虽然是很不起眼的出团准备工作，但是却会影响到带团的方方面面。

（1）大型旅行袋：导游首先必须注重仪表，比较注重仪表的导游往往能获得客人的欢迎。因此，旅行袋大一点，就能装得多一点，带的东西就可以更加详细和复杂一点，虽然给自己增加了不少的麻烦，但是为工作提供了很多的便利。

（2）衣物：衣物的准备是很有技巧的。首先，得看行程有多少天，至少得准备行程天数乘以 70% 所需的衣物。举例来说，如果是七天团，至少得准备四五套衣服；如果是四天团，至少准备两套以上；如果不怕麻烦的话，尽量做到能够一天一换。

除了一般衣物以外，还有帽子（遮阳和保暖两种）、防风裤（运动品商店有出售，其质地可以挡风）、防水外套（下雨时穿）、雨衣（或雨伞）、鞋子（旅游鞋、运动鞋各一双，在不同路面情况下使用）。

（3）手机（兼有手表、闹钟、计算器、手电筒、笔记本的作用）、充电器、充电宝和电话簿。

（4）导游旗和旗杆：导游旗是公司发下来的，一定要保管好，一些公司甚至要求导游给押金。旗杆尽量购买专用的，粗一点比较好，这样不至于被风吹弯，看上去整洁和专业。

（5）墨镜：遮挡阳光，必要时还可以起固定发型、作为拍照道具的作用。

（6）笔记本和笔：记录团队每天行程中的各种情况，比如餐食条件、宾馆情况、自己的收获、付出的款项、明天需要注意的事情等。

（7）名片夹：带团中经常会遇到别人发名片的情况，如果随随便便将别人的名片直接放到裤子口袋中是很不礼貌的。花点小钱，准备个名片夹是非常合适的。

（8）激光笔：这种小玩具会给我们的工作带来意想不到的方便，比如在博物馆中讲解时，由于多数博物馆都有玻璃护罩，所以无法很准确地将自己想介绍的东西指给客人看，这时，激光笔就派上了大用场。

（9）随身小包：腰包最合用。一来取东西方便，一些小型的而使用频率又高的物品都可以放在里面。二来不容易丢失。另外，挎包也可以，不过，一定得采用斜挎的方式来背，这样不论是坐还是站，都可以不用取下，坐下来的时候，移到前面就可以了。而背包是最容易丢失的，因为一旦您坐下来，就得取下背包，肯定会有失误，一旦丢失了，可能会给带团工作带来诸多的麻烦。

（10）压缩饼干和巧克力：带团最佳食物之一。导游有时吃饭无法按时，自己带点，很方便食用，又能保持能量。

（11）常备药品：导游的工作很辛苦，路上生病是常常遇到的。又不能丢下工作，因此吃点药是需要的。不过绝对不能拿自己的药给游客吃，因为你不是医生，没有开药方的权力，一旦发生问题，是你的全责。

（12）DVD：司机虽然在车上会准备一些，不过不见得适合客人的口味，而导游在出团之前就已经对客人有所了解，自己准备一些合适的DVD，也是对自己的工作有帮助的。

（13）话筒和电池：虽然司机会准备，但是有可能发声质量不好或者中途坏掉，因此，很多导游都会自己准备一个备用。最好是准备一个无线话筒，这样可以不受连接线的限制，即使是要和最后一排的客人做游戏，也完全不受影响。如果使用领夹式麦克风或者头戴式麦克风，还可以把自己的双手解放出来，在讲解中用适当的手势加强讲解的感染力。

（14）小礼物：比如川剧脸谱、中国结、明信片等。在车上做活动时给客人点小礼物，更有纪念意义，也能充分调动客人的积极性。

（资料来源：http：//blog.sina.com.cn/s/blog_5f6c467c0100cbnb.html.）

二、知识准备

无论地陪还是全陪，都需要根据旅游团的计划和旅游团的性质与特点做好相应的知识准备。

（一）提前做好相关景点知识、沿途知识及其他专业知识的准备

导游必须熟悉旅游团队要游览景点的概况，如果旅游线路中有自己不熟悉的景点，地陪应事先收集资料，了解景点基本情况。可能的话先实地看一看，做到心中有数。像开放时间、游览路线、厕所位置、管理规定等细节都不能忽略。带团游览间隙，地陪应注意收集这些景点的资料。

操作示例

广场戒严　游客扫兴而归

北京的地陪导游小李，接到一个来自加拿大的旅游团。行程第一天的第一站是去天安门广场。从酒店前往广场的路很近，小李和客人进行简单的交流，客人对小李的英语很满意，在交谈中也很配合。

到了天安门广场，不巧的事情发生了。由于正值“两会”期间，当天又有一个非常重要的会议，所以广场被宣布戒严。见此情景，客人们开始议论。虽然小李赶紧打圆场，说这是中国国情，广场戒严是为了安全，但是客人们还是表露出了不满的情绪。

那怎样才能避免这类问题的发生呢?

地陪导游对接待计划确定的参观游览项目，应做好有关知识和资料的准备，准备的过程中应注意知识的更新，及时掌握最新信息。

（资料来源：全国导游人员资格考试教材编写组 . 导游业务［M］. 5 版 . 北京：旅游教育出版社，2020.）

（二）做好专业团体的专业知识准备

接待有专业要求的团体，要做好相关专业知识、词汇的准备。

（三）旅游过程中相关知识的准备

要根据旅游团队的特点，对当前的热门话题、国内外重大新闻、旅游者可能感兴趣的话题进行收集和了解。在了解游客的基本信息后，要有针对性地准备一些专门化的知识，如一些专业术语，紧密配合本次任务。

三、形象准备

导游员在宣传旅游目的地、传播中华文明方面起着非常重要的作用。因此，导游员在上团前要做好仪容、仪表方面（即服饰、发型和化妆等）的准备。

（1）导游员的着装要符合导游员的身份，要方便导游服务工作。

（2）衣着要整洁、整齐、大方、自然，佩戴首饰要适度，不浓妆艳抹。

操作示例

被冷落的导游

某旅行社导游员苏小姐，青春靓丽。苏小姐家境颇为殷实，本人则好打扮，服饰装扮总是很时尚。

一次，苏小姐接了一个旅游团，旅游团成员多为 30 岁左右的小姐、女士。当苏小姐以“突出”的形象出现在游客面前时，这些小姐、女士便“黯然失色”了。加上游览期间，苏小姐名牌“行头”不断变换，更使旅游团中的那些女士成了她的反衬。在游览过程中，虽然苏小姐讲解生动形象，为人亲切，服务周到，但不知为什么，那些年轻的女性游客，总不愿与她在一起。苏小姐自己也有一种被冷落的感觉。

为何苏小姐会被大家冷落，正确的做法是什么？

在带团工作中，导游的着装要符合导游的身份，要方便旅游服务工作。导游的衣着要简洁、整齐、大方、自然，佩戴首饰要适度。

（资料来源：全国导游人员资格考试教材编写组 . 导游业务［M］. 5 版 . 北京：旅游教育出版社，2020.）

四、心理准备

在做准备工作时，导游不仅要考虑到正规的程序要求，提供给游客各种服务，还需要在接团前做好各种心理准备：准备面临艰苦复杂的工作，准备承受抱怨和投诉。作为一名优秀的导游，需要在出团前充分考虑对特殊游客如何提供服务及在接待中如若发生事故应该如何应对等问题。另外，由于导游接待对象复杂，有时可能会遇到一些游客挑剔、抱怨，指责导游的工作，甚至提出投诉。对于这种情况导游也要有足够的心理准备，冷静、沉着地应对。

角色练习

【练习名称】

知识准备训练。

【练习要求】

熟悉接待计划书的内容，能够结合团队实际情况。

【角色设置】

（1）教师设置接待计划，并对旅游团队成员的情况进行较为清晰的设定。

（2）对学生进行分组，各组独立完成知识准备工作。

【练习材料】

接待计划书、电脑。

【练习步骤】

1. 认真阅读接待计划书并做记录

（1）认真阅读接待计划书的有关资料，详细地了解该旅游团客人的情况，并就相关要点做记录。

（2）了解旅游团队要游览的景点的概况，包括游览线路、相关管理规定。

（3）查看旅游线路中是否存在不熟悉的景点。

2. 熟悉团队组成人员情况

（1）了解团队组成人员的人数、性别、姓名、职业、宗教信仰等。

（2）询问团队情况，弥补任务书中的不足。

（3）针对团队情况，小组成员之间进行探讨。

3. 进行知识准备

进行相应的知识准备，包括城市发展历史文化知识、沿途导游讲解知识、景点知识及小游戏、才艺和急救知识、法律知识等。

4. 评价总结

教师及各组学生代表进行评价总结。任务评价内容、要求等见表 2–5。

表 2–5 任务评价表

序号	任务内容	任务要求	等级	待改进技能	备注
1	回顾要做好哪些相关知识准备工作	强化知识点			
2	知识准备模拟	熟悉接待计划书			
		完善团队成员资料			
		知识准备的资料收集			

课后练习

1. 接待计划书一般包括哪些内容？
2. 简述旅游者的一般类型与特征。
3. 导游在落实接待事宜时，需要处理哪些问题？
4. 导游的知识准备包括哪些内容？

项目三 迎接工作

项目概览

迎接旅游团是地陪向旅游团队提供服务的开始，关系到地陪的形象和后续工作能否继续顺利开展，所以必须认真领会和掌握。本环节在整个带团过程中起到承上启下的连接作用。在教师分发工作任务书的基础上，学生通过角色扮演、小组讨论等方法，逐步培养自己的职业意识、基本操作技能和专业能力。

任务导读

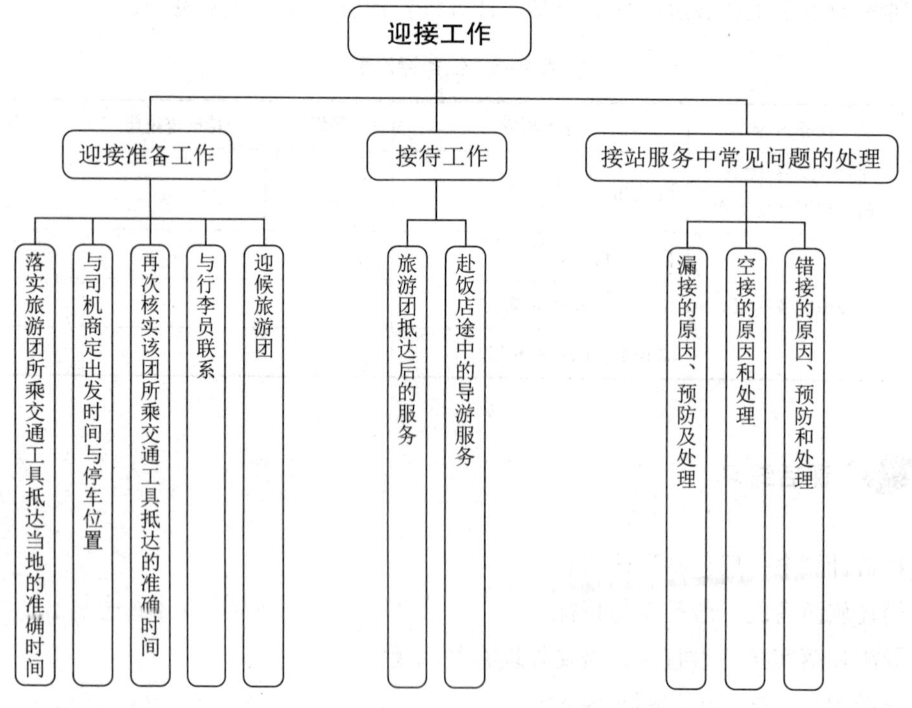

学习目标

（1）了解接站的程序和步骤，并能够做到熟练操作。

（2）熟悉机场、车站、码头及交通情况。

（3）能够及时地处理接站过程中可能出现的常见问题。

任务一　迎接准备工作

情境导入

2018年黄金周前夕，导游员小王接到了旅行社电话，让他接一个来自北京的25人团，客人乘坐的火车将于2018年10月2日上午9点抵达武汉火车站。

请问，小王应如何做好团队抵达前的迎接准备工作？

任务描述

本任务要求学生认真细致地做好迎接旅游团的准备工作。主要是通过分组教学、角色扮演等方法，对准备工作进行模拟。

相关知识

《导游服务质量标准》要求：“在接站过程中，地陪服务应使旅游团（者）在接站地点得到及时、热情、友好的接待，了解在当地参观游览活动的概况。”

接站服务是指地陪前往机场、车站、码头迎接旅游团。接站服务在整个地陪服务程序中占有非常重要的地位。接站服务是地陪的第一次亮相，因此地陪在这一环节的表现直接影响着后续接待工作的质量。所以，地陪应该尽量在接站服务中给游客留下热情、周到、能干的第一印象。

接团当天，地陪应该提前到达旅行社，全面检查准备工作的落实情况。

一、落实旅游团所乘交通工具抵达当地的准确时间

接团当天，地陪应该在出发前的3小时向机场（车站、码头）问讯处问清飞机（火车、轮船）抵达的准确时间（在飞机抵达前2小时，火车及轮船抵达前的1小时向问讯处咨询）。务必做到三核实：核实计划时间、核实时刻表时间、核实准确到达时间。

二、与司机商定出发时间与停车位置

地陪在了解了旅游团所乘的交通工具到达的准确时间以后，应与旅游车的司机联系，与其商定出发时间，确保提前半小时抵达接站地点。

在前往接站地点的途中，地陪要向司机介绍旅游团的日程安排、注意事项及需要司机配合的事情。可给司机一份团队活动日程表，让司机心中有数。如需要使用音响设备进行

导游讲解，地陪应事先调试音量，以免发出噪声。到达机场（车站、码头）后应与司机商定旅游车停放位置。

三、再次核实该团所乘交通工具抵达的准确时间

地陪在提前半小时抵达接站地点之后，要马上到机场（车站、码头）问讯处再次核实旅游团所乘飞机（火车、轮船）抵达的准确时间。

操作示例

客人乘坐的火车提前到了

2019年五一黄金周期间，神舟旅行社的导游小张接到一个任务，迎接一批从北京来的客人。客人乘坐的火车是早上6：30分到达。小张做导游也有一年多了，接团的事也做过好多次，从没出过什么事故。像往常一样，小张在接团的前一天就把接站的准备工作落实得差不多了，最后的一件事儿就是和司机王师傅约好早上6：00准时把车开到旅行社门口，一起到火车站，大清早不堵车，6：20到，提前10分钟，小张做好了各项准备就放心地躺下了。早上5：40小张被闹铃叫醒，赶忙起来，小张梳洗完毕后拿着准备好的带团物品正要出门，电话铃响了。小张一接，全陪说他们已经进站了，原来通常很少正点的这趟车今天提前到达了。小张的脑袋嗡的一声，他赶紧往大门口跑去，边跑边给王师傅打电话，王师傅还在路上。等车一到，小张就催着王师傅赶紧开车。尽管没堵车，可毕竟要过几个红绿灯，到达车站比原定时间提前了五分钟。停好车，小张一路小跑来到了出站口，找到团队后，只见全陪一脸的怒气，游客们也围上来指责地接社缺乏责任心。

通过以上问题，我们可以汲取哪些教训？怎样避免类似事故的发生？

导游虽然可以通过核实游客名单、出团计划及旅游行程和任务要求，甚至凭借工作经验来做好接站准备，但俗话说计划没有变化快，综合性强、环节多、变化快是导游服务的特点。有些问题突然冒出来，让人措手不及。

这个案例中，小张怎么也没有想到平时一向晚点的车次，这次却突然提前到达了。另外，按照接站服务规范要求，小张应该严格落实交通工具抵达时间的“三核实”之外，还应提前半小时抵达接站地点，并再次核实该团所乘交通工具抵达的准确时间。但是小张仅凭经验认为该班次列车会正点到达，就没有做到以上几点，导致产生了失误，带来了不良影响。

四、与行李员联系

地陪在到达接站地点后，应在旅游团出站前与行李员取得联系，告知其该团行李送往的地点。

五、迎候旅游团

当该旅游团所乘坐的交通工具抵达后，地陪应在旅游团出站前，持本社导游旗或接站牌站立在出站口醒目的位置迎接旅游团。

为了便于全陪认找旅游团，地陪所持接站牌上应写清楚团队的名称、团号、领队或全陪姓名。如果接的小型旅游团无领队、无全陪时，要写上游客的姓名、单位或客源地。地陪也可以从全陪出站时所持社旗或游客的人数及其他标志（如所戴的旅游帽、所携带的旅行包）来辨认或上前委婉询问，主动认找旅游团。

角色练习

【练习名称】

迎接旅游团的准备工作。

【练习要求】

做好接站前的各项准备工作。

【角色设置】

对学生进行分组，教师扮演计调人员及其他相关人员，检查接站导游的准备工作是否做到位。

【练习材料】

接站所需的物品、可表明游客及团队信息的相关物品（课前准备）。

【练习步骤】

1. 认真检查准备工作落实情况

（1）认真、全面地检查准备工作的落实情况，如果发现问题，要及时更正，确保接待工作万无一失。

（2）接站牌的制作：要写清团名、团号、领队或全陪姓名；接小型旅游团或无领队、无全陪的旅游团时要写上客人的姓名、单位或客源地。

2. 模拟与相关人员的对话，做好接站前的各项服务准备

（1）与问讯处工作人员对话，了解相关情况。

（2）与司机沟通，落实相关事宜。

（3）与行李员联系。

3. 设立模拟环境进行演练

以教室环境为背景，设置门为火车站的出站口，中间的桌子为旅游车。小组同学分别充当地陪、全陪、游客和司机，让学生按规范程序进行演练。

（1）持接站牌等候：持接站牌站立在模拟出站口醒目的位置，热情迎候旅游团，便于领队、全陪或客人前来联系。

（2）主动认找：每组扮演不同团号的游客，团队资料由各组随机抽取；每组导游通过

游客的民族特征、衣着、组团社徽记等分析、判断并上前委婉询问，主动认找；问清团队的团号、组团社名称、领队及全陪或客人的姓名。

4. 评价总结

教师和各组代表对模拟演练进行评价总结。任务评价内容及要求等见表 3-1。

表 3-1　任务评价表

序号	任务内容	任务要求	等级	待改进技能	备注
1	接站时间三核实	按要求核实计划时间、时刻表时间、准确到达时间			
2	与司机商定事项	出发时间			
		停车位置			
3	再次核实抵达时间	到达接站地点后，向问讯处再次核实交通工具的抵达时间			
4	出站口迎候旅游团	根据团队信息制作接站牌			
		站在出站口醒目位置迎候旅游团			
		根据团队特点主动认找旅游团			

任务二　接待工作

情境导入

2019 年 10 月 2 日上午，导游员小王在武汉火车站出站口如期接到了来自北京的 25 人团。接下来，小王应做好哪些后续服务呢？

任务描述

本任务要求学生熟悉站前迎接工作，并做好前往饭店途中的各项服务。主要是通过分组教学、角色扮演等方法，对接到旅游团后的接待服务进行模拟练习。

相关知识

一、旅游团抵达后的服务

（一）认真核实防错接

接到旅游团后，地陪要及时与领队、全陪接洽，核实该团的客源地、组团社或接团社的名称、领队及全陪姓名、旅游团人数等。如该团没有领队和全陪，应与该团成员逐一核对团员姓名及客源地等。在核实以上信息没有错误的情况之下，才能确定是自己应接的旅游团。如果在核对后，发现人数有增减而与计划不符的情况时，要立即通知旅行社有关部门。

（二）集中清点移交行李

地陪应协助旅游团的游客将行李集中放在指定位置，并提醒游客检查自己的行李物品是否完好无损。地陪在与领队、全陪核对行李件数无误后，将行李移交给行李员，双方办好交接手续。如有行李未到或破损，导游员应协助当事人到机场登记处或其他有关部门办理行李丢失或赔偿的申报手续。

视野拓展

中国南方航空行李价值声明

1. 声明价值的适用

旅客的托运行李每千克价值超过人民币 100 元（国际航线为 30 美元）或等值的其他货币时，可办理行李声明价值，具体需求请在办理行李托运时向值机柜台工作人员提出。

温馨提示：

请不要将携带的金、银、珠宝、首饰、货币、有价证券、文件、合同等贵重物品作为托运行李或夹入行李内托运。

2. 声明价值附加费计算

（1）南航按照旅客声明的价值中超过规定限额部分的价值的 5‰收取声明价值附加费，金额以人民币元为单位，尾数四舍五入，计算公式：声明价值附加费＝［旅客的声明价值 –（100 元 / 千克 × 办理声明价值行李的重量）］×5‰。

（2）旅客声明的价值为外币时，应按当日银行公布的买入价折成人民币价值。

（3）办理行李声明价值，只适用于南航承运的航段和与南航有特别协议的其他承运人承运的航段。

（4）如果旅客在后续航段需要继续办理行李声明价值，应向后续航段承运人申请办理。

（5）如旅客在中途分程地点声明的价值高于原始发地点的声明价值，应补收自这一中途分程地点至最后目的地的声明价值附加费。

（6）旅客携带或托运的小动物（宠物）不办理声明价值。

（7）客舱行李不办理声明价值。

3. 行李声明价值限额

（1）任何托运行李的声明价值均不能超过行李本身的实际价值。

（2）每一旅客的行李声明价值最高限额为人民币 8000 元（国际航线为 5000 美元）或等值的其他货币。如南航对声明价值有异议而旅客又拒绝接受检查时，南航有权拒绝收运。

（资料来源：中国南方航空公司官网。）

（三）集合登车，清点人数

地陪应提醒游客带齐随身行李和物品，引导并协助游客登车。地陪应高举导游旗，走在团队最前方引领游客，同时还应请全陪或领队走在旅游团的最后照顾团队。

游客上车时，地陪应恭候在车门旁，协助或搀扶游客上车，地陪最后一个上车。如果游客中有西方老人，主动帮助可能会遭到拒绝，此时应尊重他们，不要勉强，也不用提供拐杖。待游客坐稳后，地陪再检查一下行李架上的物品是否放稳，礼貌地清点人数（清点人数时，要默数、用心算，切忌用手指着人数），到齐坐稳后，可请司机开车前往饭店。地陪在旅游车上开始工作前，要将手机调至静音、振动功能，无紧急事情不要在旅游车上打电话。

二、赴饭店途中的导游服务

在行车途中，地陪要做好以下几项工作，这也是地陪给全团留下良好第一印象的重要环节。

（一）致欢迎词

致欢迎词是导游员第一次面对所有游客讲话，是导游员真正的第一次亮相。一个良好的开始对于在游客心中建立起信任是至关重要的，其直接关系到导游员和游客之间的人际关系和后续工作的顺利进行。

在致欢迎词时，地陪应站在车内的前部，靠近司机的地方；手持麦克风，表情自然，面带微笑地向着游客。一般应在游客放好物品，各自归位，情绪稳定下来后再开始致欢迎词。

由于不同的旅游团实际情况各不相同，所以欢迎词也不能千篇一律。欢迎词内容应视旅游团的性质及其成员的文化水平、职业、年龄及居住地区等情况采取不同的方式，以收到最好的效果。一篇好的欢迎词要求有激情、有特点、有新意、有吸引力，给游客以亲切、热情、信任之感，使游客很快进入到轻松、愉快的状态，给游客留下深刻印象。

（二）说明相关事项

（1）调整时差。这项工作是针对刚入境的国际旅游团队。如客源地与中国存在时差，地陪在致完欢迎词后，要介绍两国的时差，并请游客将自己的表调至北京时间。

视野拓展

国际时差简介

英国格林尼治天文台每天所报的时间，被称为国际标准时间，即“格林尼治时间”。

人们在日常生活中所用的时间，是以太阳通过天体子午线的时刻——“中午”作为标准来划分的。每个地点根据太阳和子午线的相对位置确定的本地时间，称“地方时”。地球每 24 小时自转一周（360°），每小时自转 15°。自 1884 年起，国际上将全球划分为 24

个时区，每个时区的范围为15个经度，即经度相隔15°，时间差1小时。以经过格林尼治天文台的零度经线为标准线，从西经7度半到东经7度半为中区（称为0时区）。然后从中区的边界线分别向东、西每隔15度划一个时区，东、西各有12个时区，而东、西12区都是半时区，合称为12区。各时区都以该区的中央经线的“地方时”为该区共同的标准时间。

我国是以位于东八区的北京时间作为全国标准时间。北京与世界主要城市时差见表3–2。

表3–2 北京与世界主要城市时差表

单位：小时

<table>
<tr><th>城市名称</th><th>时差数</th><th>城市名称</th><th>时差数</th></tr>
<tr><td>中国香港、马尼拉</td><td>0</td><td rowspan="2">赫尔辛基、布加勒斯特、开罗、开普敦、索非亚</td><td rowspan="2">−6</td></tr>
<tr><td>首尔、东京</td><td>+1</td></tr>
<tr><td>悉尼、堪培拉</td><td>+3</td><td rowspan="3">斯德哥尔摩、柏林、巴黎、日内瓦、华沙、布达佩斯、罗马、维也纳、雅温得</td><td rowspan="3">−7</td></tr>
<tr><td>惠灵顿</td><td>+4</td></tr>
<tr><td>新加坡、雅加达</td><td>−0.5</td></tr>
<tr><td>河内、金边、曼谷</td><td>−1</td><td>伦敦、阿尔及尔、达喀尔</td><td>−8</td></tr>
<tr><td>仰光</td><td>−1.5</td><td rowspan="2">纽约、华盛顿、渥太华、哈瓦那、巴拿马城</td><td rowspan="2">−13</td></tr>
<tr><td>达卡</td><td>−2</td></tr>
<tr><td>新德里、科伦坡、孟买</td><td>−2.5</td><td>里约热内卢</td><td>−11</td></tr>
<tr><td>卡拉奇</td><td>−3</td><td>芝加哥、墨西哥城</td><td>−14</td></tr>
<tr><td>迪拜</td><td>−4</td><td>洛杉矶、温哥华</td><td>−16</td></tr>
<tr><td>德黑兰</td><td>−4.5</td><td>安克雷奇</td><td>−17</td></tr>
<tr><td>莫斯科、巴格达、内罗毕</td><td>−5</td><td>夏威夷（火奴鲁鲁）</td><td>−18</td></tr>
</table>

注：北京零点时与世界主要城市相比。“+”表示比北京时间早，“–”表示比北京时间晚。各地时间均为标准时间。

（2）说明当前乘车前往的地点、所需的大致时间，让客人心中有数。

（3）地陪应简要介绍团队在本地的主要行程及注意事项。

（4）地陪对本地的风俗禁忌要反复强调，让每位客人听清并记住。

（三）首次沿途导游

地陪应做好首次沿途导游，以满足游客的好奇心和求知欲，这也是显示导游员知识、导游技能和工作能力的大好机会。精彩、成功的首次沿途导游会使游客对导游员产生信任感，从而在他们心中树立起良好的第一印象。

1. 介绍本地概况（风情导游）

一般视行车时间长短来安排，主要介绍本地的地理位置、气候特征、历史沿革、人口状况、行政区划、市政建设、民俗风情和主要旅游景观。

2. 介绍沿途风光（风光导游）

地陪在介绍本地概况时，亦可穿插讲解沿途风光。讲解的内容要简明扼要，语言应节奏明快、清晰；介绍景物应取舍得当，随机应变，见人说人，见景说景，做到景在即讲，景过即了，与游客的观赏同步。总之，沿途地陪需要保持敏锐反应，灵活把握时机。

3. 临近下榻饭店时介绍饭店概况

在旅游车快到下榻的饭店时，地陪应向游客介绍即将入住饭店的基本情况：饭店的名称、位置、距机场（车站、码头）的距离，星级、规模、主要设施和设备及使用方法，入住手续、住店的有关注意事项（如电视是否收费，赠品和非赠品的区别）等。

角色练习

【练习名称】

旅游团抵达后的服务及途中服务。

【练习要求】

（1）熟悉、核实、确认旅游团的程序。

（2）熟悉清点人数时应注意的事项。

（3）掌握首站沿途导游的程序和内容。

【角色设置】

对学生进行分组。学生分别扮演地接、全陪、游客。

【练习材料】

道具及资料（课前收集、准备）。

【练习步骤】

1. 分组扮演不同团号的旅游团，受测学生认真核实旅游团情况

（1）接到团后地陪需要核实的内容。

（2）旅游团实际人数是否有变动及如何处理。

2. 模拟集合登车的走位及相关注意事项

（1）打开社旗，地陪走在队伍最前方引领旅游团前往停车地点。

（2）导游站在车头一侧的车门旁，协助游客登车。

（3）待游客放置好随身物品并坐稳后，地陪礼貌地清点人数。

（4）全陪、领队无异议后，再请司机开车。

3. 前往饭店途中服务

（1）致欢迎词，应事先布置学生准备好欢迎词。

（2）根据事先拟定好的几条行车路线，由学生随机抽取，进行首次沿途导游。

（3）选取本市几家知名酒店作为旅行团下榻宾馆，令学生随机抽取，进行介绍。

4. 评价总结

教师和各组代表对模拟过程进行评价总结。任务评价内容及要求等见表 3-3。

表 3-3　任务评价表

序号	任务内容	任务要求	等级	待改进技能	备注
1	旅游团抵达后的服务	核实旅游团信息，防止错接			
		交接行李			
		集合登车			
2	前往饭店途中的服务	致欢迎词			
		说明相关事项			
		首次沿途导游			

任务三　接站服务中常见问题的处理

情境导入

一韩国旅游团抵达天河机场的时间是 8 点，地陪小李早 7 点半带旅游车前去接团。由于正值上班早高峰，又遇前方发生交通事故塞车，小李抵达机场时已 8 点 20 分。

从前面的学习中，我们可以知道小李此次接团的一些做法是不妥的，请大家先指出小李哪些地方做得不对，正确的做法是什么？接下来我们再来讨论此次事故发生后小李应如何处理。

任务描述

本任务要求学生在接站过程中能够严格按照《导游服务质量标准》操作，避免在接站环节中发生漏接、空接、错接事故。如果一旦发生了上述事故，学生必须知道如何处理才能将损失、影响控制到最小。主要是通过分组教学、角色扮演等方法，对接站服务中常见问题的处理方法及程序进行模拟。

相关知识

在旅游过程中，发生任何问题、事故都是不愉快的，甚至是不幸的。问题和事故的出现不但会给游客带来烦恼、痛苦甚至灾难，也会给导游的工作增添许多麻烦和困难，甚至影响地区和国家旅游业的声誉。导游在带团过程中，应努力做好服务工作，与各方密切合作，时刻警惕，采取各种必要的措施，预防问题和事故的发生。

旅游过程中出现的问题和事故的处理是对导游工作能力和处理问题能力的考验。处理得好，游客满意，导游的威信会因此而提高；反之，不仅游客不满，还可能留下隐患，使得旅游活动无法顺利进行。因此，出现问题和事故时，导游要沉着冷静，处变不惊，全力以赴，迅速及时、合情合理地进行处理。

导游在接团时容易发生的事故有三种：漏接事故，空接事故，错接事故。

一、漏接的原因、预防及处理

漏接是指旅游团（者）抵达后，无导游迎接的现象。发生漏接现象，无论是什么原因引起的，都会造成游客的不满情绪，这是正常的；重要的是导游要做好处理工作，设身处地地为游客着想，尽快消除游客的不满情绪。

（一）漏接的原因

1. 主观原因造成的漏接

所谓主观原因造成的漏接，就是指因导游员自身原因造成的漏接。

（1）迟到，导游没有按预定的时间提前抵达接站地点。

（2）由于导游自身工作不够细心，没有认真阅读接待计划书，将旅游团（者）抵达的日期、时间、地点记错。

（3）由于某种原因，班次变更，旅游团（者）提前到达，接待社有关部门在接到上一站通知后，在接待计划书（或电话记录、传真）上已注明，但导游没有认真阅读，仍按原计划去接团。

（4）导游没有查询最新时刻表，特别是在新、旧时刻表交替时，“想当然”地仍按旧时刻表时间接站，从而造成漏接事故。

（5）出站口拥挤，导游举牌接站的地方不合适。

2. 客观原因造成的漏接

（1）由于种种原因，上一站接待社将旅游团（者）原定班次或车次变更，使其提前到达，但忘发变更通知。

（2）接待社已接到变更通知，但有关人员没有及时通知该团地陪。

（3）司机迟到，未能按时到达接站地点。

（4）交通堵塞或其他预想不到的情况发生，未能及时抵达机场（车站）。

（5）国际航班提前抵达或游客在境外转站换乘其他航班而造成漏接。

对客观原因造成的漏接，导游不应认为与己无关而草率行事，而应立即与旅行社有关部门联系，查明原因。导游要向游客进行耐心细致的解释，避免引起误解。此外，导游还应尽量采取弥补措施，努力完成接待计划，使游客的损失减少到最小。必要时，请旅行社领导出面赔礼道歉或酌情给游客一定的物质补偿。

（二）漏接的预防

1. 认真阅读接待计划书

导游在接站前，一定要详细阅读接待计划书，了解旅游团抵达的日期、时间、接站地点（具体位置）并亲自核对清楚。

2. 做到接站时间三核实

接团当天要联系旅行社，问清是否有计划变更通知。接站前应与机场、车站联系，最好与上一站接待旅行社联系，做到计划时间、时刻表时间、准确抵达时间三核实。

3. 提前到达接站地点

导游应提前与司机商定好出发时间，确保按规定提前半小时抵达接站地点。

4. 在出站口举牌认找旅游团

导游站在出站口醒目位置，高举接站牌主动认找旅游团。

（三）漏接的处理

1. 认真对待

得知旅游团已抵达，导游必须立即赶去与旅游团会合，实事求是地说明情况，诚恳地赔礼道歉，以求得游客的谅解。如果不是自身的原因要立即与接待社联系，告知现状；立即查清原因，并耐心向游客做好解释工作，消除误解。

2. 提供高质量的服务

更加热情周到地为旅游者服务，提供更精彩的导游讲解，高质量地完成旅游接待任务，以求尽快消除因漏接给游客造成的不愉快。

3. 支付必要的费用

游客因等不到导游而乘坐出租车前往下榻的饭店，导游了解到后，应主动支付相应费用。

4. 赔礼道歉，物质补偿

必要时请旅行社领导出面赔礼道歉，或酌情给游客一定的物质补偿。

操作示例

小张的服务更细心了

任务一的案例中导游小张所犯的错误，是在接团过程中经常会发生的，那么小张后面又做了哪些弥补措施呢？

回酒店以后，小张向旅行社领导汇报了事情的经过，主动做了自我批评，同时请求领导出面跟游客见面，做好沟通并对游客进行了适当的补偿。

在接下来的带团过程当中，小张的服务比往常更加细心，讲解服务也格外认真，整个行程一路顺利，大家玩得很开心，接站时的不快也随之烟消云散了，游客对小张的服务也给予了很高的评价。

上面这个案例说明，既然漏接事故已经发生，就要抓紧时间设法补救，首先是向游客承认错误，赔礼道歉，态度要诚恳、真诚；其次是要采取措施积极补救，请旅行社领导出面可以让游客感到很受重视，补救措施是认真的；而后期的服务和物质补偿都是补救措施的一部分。诚恳的态度，认真的补救措施，还有真诚的服务，最终使导游获得了游客的谅解，重新赢得了游客的信任。

二、空接的原因和处理

空接是指因某种原因旅游团（者）推迟抵达某站，导游按原计划预定的班次或车次接站，而未接到旅游团（者）的现象。空接虽然不常出现，却是一个棘手的问题，一步没处理好，就会连续出现问题。

（一）空接的原因

1. 接待社未接到上一站的通知

因天气原因或某种故障，旅游团（者）仍滞留在上一站或途中，上一站旅行社并不知道这种临时变化，未能及时通知下一站接待社。而此时，全陪或领队也无法通知接待社，造成空接。

2. 上一站忘记通知

因某种原因，上一站旅行社将该团原定的航班或车次变更，变更后推迟到达。但上一站有关人员因工作疏忽，未通知下一站接待社，造成空接。

3. 没有通知地陪

接到了上一站的变更通知，但本站接待社有关人员没有及时通知该团地陪，造成空接。

4. 游客本身原因

游客本人因生病、有急事或其他原因，临时决定取消旅游，没乘飞机或火车前往下一站，但又没及时通知下一站接待社，造成空接。

（二）空接的处理

一旦发生空接，地陪应按以下步骤处理。

1. 排除漏接

飞机、火车准时抵达，但导游未接到旅游团（者）时，应首先排除漏接；尽快与旅游团（者）下榻的饭店联系，核实其是否自行到达饭店。

2. 请旅行社查明原因

地陪立即与地接社有关部门联系，请其查明原因。

3. 旅游团（者）推迟抵达

如果核实之后，得知旅游团（者）将推迟抵达，导游应听从接待社的安排，或在机场、车站等待，准备迎接推迟抵达的旅游团（者），或离开机场、车站，重新安排接团事宜。

4. 旅游团（者）次日抵达

经核实，旅游团（者）次日抵达，接待社应重新安排住房、餐饮、车辆等接待事宜，地陪要与计调部门协商，重新调整、安排活动计划。

5. 旅游团（者）取消本地行程

如果得知旅游团（者）取消本地的行程，接待社应马上取消一切预订事项，如退掉住房、餐饮、车辆和交通票证；如果有下一站活动的话，还要及时通知组团社和下一站接待社。

操作示例

团队取消行程，导游员小王空接

武汉某旅行社导游员小王，接到了旅行社发给自己的一份接团计划。这批游客来自香港，行程安排是6号晚上9：30乘飞机到达武汉，当晚入住酒店。6号那天，小王先与旅游团下榻的酒店取得联络，落实住房，考虑到旅游团一进酒店游客马上就想入房休息，小王还将房间号和房卡事先准备好了。当晚，小王与司机开旅游车去机场接站，可所有的客人都出港了，也没见着香港团队的影子。于是，小王立即与旅行社计调部取得联系，询问具体情况。不料计调员的答复却是："不好，这个团昨天通知我取消了，我忘了通知你了。"小王只好立即回到酒店，将此团情况与酒店具体人员进行沟通。虽然酒店方面同意退房，但是要按照双方所签订的合同执行，小王所在的旅行社仍然要承担退房损失的赔偿责任。

很明显，这是一次空接事故，空接事故造成的直接损失，是临时取消客房的违约赔偿和旅游车往返的空驶费用。从某个角度看，似乎是因为计调人员工作不细致造成了空接事故，但是，小王作为一名导游员，在每次接团前，都应该做好与各个相关部门的确认工作，如果这样，此次的损失就可以避免了。

在旅行社的业务操作过程中，计调员、票务员、行李员等许多岗位人员都有可能因为工作压力大、业务烦琐、责任意识淡薄等原因造成一定的过错。但是，所有这些岗位都是为导游员带团扫清障碍而服务的。最后的整理环节，导游员一定要亲自落实，将工作做细、做好，从而减少旅行社和个人的损失。

三、错接的原因、预防和处理

错接是指导游接了不应由他接的旅游团（者）的现象。

（一）错接的原因

错接旅游团一般属于责任事故，是因导游责任心不强、粗心造成的。错接事故容易发生在旅游热点地区或旅游旺季。有的旅行社同时派出一个以上的团队前往同一地；或旅游旺季时，多个团队或游客会乘同一交通工具抵达目的地。

（二）错接的预防

（1）认真阅读接待计划书，掌握旅游团的相关信息。

（2）导游应严格按规定时间抵达接站地点，杜绝迟到现象，警惕非法导游接走旅游团（者）。

（3）接到旅游团后，导游要认真核实其团名、代号，核对人数，问清领队姓名、下榻饭店等；如果是散客，要问清游客的全名和客源地。

（三）错接的处理

一旦发现接错旅游团（者），地陪应立即采取以下措施。

1. 立即报告

发现错接后马上向接待社领导及有关人员报告，查明两个错接团的情况，再视情况处理。

2. 将错就错

如经核查，错接发生在本社的两个旅游团之间，且两个导游又同是地陪，那么可将错就错，两名地陪将接待计划书互换之后就可以继续接团。

3. 必须交换

核查后，发现错接的团分属两家接待社接待，则必须交换；若错接的两个团属同一旅行社接待，但两个导游中一个是地陪，一个是全陪，那也必须交换旅游团。

4. 诚恳道歉

地陪应实事求是地向游客说明情况，诚恳道歉，以求得游客的谅解。

若发生其他人员（非法导游）将游客带走的情况，应马上与饭店联系，看游客是否已住进预订的饭店。

操作示例

导游员小王接错了团

暑假通常是旅游旺季。2019 年夏天，某国际旅行社迎来了又一个团队高峰期，导游员都忙不过来了。于是今年的新导游员小王，尽管还缺少一些带团经验，这会儿也给派上了用场，帮忙上机场接站了。交代任务时，计调员有点不放心，仔细地交代了一遍又一遍，可最后还是出了差错。

具体经过是这样的：这天，按照接站计划，小王早早地来到了机场，迎接从美国纽约来的一个团。由于天气原因，航班一再延误。终于等到航班落地，小王就找了个显眼的位置，手举着国旅的导游旗迎候客人。不一会儿，出站的人流中，一位大胡子老外领队，身后紧跟着 14 个外国游客，匆忙地挤出了人群，径直冲着他手中的导游旗奔了过来，问小王是不是某国旅来接美国纽约客人的导游员，并说他们就是纽约来的。小王想，这不就是计调员交代自己要接的团队吗？一阵简单的寒暄后小王匆忙带着他们，取了行李来到了停车地点，上车直奔国际大酒店。到了酒店，大胡子领队叫了起来，不对呀，计划上安排是住中国大酒店，怎么换成国际大酒店了？小王这时赶紧要来全陪手中的计划一看，坏啦，这不是他要接的团。在机场时没有认真核对，把别人的团当成自己的团接了，这可怎么办呢？

发生在小王身上的这起事故就是错接事故。错接事故往往是由于粗心加巧合才会发生，巧合就是恰好当天有两个来自纽约的美国旅游团，而且人数也很相近，乘坐同一趟航班来华。但是，即使有再多的巧合，只要小王在机场接站时多问几句，核实一下全陪、领队的姓名，团队代号及人数和行程就不会出现这种尴尬的局面了。可见，接站时细致认真地进行核实是非常重要的，新导游员在这一点上更不能马虎。

错接事故属于责任事故，主要是由于导游员责任心不强造成的。一般处理办法是首先要向旅行社报告，尽快找到已到达的自己的团队，然后根据不同情况采取不同措施。

角色练习

【练习名称】

接站服务中常见问题的处理。

【练习要求】

对接站中常见的问题，能做到事前认真预防，事中事后有效处理。

【角色设置】

（1）教师设置相关场景，模拟空接、漏接、错接事故的发生。

（2）学生进行分组，分别扮演全陪、地陪、游客、相关部门人员；时间充裕的情况下，同组学生可角色互换，重复模拟。

【练习材料】

由教师事先设计好相应情景案例，小组学生随机抽取进行模拟。

【练习步骤】

（1）各组针对不同的情境问题，阐述事前如何做好漏接、空接、错接的预防。

（2）一旦发生了漏接、空接、错接，导游应如何处理？

（3）导游应与相关人员及部门进行沟通。注意沟通的内容、方式与步骤。

（4）各组代表及教师对于受测学生的表现进行评价。任务评价内容、要求等见表3-4。

表 3-4　任务评价表

序号	任务内容	任务要求	等级	待改进技能	备注
1	漏接的预防及处理	预防漏接措施是否到位			
		漏接处理的及时性和有效性			

续表

序号	任务内容	任务要求	等级	待改进技能	备注
2	空接的预防及处理	预防空接措施是否到位			
		空接处理的及时性和有效性			
3	错接的预防及处理	预防错接措施是否到位			
		错接处理的及时性和有效性			

课后练习

1. 接团前的业务准备包括哪些内容?
2. 请解释什么是“三核实”。
3. 旅游团抵达后的服务工作有哪些?
4. 简述途中导游服务的内容。
5. 简述漏接产生的原因、处理及预防。
6. 漏接的产生具有哪些客观原因和主观原因?
7. 简述空接产生的原因及处理。
8. 简述错接产生的原因、处理及预防。

项目四 欢迎词、欢送词及途中导游

项目概览

导游讲解工作是导游整个工作职责中的重头戏。创作结构完整规范、用词妥当亲和的欢迎词、欢送词及途中导游词会提升游客对导游的信任和依赖感，从而会使导游的其他日常服务工作变得容易实施。在教师分发工作任务书的基础上，学生通过自主收集资料、角色扮演、讲解训练、小组讨论、相互纠错等方法，学会欢迎词、欢送词及途中导游词的创作和讲解。

任务导读

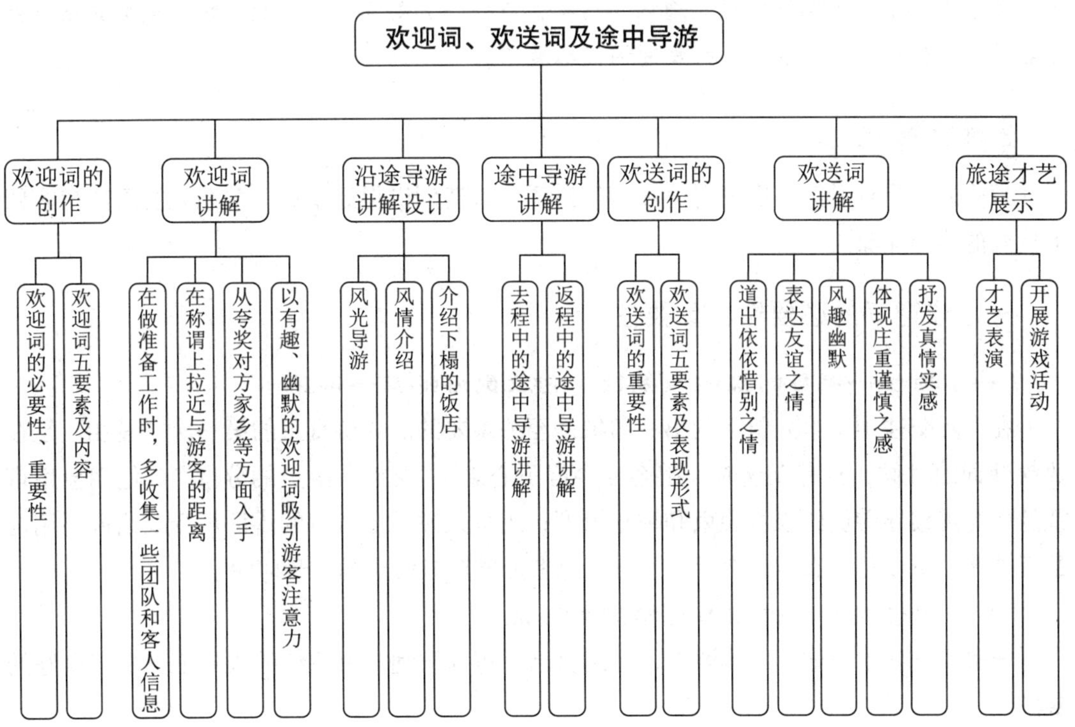

学习目标

（1）掌握欢迎词、欢送词的创作和讲解。

（2）掌握途中导游词的设计和讲解。

（3）掌握讲解基本规范，并能够根据客人特点设计个性化导游词。

任务一　欢迎词的创作

情境导入

一天，导游员小王在火车站接到了从上海来的一行35人的旅游团，按工作流程，她认真核实了团队人数并集合登车。

接下来，车上所有游客的目光都满怀期待地望着她，她要致欢迎词了。请问，为什么要致欢迎词呢？欢迎词包含哪些内容？

任务描述

本任务要求学生熟练掌握欢迎词的结构，能创作五要素俱全的欢迎词。主要是通过分组教学、角色扮演等方法，进行欢迎词模拟展示。

相关知识

致欢迎词是导游第一次面对全体游客讲话，欢迎词讲得好不好，关系到能否给游客留下良好的第一印象。

一、欢迎词的必要性、重要性

（一）对于一名导游员的重要性（树立良好的第一印象）

在人际交往中，给人留下的第一印象是至关重要的。导游真正的第一次“亮相”是在致欢迎词的时候，只有在这时，游客才会静下心来，“掂掂导游员的分量”。他们会用审视的目光观察导游员的衣着装束和举止风度；用耳朵倾听导游员的讲话声音及语调，用词是否得体，态度是否真诚，然后通过分析思考形成对导游员的初步印象。

（二）对于整个导游服务环节的重要性

导游通过致欢迎词，问候游客，介绍自己，将为顺利开展后续的服务工作奠定良好的基础。

地陪在自己的职责中还担负着食、住、行、游、购、娱等各种服务工作，在服务中能否驾驭整个团队，大都取决于服务意识和服务态度。在后续的服务中让游客如何称呼地陪人员，也应在欢迎词中展示出来。

（三）导游与游客进行第一次面对面交流的重要性（基本礼仪的要求）

与服务对象和谐相处，特别要重视礼貌礼节。

视野拓展

导游员的外貌举止都是给游客留下良好印象的第一步。但是，导游员更要重视第一次的“亮相”——致欢迎词，致欢迎词应注意以下几点。

1. 内容简洁

在导游员的工作程序中，一般要在游客已经在旅游车上入座、即将出发前往下榻地或旅游景点时向游客致欢迎词。此时游客可能会出现两种状态：一是游客刚刚抵达旅游地，精神比较亢奋，希望马上了解旅游地的情况；二是游客经过长途旅行，身体比较疲惫，希望能够在行车途中稍事休息。无论是哪一种情况，游客虽然对导游员存在一定的新鲜感，但都不会将导游员作为主要的欣赏对象。因此，导游员致欢迎词时间不能太长，话不多说、点到为止，只要能够让游客体会到自己的欢迎之情就可以了。一般来说，致欢迎词的时间要控制在 5 分钟左右。

2. 热情亲切

在致欢迎词前，导游员与游客之间彼此还很陌生。为了以后工作的开展，导游员必须尽快与游客互相熟悉起来。要通过致欢迎词达到这样的效果，导游员必须热情亲切，以“好客主人”的形象对游客的光临表示欢迎，迅速拉近与游客之间的情感距离。值得注意的是，欢迎词的感情表达不宜过于强烈。过度的热情，甚至慷慨激昂，反而给人以虚假造作之感。

3. 语言自然

当游客放好行李，在旅游车上就座后，思想很是放松。此时，游客难免会认为突然来致辞的导游员存在一定的“突兀”之感。因此，导游员要通过自然的语言、和缓的语调、随意的口吻来消除游客的这种感觉。

4. 针对性强

欢迎词应当包括向客人问候、自我介绍和介绍驾驶员，代表旅行社向游客表示欢迎，介绍自己的服务宗旨，表达尽可能满足他们的要求的意愿，祝客人旅途愉快等。在此基础上，导游员应根据客人的心理、情绪状况及其所在国家的国情、习俗及导游员自己所在城市的名称、司陪人员的姓名等特点，进行一定的艺术加工后再讲，方能引起因长时间乘车而昏昏欲睡的游客们对“节目”表演的浓厚兴趣和共鸣。

5. 幽默风趣

欢迎词的一个重要内容是自我介绍，此时，导游员完全可以自嘲一下，既风趣又不夸张，给游客留下深刻印象。这样能够创造出融洽的气氛，缩短心理距离。一位导游员的自我介绍是这样的:“我是某某旅行社的导游员，名叫王诚。诚恳、诚实的诚。不瞒大家说，诚恳、诚实确实是我的优点。但很不幸，人们都说导游员是一个国家的脸面，我这张脸，其貌不扬，不知能否代表我们这个美丽的国家?”

6. 加强文采

一篇好的欢迎词，不仅能驱散旅游者心头的种种疑惑和迷雾，而且是一首乐章的序曲。通过导游员的演奏，将听众（游客）带入这美妙的音乐氛围。充满文采的欢迎词，将会是一曲美妙的音乐，能收到更好的效果。

7. 把握分寸

欢迎词中涉及一个自我评价的问题。恰如其分的自我评价，是缩短与游客之间距离、迅速赢得游客信任的有效途径。恰如其分就是把握好分寸。具体说，首先，要把握自谦的分寸。自谦的方式固然可用于来自东方的游客，但自谦的分量大了，也会给人以“缺乏自信”的感觉。至于面对西方的游客，就完全不必自谦。因为“自我观念”的文化差异会使他们对你产生很大的怀疑和不满。其次，还要把握自信、自得的分寸，为取得游客信任而夸夸其谈、自吹自擂，效果也会适得其反。

（资料来源：旅游联盟网。）

二、欢迎词五要素及内容

（1）问候语：向游客问好。如：各位来自上海的游客朋友们，大家好！一路辛苦了！

（2）欢迎语：代表所在旅行社、本人及司机欢迎游客光临本地。如：欢迎大家来到名山秀水环抱的车城十堰！

（3）介绍语：介绍自己的姓名及所属单位，介绍司机。如：我叫王晓燕，来自十堰武当国际旅行社，大家可以叫我小王，这位是我们的安全行车大使——刘师傅，一路上就由我和刘师傅为大家提供服务。

（4）希望语：表示提供服务的诚挚愿望。如：希望我们的服务能伴随大家度过一段快乐美好的时光。

（5）祝愿语：预祝旅游愉快顺利。如：预祝各位游客在十堰能吃得顺心、住得舒心、玩得开心！称心而来，满意而归！

操作示例

谁的导游词不规范?

湖北导游员小王在火车站接待了一个来自上海的35人的旅游团。核对完人数集合登车后，小王开始致欢迎词：

各位游客：大家好！欢迎大家来到人杰地灵的湖北参观游览，我的名字叫王晓燕，来自十堰武当国际旅行社，大家可以叫我“小王”或“王导”。为我们开车的是刘师傅，他虽然年轻，驾驶技术却很不错。我和刘师傅都非常乐意为大家做好服务工作。在今后几天的游览过程中，各位如果有事需要我们效劳的，请尽管提出，我们将会尽力为大家做好。希望我们的服务能给大家带来一段美好的时光，祝愿大家在我的家乡湖北吃得顺心、住得舒心、玩得开心。

云南导游员小李接了一个来自河北的一行20人的旅游团，在接团前为了能给河北游客一个好印象，小李做了充分的准备。上车后致欢迎词：

各位来自河北的游客朋友们：大家好！欢迎来到七彩云南参观游览。大家从燕赵大地会聚于此，成为一个团队，接下来我们将共同相处一周，不胜荣幸。燕赵大地，英雄辈出——逐鹿中原的黄帝在河北立下赫赫战功；完璧归赵的蔺相如是河北人，敢于负荆请罪的廉颇也是河北人；建立了蜀汉政权的刘备是河北人，刘备手下的文臣武将大多也是河北人；我国五四运动的先驱李大钊是河北人，舍身炸碉堡的董存瑞也是河北人……这么多英雄豪杰出自河北，不由得让我万分佩服。接下来在我们共同相处的几天里，我也会给大家讲一讲我们云南的名人。希望各位在云南玩得开心愉快。

接下来导游员小李开始做沿途讲解，这时一位游客大声问道：“导游，你叫什么名字呀？能不能给司机师傅说一声车开慢点？有人晕车。”

两段情境中，谁的欢迎词不合乎致欢迎词的要求，为什么？

小李的欢迎词不太规范。欢迎词是导游给游客留下良好第一印象的重要环节，一般时长应控制在5分钟左右。欢迎词的内容应该视旅游团的性质及成员情况而定，要能快速把游客的注意力吸引到自己身上。欢迎词一般要包括问候语、欢迎语、介绍语、希望语、祝愿语。

角色练习

【练习名称】

创作欢迎词。

【练习要求】

按欢迎词五要素的要求逐一将内容写在准备好的白纸上。

【角色设置】

（1）分为甲、乙两组，一组为游客，一组为导游。

（2）教师设置情境并鼓励每一位学生按每一要素逐一创作并轮流进行角色展示。

【练习材料】

白纸（教师提供）。

【练习步骤】

（1）各组分别写出问候语，全体立姿，向另一组亲切表达出来。

（2）各组分别写出欢迎语，全体立姿，向另一组亲切表达出来。

（3）各组分别写出介绍语，全体立姿，向另一组亲切表达出来。

（4）各组分别写出希望语，全体立姿，向另一组亲切表达出来。

（5）各组分别写出祝愿语，全体立姿，向另一组亲切表达出来。

（6）两组互换角色，重复以上步骤。

（7）双方互评对方组员在展示中的优缺点。

（8）教师评价在展示中做得好的同学的表现，同时指出不足，提出改进意见。

任务评价内容及要求等见表 4–1。

表 4–1　任务评价表

序号	任务内容	任务要求	等级	待改进技能	备注
1	欢迎词的重要性	说出欢迎词的重要性			
2	创作欢迎词	问候语			
		欢迎语			
		介绍语			
		希望语			
		祝愿语			
3	展示	语言和姿态			

任务二　欢迎词讲解

欢迎词

情境导入

小李是一名刚走上导游岗位的新导游，今天接到了他职业生涯中第三个旅游团——暑假少儿夏令营团。他站在车前开始致欢迎词了。

他的欢迎词能吸引这些叽叽喳喳的十来岁的孩子吗?

任务描述

本任务要求学生熟练创作、展示五要素俱全的欢迎词，并能通过分析接待计划书，针对不同客源地、不同年龄、不同性别的游客，致个性化欢迎词。

相关知识

进入 21 世纪以来，旅游活动的发展呈现出需求越来越多样化、个样化的趋势，游客在旅游活动中也越来越成熟，在这样的大环境下，导游员如何主动适应这样的时代变化，提供越来越符合游客需求的个性化讲解，已成为导游个人能力成长和职业发展的一个方向。

良好的开端是成功的一半。在致欢迎词时就应抓住游客的心，吸引游客的注意力，让游客对导游产生信任感，这对接下来的服务工作顺利开展是很有必要的。

面对不同的游客对象，如何做出令特定游客对象满意的、个性化的欢迎词呢?

一、在做准备工作时，多收集一些团队和客人信息

（1）接到计划单时，认真查看，弄清客人的客源地。

（2）从旅行社计调处多询问一些关于团队的情况，如团队客人是一个单位的，还是组团社散拼成团的等。

（3）电话联系全陪时，询问一些关于团队的特殊情况等。

二、在称谓上拉近与游客的距离

如果了解旅游团来自一个单位，他们都是从事同一职业，可用职业尊称来称呼对方，如“各位老师”或“各位法官”等，使游客有一种认同感，拉近了双方之间的距离。如果游客属同一个年龄段，可以用亲密的称呼，如“叔叔阿姨们，欢迎你们来我的家乡做客”！

操作示例

接待某医生旅游团队的欢迎词

神州旅行社小王接待某医生旅游团时的一段欢迎词：

各位早上好！我叫王晓波，是神州旅行社的导游，十分荣幸能为各位服务。各位都是医生吧？医生是人间最美好的职业。我一出生，就对医生有特别的感情，因为我是难产儿，多亏了医生我才得以“死里逃生”。长大之后，我立志当一名救死扶伤的医生，可是医学院却没有录取我。尽管我没有福气进医学院，但医院我每年都要去几次，我这人特别容易感冒。当医生不行，当“病人”却十分合格，真没办法……今天的旅游节目是这样为大家安排的：首先参观岳阳楼、洞庭湖，然后去参观一家中医院。如果还有时间，我想请大家“参观”一个特别节目，就是看看我为什么老是容易患感冒。谢谢。（游客大笑）

三、从夸奖对方家乡等方面入手

从夸对方的家乡或家乡的名人入手致欢迎词，以引起游客共鸣，吸引游客注意力。

四、以有趣、幽默的欢迎词吸引游客注意力

有的导游性格幽默风趣，在致欢迎词时，妙语连珠、自我调侃，游客的注意力一下子就被牢牢吸引住了。

角色练习

【练习名称】

致有针对性的欢迎词。

【练习要求】

从接待计划书和游客名单中获取信息加以分析并致个性化欢迎词。

【角色设置】

（1）教师作为计调人员或业务员，分派团队接待任务。

（2）对学生进行分组，各组独立完成游客分析并在组内合作完成个性化欢迎词。

【练习材料】

接待计划书、游客名单表（课前收集、准备；女性购物、学术考察、教师、少儿各一团）。

【练习步骤】

1. 掌握有关信息

认真阅读接待计划书的有关资料，详细了解该旅游团的重要信息，并做记录。

（1）客源地：国别，省、市地区。

（2）组团人员的情况：人数、姓名、性别、职业、宗教信仰、年龄构成。

（3）全程旅游线路。

（4）一次电话询问机会，教师扮演全陪进行回答。

2. 创作欢迎词并致欢迎词

（1）各组领任务后，组内成员合作创作一份针对自己旅游团的欢迎词。

（2）各组推选一名组员致欢迎词，另选一名组员结合任务阐释创作思路。

（3）其他组听后提问并点评优缺点。

3. 换位演示

各组交换游客对象，但欢迎词内容不变，体会欢迎词个性化的重要性。

4. 评价总结

教师和各组代表对模拟过程进行评价总结。任务评价内容、要求等见表 4–2。

表 4–2 任务评价表

序号	任务内容	任务要求	等级	待改进技能	备注
1	规范欢迎词的创作	五要素俱全			
2	创作个性化欢迎词	对照旅游团及团员信息，看欢迎词是否具有针对性			
3	展示效果	语言和姿态			

任务三　沿途导游讲解设计

情境导入

厦门导游员小王接到了旅游团，正在送客人赶赴下榻的饭店的路上，小王致完欢迎词后，开始了她精心准备的首次沿途讲解。

请问，沿途讲解包含哪些内容呢？要注意些什么问题呢？

任务描述

本任务要求学生掌握在带团过程中通过组织各类材料，根据时间长短、行程安排，详略得当地设计自己的首次沿途讲解。主要是通过多媒体案例演示、分组教学、角色扮演等方法，对首次沿途讲解进行模拟。

相关知识

首次沿途导游，是指导游员在机场（车站、码头）接团后赴下榻饭店的途中导游讲解。游客初来一地，感到好奇、新鲜，什么都想问，什么都想知道，导游员应把握时机，选择游客最感兴趣、最急于了解的事物进行介绍，以满足游客的好奇心和求知欲。这也是显示导游知识、导游技能和导游工作能力的大好机会。首次沿途导游讲解的内容应力求简约、概括，但要有针对性。精彩的首次沿途导游讲解会使游客产生信任感和满足感，迅速对导游产生极佳的印象。

首次沿途导游讲解的内容主要包括介绍当地的风光、风情以及下榻的饭店的情况。

一、风光导游

地陪做沿途风光导游时，要施展“眼疾嘴快”的本领，即语言节奏明快，讲解的内容与所见景物同步，见人说人，见物说物，取舍得当。总之，沿途导游讲解贵在灵活，导游员要反应敏锐、掌握时机。具体要领如下。

（1）一般高大雄伟、壮观华丽的建筑均有必要做介绍。从机场（车站、码头）至所下榻的饭店，一路上的主要景物导游要心中有数，不清楚的情况应事先进行了解，要尽量提炼出最有特色、最精彩有趣的内容进行重点讲解。

（2）合理取舍内容。平淡无趣的点不讲，旅游者忌讳的点不讲，看不清楚的点不讲。如沿途所遇的垃圾场、精神病院、殡仪馆等都是应该舍弃的内容。

（3）讲解语言要简洁明快。讲解节奏要与汽车行驶速度和旅游者的观赏速度相配合，该快则快，该慢则慢，车停嘴不停（如堵车时），反应敏锐。

二、风情介绍

地陪应向游客介绍当地的概况，包括历史沿革、行政区域划分、人口、气候、社会生活、文化传统、土特产品等，并在适当的时间向游客分发导游图。同时，还可以适时介绍本地的市貌、发展概况及沿途经过的重要建筑物、街道等。具体要领如下。

（1）最好以风光话题引入风情内容，如由路旁的花卉引入本地气候特点，由宽敞的街道联系市区的总体规划，由一尊历史人物的塑像联系本地历史沿革的话题等。

（2）内容上要放得开、收得住。要根据旅游者的反应进行恰当的选择，多以轻松明快的话题来伴随这一段旅途。

（3）不要将游览行程中已安排的景点内容拿来大讲特讲，避免让旅游者游景点时听到重复讲解。

三、介绍下榻的饭店

地陪应向游客介绍所住饭店的基本情况；饭店的名称、位置、距机场（车站、码头）的距离，饭店星级、规模，饭店主要设施和设备及其使用方法，入住手续、住店的有关注意事项等（这部分内容地陪可根据途中距离和时间长短酌情删减，或抵达饭店后向游客介绍）。同时还可以根据情况对同类的其他饭店做信息对比介绍，以突出旅游者所下榻饭店条件的优越。

操作示例

滨海城市——厦门沿途讲解

各位团友，接下来我就来向大家介绍一下我们这个素有“海上明珠”之称的滨海城市——厦门。厦门是中国东南沿海一座美丽的滨海城市，总面积1565平方公里，市区人口不过60万人，但是厦门有着超越其他城市的航空业。大家刚刚走出来的机场，就是厦门高崎国际机场，它开辟了国内航线53条，国际航线8条，有33家国内外航空公司在厦门设立办事处，开展各种经营业务。厦门空港是我国第七大航空港。

厦门地处亚热带，全年气温差别不大，冬无严寒，夏无酷暑，气候宜人，很适合旅游，看来大家是来对了地方。厦门环境优美，民风淳朴，先后荣获“国家卫生城市”“国家园林城市”“国家环境保护模范城市”“国际花园城市”等称号。同时也是中国十大旅游城市之一，厦门最大的特色就是“城在海上，海在城中”。

大家知道厦门的市树、市花是什么吗？——没错。就是凤凰木和三角梅，看来大家对厦门还是有一定的了解。凤凰木是典型的南国树种，枝秀叶美，它开花的季节是在夏天，可惜大家现在看不到开花，所以希望大家夏天的时候再来厦门看我们的市树开花，到时候可别忘了找我为大家介绍噢！市花三角梅朴实无华，易于繁殖，花色也很多，大家看，车窗外那一排就是三角梅。市鸟白鹭则是高雅之鸟，相传在远古时期有一群白鹭在此栖息，又因厦门岛形似白鹭，素有“鹭岛”之称。

厦门在明朝前叫“嘉禾屿”，那是因为在唐朝时有一种水稻，这种水稻是一茎多穗的，而一般水稻是一茎一穗，当时的闽越人认为是吉祥的征兆，于是就把这个无名的小岛称为“嘉禾屿”；直到明朝时，明太祖朱元璋派江夏侯周德心在闽南沿海设置上、下、左、右、中五个哨所来防御倭寇，刚好当时厦门正好位于中、左二所，故有“中左所”之称，随后周德心奉命建城，而当时的“中左所”正好位于福建九龙江下游地段，故又称“下门”。当时的“下”是“上下”的“下”，后来，雅化为现在的“厦门”。明末清初，民族英雄郑成功把厦门、金门作为抗清复明的基地，把厦门改为“思明洲”，到1933年才恢复厦门的称呼。

厦门的美食风味独特，主要以海鲜为主，具有清、鲜、淡、脆的特点。厦门菜发源于北宋，原来是闽菜系当中的一种，到20世纪90年代，从闽菜中脱颖而出，自成一派，形成海鲜菜肴、仿古药膳、普陀素菜、名点小吃四个系列。在这几天中，我一定带大家去尝遍厦门的美食。

厦门有很多特产，像厦门的珠绣、漆线雕、瓷雕等。厦门的珠绣已经有100多年的历史，非常独特，有珠绣的拖鞋、珠绣的包包、珠绣画等100多种类型及款式。漆线雕可是厦门历史最长的工艺品，早在几百年前，厦门的漆线雕佛像就驰名中外，畅销东南亚各国。大家回去的时候可别忘了带一些给亲戚朋友。

厦门的一些风俗习惯也很特别，在今后的几天当中我将会为大家详细介绍。

我们要入住的是宝龙大酒店，这是一家五星级酒店，所有的设施设备都是最好的！看，宝龙大酒店，我们到了，请大家带好自己的行李物品跟随我一起下车吧！

（资料来源：厦门各景点导游词．南京廖华，http：//www.njliaohua.com/lhd_2hl6w7qdad5gf8x599kn_1.html.）

视野拓展

敖燕军：编写导游词创意源自实践

“在导游服务中，讲解是关键，导游词编写又是导游讲解的基础。”近日，围绕如何编写导游词，笔者采访了第四届全国导游大赛“银牌导游员”称号获得者、国家高级导游员敖燕军。

三大部分必不可少

敖燕军说，一篇完整的导游词，一般包括引言、主体、结语三部分，就像“公鸡头”“孕妇肚”“猴子尾”，各具特色。

引言是整篇导游词的开篇。好的开篇好比一出大戏的序幕，状似“公鸡头”，精巧而不失华丽、亮点突出、夺人眼球。“引言中，导游要向游客表示欢迎问候，除了介绍自己、预祝成功等几个不可缺少的要素之外，还可以用精练的一两句话引出即将游览的景区景点，点明主题。”敖燕军说。

导游词的主体部分状似“孕妇肚”，有材有料、史料翔实、详略得当、层次分明、核心突出，是导游文学功底和导游艺术相融合的精彩篇章。敖燕军以海南著名景点天涯海角景区举例：“踏浪向前，我们来到南天一柱景观。这是清代范云梯所题，他欲以己身做擎天之柱振兴国家，正是这种激情与豪迈让南天一柱显得格外高大，使之与珠穆朗玛峰、万里长城、泰山等一起成为人民币上的图案。”敖燕军说，主体部分的各个主要景观就像是一颗颗珍珠，在讲解时要用导游的语言将这些珍珠串联起来，比如，“移步换景我们来到某地”“说到甲就不得不提乙”“沿着小道我们来到了某地”“向西300米就是我们的核心景观”“了解了这些我们现在就来到了某地”“关于这个景点还有一个动人的传说”等都是串联性的导游词。“这部分需要导游不断学习、积累，灵活应用。”

结语是整篇导游词的尾声。这一部分要尽量使游客产生余音绕梁之感、意犹未尽之情，生发出重游的欲望，就像是“猴子尾”，灵活多变、功能多样。“如果说引言给游客留下了美好的第一印象，那么，好的结语则给游客留下深刻、持久的最后印象。但是，结语切忌写成抒情诗或散文，更不能是演讲稿。要注意口语的表达和运用，要朴实亲切、富含真情实感，切忌矫揉造作。”

导游词创新有妙招

敖燕军说，编写一篇有新意的导游词，创新是关键，而创新从实践中来。“我的经验是创编段子、演绎故事、选择独特角度。”

段子或针砭时弊，或博文益智，或逗众取乐，还有祝福、劝喻等意义。根据海南实际情况，他创编了海南水果快板段子：“一年四季椰飘香，热带果王六月忙。水果皇后菠萝蜜，还有荔枝百果王。闻起来臭、吃起来香，榴梿五月来上场。小米蕉、皇帝蕉，阳桃龙眼八月飘。鸡蛋果、蛇皮果、神秘果，处处结着大硕果……”

如何演绎故事，敖燕军有一套方法叫“非常6+1”——演绎故事时要把握好六要素：时间、地点、人物、起因、经过、结果。最后这个“1”就是你的故事要给游客一种获得感或者是感悟，所谓小故事有大智慧。

说到独特角度，敖燕军认为，每一个旅游目的地都是独特的，导游要从不同的角度去发现它的魅力。比如讲到海南省的地形地貌和行政区划时，可以用“手形法”引导游客记忆：“俗话说一方水土养育一方人，正是这片美丽富饶的宝岛养育了淳朴的海南人。咱先说说这一方水土，海南19个行政区划。怎么记忆呢？很简单，伸出左手，掌心面向自己，然后握拳，那现在这个形状就像海南的地图。大拇指指尖位置就是文昌市、大拇指第一节骨头的位置就是海口市，也是海南的省会城市……”这种记忆法直观又有趣。

（资料来源：王赵洵．敖燕军：编写导游词创意源自实践［N］．中国旅游报，2019-12-03.）

角色练习

【练习名称】

首次沿途讲解（游览城市：武汉市、西安市）。

【练习要求】

收集整理相关资料并加以编排，进行合理取舍，为游客做首次沿途讲解。

【角色设置】

（1）学生分组，各组选取上述城市中的一个，合作完成首次沿途讲解。

（2）每组派一名同学进行展示，其他同学扮演游客。

【练习材料】

教师提供一些素材（课堂上学生可上网再补充所需素材）。

【练习步骤】

（1）各组选取讲解城市。

（2）各组组员对已有材料进行整理。

（3）各组组员分工，上网查找、记录还需补充的素材。

（4）对讲解材料进行取舍、整理、编排、修改、润色。

（5）各组推选代表做首次沿途讲解展示。

（6）各小组互评，教师进行评价。

任务评价内容及要求等见表 4-3。

表 4-3 任务评价表

序号	任务内容	任务要求	等级	待改进技能	备注
1	收集整理资料	收集目标明确			
2	资料处理	对资料进行合理补充、取舍、整理、修改、润色			
3	讲解效果	结构、内容完整			
		语言表达简洁、生动			

任务四　途中导游讲解

途中导游讲解

情境导入

湖南游客来到福建已经两天了，第三天的行程是去参观世界文化遗产——福建永定土楼。一上车，导游员小王就开始了去景区路上的途中导游讲解。

请问，途中导游讲解包含哪些内容呢？要注意些什么问题呢？

任务描述

本任务要求学生掌握在游览活动中，导游带领游客到达景区景点之前，应进行的途中导游讲解。通过多媒体示范演示、分组教学、角色扮演等方法，对途中导游讲解进行模拟练习。

相关知识

一、去程中的途中导游讲解

导游员带团去参观游览点的途中应根据具体情况进行导游讲解，讲解内容一般包括以下几个方面。

（一）重申当日活动安排

旅游车从饭店出发后，导游员要向游客再次说明当日活动安排，包括午、晚餐的时间、地点；向游客报告到达游览点途中所需时间；视情况介绍当日国内外重要新闻。

（二）做沿途风光介绍

在前往景点的途中，导游员要向全团游客介绍当地的风土人情、沿途的景观景物，并且还要回答游客提出的问题。

视野拓展

武汉开通4条观光巴士“慢游”线路！

“武汉旅游观光巴士发车！”6台英伦范“马其顿”造型的观光巴士，搭乘着来自全国各地的旅行商，缓缓驶出广场，前往武汉都市最精彩的两江四岸核心景区，为参加活动的游客们带来不一样的城市风情。5月18日上午，由湖北公路客运集团股份有限公司投资运营的武汉旅游观光巴士启动仪式，在武汉会议中心长江厅前广场举行。

即日，武汉正式开通4条旅游观光巴士线路，串联起武汉中心城区优势景点，联动两江游船与东湖游船。

这4条观光线，包括3条日线和1条夜游线。本次开通运营10台具有“英伦风格马其顿造型”的双层巴士。这款车型是宇通客车专门为武汉市城市观光旅游量身打造的一款行业内具有唯一性的、造型独特的双层巴士，下层右下方的凹陷设计，在增强观赏性的同时有效扩大司机的驾驶视野，提升行驶安全性，车型高4.16米，低地板结构，采用全承载车身，进口气囊，可根据路况自动升降。观光巴士车速保持在30码以内，充分体现了其“慢游”的特点。

观光车二层具有全景天窗，车内几乎可实现360度观景，车上配有小桌子和软性的皮质座椅，舒适度与普通的公交座椅不可同日而语。在乘坐方式上，游客可相对而坐，也区别于以往的公交车辆和普通旅游大巴。车身被涂为艳丽的红色，行驶在路上十分抢眼，并自配语音播报系统，介绍沿途景色，为到汉游客提供“车是街景，景融于车”的特色服务。

观光巴士的线路穿过两江四岸，让长江和东湖握手，让游客充分体验“慢游武汉”的旅游特色。

（资料来源：长江日报2021年5月18日，记者黄丽娟，通讯员武文旅、王琼。）

（三）介绍游览景点

在旅游团抵达景点前，导游员要将该景点的情况向游客进行简要介绍，尤其要突出景点的历史价值和特色。讲解务必简明扼要，目的是满足游客事先想了解景点有关知识的心理，激起其游览景点的欲望，也可以达到节省在目的地讲解时间的目的。

（四）活跃气氛

如果旅途较远，导游员可以组织游客讨论一些彼此感兴趣的国内外问题，或组织适当的娱乐活动等来活跃气氛。

（五）下车前提醒注意事项

导游员应该在下车前提醒游客在景区游览中应注意的事项，如不得在景区内吸烟等；还应该提醒游客参观游览结束后的集合时间和地点及旅游车车型、颜色、车牌号等。

二、返程中的途中导游讲解

游客参观完游览点后返程途中，导游员应根据具体情况进行导游讲解，讲解内容一般包括以下几个方面。

（一）回顾当天活动

返程中，导游员应回顾当天参观、游览的内容，必要时可补充讲解，并回答游客的询问。

操作示例

参观郧阳区恐龙博物馆返程途中的讲解词

各位游客，刚才我们参观了郧阳区恐龙博物馆，领略了距今约6500万年前恐龙生活的时代。我们从珍贵的骨骼化石看到了恐龙庞大的身躯，从展厅的演示了解了曾经称霸地球的恐龙是怎样从地球上消失的。我们在今天的游览活动中，不仅玩了许多与史前生物恐龙有关的有趣的游戏，还学到了不少知识，可以说是不虚此行。

刚才有人问我，这个恐龙博物馆与四川自贡、河南西峡的恐龙博物馆有什么不同？这位朋友问到点子上了，四川自贡有龙无蛋，河南西峡有蛋无龙，只有我们郧阳区是龙蛋共存的形态，你们说神奇不神奇？这也是它独特的古生物科研价值之所在。

这些恐龙化石之所以保存如此完好，与这里土质松软也有关系。而这种土质也十分适合各种蔬菜水果的生长，看，前面就是水果蔬菜园，我们明天上午将在这个水果蔬菜园中度过，参观有机蔬菜的种植，还可以采摘时令水果。先不告诉大家，你们猜猜，明天可以在果园里吃到哪些水果？

好了，马上就要回到饭店了，大家回到饭店稍事休息，6点整在二楼餐厅用餐。顺便通知大家，明天早上饭店7点叫早，7点半早餐，8点整准时出发开始我们新的旅程。饭店到了，请大家带好行李物品随我一起下车。

（二）风光导游

如旅行车不从原路返回饭店，应做沿途风光导游讲解。

（三）宣布次日活动日程

返回饭店下车前，地陪要预报晚上或次日的活动日程、出发时间、集合地点等。提醒游客带好随身物品。

（四）提醒注意事项

如果当晚无集体活动，游客可能会自行外出活动，导游要提前提醒游客最好结伴同行，并带上饭店名片以防迷路。

角色练习

【练习名称】

途中讲解（根据当地旅游资源，选取一个景区）。

【练习要求】

收集整理相关资料并加以编排，为游客做去景区和返回饭店途中的导游讲解。

【角色设置】

（1）学生分组，由教师指定各组做去程和返程讲解分工，各组组内成员合作完成导游讲解词。

（2）每组派一名同学做展示，其他同学扮演游客。

【练习材料】

教师提供一些素材（课堂上学生针对练习要求可以上网补充所需素材）。

【练习步骤】

（1）各组接受去程或返程导游讲解任务。

（2）各组组员对已有材料进行整理。

（3）各组组员分工，上网查找、记录还需要补充的素材。

（4）对讲解材料进行取舍、整理、编排、修改、润色。

（5）各组推选代表做展示。

（6）各小组互评，教师进行评价。

任务评价内容、要求等见表4-4。

表 4-4 任务评价表

序号	任务内容	任务要求	等级	待改进技能	备注
1	收集整理资料	收集目标明确			
2	资料处理	对资料进行合理补充、取舍、整理、修改、润色			
3	讲解效果	结构、内容完整			
		语言表达简洁生动			

任务五 欢送词的创作

情境导入

来自北京的旅游团为期三天的西安之行就要结束了，导游员小李在送站时应该怎样向游客道别呢？

任务描述

本任务要求学生熟练掌握欢送词的结构，能创作五要素俱全的欢送词。通过现场示范、分组角色扮演等方法，进行欢送词模拟展示。

相关知识

导游在送站途中，应先对旅游团在本地的行程包括食、住、行、游、购、娱等各方面做一个概要的回顾，目的是加深游客对这次旅游经历的体验。讲解内容则可视送站途中距离远近而定。如果说接站途中讲解是地陪首次亮相的话，那么，送站途中的讲解是地陪的最后一场压轴戏。通过这最后的讲解，地陪要让游客对自己所在的地区或城市产生一种留恋之情，加深游客不虚此行的感受。

一、欢送词的重要性

心理学中有一种“近因效应”，它是指在人际知觉中，最后给人留下的印象对人有强烈的影响。国外一些旅游专家有这样的共识：旅游业最关心的是其最终的产品——游客的美好回忆。导游的欢送词全面、诚恳，能给游客留下美好的最终印象，从而提高旅游线路、旅游景点、旅游产品的美誉度，提高重游率或推荐率。

如果游客旅游体验不尽如人意，导游可以在欢送词中体现自己的歉意，以获得游客的理解和谅解，缓解游客不满的情绪。

操作示例

"云南之旅"结束后的欢送词

各位尊敬的朋友：大家好！我们的"云南之旅"即将结束。这6天的行程，可以说是劳累、快乐、友好、欢笑同时伴随着大家。我也在大家的支持与配合中愉快地完成了工作，并且获得了许多的知识，在此非常感谢各位的大力支持。同时我也要感谢领队李伟先生，是他的细心才使我们的游览得以如此圆满和顺利。我的工作中可能还存在一些不足和疏漏，还请各位朋友提出意见和建议。

在这6天里，我们游览了美丽的"春城"昆明；我们临洱海、观苍山，领略了大理的"风、花、雪、月"；我们走进了南诏古国，感受古老的文明；我们置身淳朴的丽江，探寻了纳西族的神秘；我们品尝了地道的云南米线和"一苦、二甜、三回味"的白族三道茶及各种风味美食，观看了充满少数民族风情的歌舞《印象丽江》和《云南印象》。相信大家都玩得十分尽兴。在这6天中我们建立了良好的友谊，临别之际，真的想说非常非常舍不得你们！希望大家以后能多多联系，也希望大家能再次选择我们旅行社，让我能有机会再次为您服务。祝愿大家在今后的日子里工作顺利、身体健康、万事如意！谢谢！

二、欢送词五要素及表现形式

（一）欢送词五要素

（1）感谢语：对领队、全陪、游客及司机的合作分别表示谢意。例如：各位朋友，感谢你们在这些天里对我工作的支持和帮助，谢谢你们！

（2）惜别语：表达友谊和惜别之情。例如：这几天与大家建立了深厚的友情，真舍不得与你们分别。

（3）征求意见语：向游客诚恳地征求意见和建议。例如：希望大家对我的工作提出宝贵的意见和建议，以便于我日后改进工作。

（4）致歉语：若行程中有不尽如人意之处，请求原谅，并向游客赔礼道歉。例如：这几天，如果我有什么做得不好的地方，还请各位多多包涵。

（5）祝愿语：期望再次相逢，表达美好的祝愿。例如：衷心祝愿大家身体健康！万事如意！生活幸福！

（二）欢送词表现形式

1. 惜别式

惜别式的欢送词是常用的方式之一，但切记不可过分渲染，给人以虚假之嫌。点到即可，应是自然真情的流露。

2. 道歉式

道歉式的欢送词往往用在有失误的情形下，通常是不得已而为之。在旅游旺季或在接待过程中，有时难免会出现失误或意外，导游员应息事宁人，以消除客人的怨气。送团时应再次重申，既可说明自己的诚意，又可使客人明白导游员已足够重视，对化解客人的情绪是很有益的。但忌致歉言语过多及反复强调，适可而止就可以了。

3. 感谢式

感谢式的欢送词是最常见的一种，如果团队旅行顺利完美，此时的感谢将会是锦上添花，会收到非常好的效果。

4. 引用式

引用一些名人名言对景区景点加以描绘和总结，会使导游员的欢送词具有文采，并可增强说服力，使客人有一种不虚此行的感觉，是一种效果极好的方式。

5. 故事式

故事式的欢送词比较通俗易懂，既能引起客人的兴趣，又能蕴含一定的人生哲理，但切记，故事的叙述千万不可流于俗套，否则易使人感到烦琐、乏味。

6. 诗歌式

诗歌式的欢送词听起来很美，但若表达不好容易让人感到做作；同时，若想表达到位，导游员必须有一定的文学积累和较高的文化素质。

7. 唱歌式

唱歌式的欢送词也是效果非常好的一种，因为音乐是无国界的，音乐也是最能使人进入一种境界的艺术形式。如果导游员比较善于唱歌，而且能抓住恰当的时机用唱歌的形式来表达自己的情感，调动客人的情绪，将会把此次旅行推向一个高潮。但是需要导游员平时注意学唱一些当地民歌和健康的流行歌曲。

操作示例

欢送词一

各位朋友，天下没有不散的宴席，我们相处了20多天，但今天就要分别了。20多天的时间不算很长，但各位由南到北，由东到西，既观赏了一些名山大川，又领略了一些古迹名胜，对中国有了一个概略的印象。这段时间得到了大家的协助和配合，旅游活动进行得十分顺利，对此，我由衷地向大家表示感谢！我有服务不周的地方，还请各位多多谅解。我们这次有幸相逢，深信将来还有缘再会。最后，祝大家旅途顺利，身体健康！谢谢！

欢送词二

游客朋友们：我们的终点——天河机场就要到了，我也要和大家说再见了，正像歌词所唱的："伤离别，离别就会在眼前；说再见，再见不会太遥远！"在这里，我非常感谢大家对我工作的支持和配合；在这短短的一天里，大家给我留下了非常深刻的印象，谢谢大家带给我的快乐。如果一路上有什么不周之处，请大家多多指教，以便我不断提高；希望大家能再次来我们武汉，欣赏我们东湖的春兰、夏荷、秋桂、冬梅，一年四季的花在等着你们，到时我再来给你们做导游。最后祝愿大家一路平安、合家欢乐、身体健康！谢谢大家！

角色练习

【练习名称】

创作欢送词。

【练习要求】

按欢送词五要素的要求，逐一将欢送词内容写在准备好的白纸上。

【角色设置】

（1）分为甲、乙两组，一组为游客，一组为导游。

（2）教师设置情境并鼓励每一位学生按每一要素逐一创作并轮流进行展示。

【练习材料】

白纸（教师提供）。

【练习步骤】

（1）各组分别写出感谢语，全体立姿，向另一组亲切表达出来。

（2）各组分别写出惜别语，全体立姿，向另一组亲切表达出来。

（3）各组分别写出征求意见语，全体立姿，向另一组亲切表达出来。

（4）各组分别写出致歉语，全体立姿，向另一组亲切表达出来。

（5）各组分别写出祝愿语，全体立姿，向另一组亲切表达出来。

（6）两组互换角色，重复上述步骤。

（7）各小组互评对方组员在展示中的优缺点。

（8）教师进行点评，肯定做得好的地方，同时指出不足，提出改进意见。

任务评价内容及要求等见表 4–5。

表 4–5　任务评价表

序号	任务内容	任务要求	等级	待改进技能	备注
1	欢送词的重要性	说出欢送词的重要性			
2	创作欢送词	感谢语			
		惜别语			
		征求意见语			
		致歉语			
		祝愿语			

欢送词

任务六　欢送词讲解

情境导入

导游员小李这几天在带团过程中，发现有几位游客对行程安排有些不满，现在正在送站途中，眼看还有10分钟就要到机场了，小李在致欢送词时该怎么说呢?

任务描述

本任务要求学生熟练创作并展示五要素俱全的欢送词，并能针对旅游团特点致个性化欢送词。

相关知识

每个旅游团都有不同的行程或旅游经历，在送站时，也应视各方面情况不同，做出针对性的欢送词。

如何做出精彩的欢送词呢?

一、道出依依惜别之情

一段感人、煽情的欢送词，会给游客留下深刻的记忆，游客会对游览过的景点和行程中相处过的导游员倍感留念。

二、表达友谊之情

表达在旅游行程期间导游员与游客之间彼此友谊的加深，同时，表现出希望分别之后双方友谊继续保持的情感。

操作示例

黄土高坡旅游结束后的欢送词

各位游客，我们的黄土高坡之旅到这里就圆满结束了，黄土地是夯实的，黄土文化是厚重的，而我和大家的这段缘分，也要感恩于这片黄土地的牵引。在大家即将踏上归途之前，我要感谢大家，正是由于大家的宽容和随和，才使我们的旅途充满了欢欣，也使我的工作变得非常轻松；我要感谢我们的领队先生和全陪小姐，正是由于他们的配合和协助，我们的行程才如此圆满和顺利；我要感谢我的同事司机师傅，正是由于他的安全准时，我们的时间和游览项目才得以保障。让我们大家记住这段欢乐时光。黄土地的故事有很多很多，我真诚地邀请各位如果有机会的话能够再来，让我们再去找寻那些待续的故事，再去分享中华文化的精华吧！谢谢大家。

（资料来源：马树生，许萍．模拟导游［M］．北京：旅游教育出版社，2018.）

三、风趣幽默

一段风趣幽默的欢送词不仅让客人感到轻松愉悦，而且可以再次拉近导游员与游客之间的距离，使快乐氛围萦绕在游客中间。

操作示例

各位游客朋友们，时间过得飞快，短短的5天行程即将画上一个圆满的句号。待会儿大家就要离开武汉了。这几天，我们一同游览了天下“江山第一楼”黄鹤楼，穿行过最大城中湖东湖，品尝了热干面、豆皮、鸡汤，感受了武汉人民的热情，真可谓收获多多。相信在大家的美好记忆中会增添一个新的名字——武汉。

当然，我们行程的顺利离不开在座各位的支持与配合。在此，我和司机师傅向大家表示衷心的感谢！但不知大家对我们的工作是否满意呢？（游客表示满意）那真是太好了，这是对我们极大的肯定。当然，这几天若有不太周到的地方，也请大家见谅，有什么意见大家可以及时给我提出，促使我不断进步。

5天时间说长不长，说短也不短。但是5天的同行、同游、同乐是难得的缘分。我会好好珍惜这段缘分，也请大家不要忘了武汉，在武汉有你美好的旅途经历和小王我的牵挂。愿来年您和您的朋友家人能够再来武汉，我们一同见证武汉这座希望之城的日新月异。谢谢大家。

四、体现庄重谨慎之感

如果导游员接待的是较为重要的团体，在离别时往往要举行仪式或宴会，在这样的场合致欢送词要求内容全面，语言规范。

五、抒发真情实感

对于一些成员文化层次较高或主客关系特别融洽的团队，致辞时注意提高语言的文化品位，增加抒情意味是必要的。

视野拓展

全国金牌导游员张娟：注重细节设计　让讲解更出彩

近年来，随着游客的旅游经历逐渐丰富，对于常规讲解，游客开始产生审美疲劳。如何让讲解出彩、出色、出奇，迅速吸引游客、让游客有如沐春风之感，从而有效提升游客的体验度？全国首批优秀导游员、金牌导游员张娟认为要做好以下几点。

首先，开篇要出彩。这个开篇就是导游员的欢迎词。“接团先讲欢迎词，介绍自己，介绍司机，介绍乘坐的旅行大巴，代表旅行社欢迎大家，等等，这是必要的程序。不过，在这个欢迎词之前，还可以说点不一样的。”张娟说，不同的季节可以有不同的欢迎词，秋天接团，可以说“层林尽染，欢迎大家走进某地，车外秋意萧瑟，希望我的讲解能让大家感受到车内温暖如春”。

张娟说，有一次接团时，天正下雨，游客明显不开心。她即兴来了这样一段开场白：“今天，让我们迎着这淅淅沥沥的小雨走进古老的孔氏旧庄，去感受那千年的建筑犹如无声的音符在雨中默默流淌。”这种因季节、因天气而异的开场方式，很容易给游客留下不错的第一印象。

其次，结尾要出色。落脚点可以放在欢送总结上。“常规的欢送词大概分为这么几种：期待再见型、谦虚认错型、渴望包容型、美好祝福型，这些形式都很好，但是容易落入俗套，我们不妨试试欣赏作业型。”

所谓欣赏作业型，就是给每位游客做一个小结。张娟曾在送团时给游客做过这样一份小结：“感谢团队里的王姐，您对我们的工作提出了很多意见和建议，这些都会让我们更好地成长；感谢李叔叔，您是一位特别热心的人，昨天咱们团队里小朋友不小心划破手，您第一时间递上创可贴，为您乐于助人的精神点赞；感谢王大哥，在我讲解时一直帮我举着旗子，你是最优秀的导游助理。还有其他的几位朋友，谢谢你们在我讲解的过程中一直带给我温暖的眼神。”这样的总结游客是很喜欢的，因为他们感受到被关注、被重视、被欣赏，所以，不妨学着带给游客一份精彩的欣赏作业。

（资料来源：郑燕．全国金牌导游员张娟：注重细节设计　让讲解更出彩［N］．中国旅游报，2020-01-14.）

角色练习

【练习名称】

欢送词讲解模拟。

【练习要求】

通过对旅游行程单和旅游团及团员信息加以分析并致针对性欢送词，练习在讲解中得体运用态势语言，准确表达情感。

【角色设置】

对学生进行分组，各组独立完成游客分析并合作完成个性化欢送词。学生扮演导游致欢送词。

【练习材料】

行程单、游客信息。

【练习步骤】

（1）认真阅读行程单的相关安排，对该旅游团的重要信息、旅游线路中标志性景物及途中见闻进行梳理，并做好记录。

（2）各组领任务后，组内成员合作完成一份针对自己旅游团的欢送词。

（3）各组推选一名组员致欢送词，另选一名组员结合任务阐释为什么这样做。

（4）其他组员听后提问并点评优缺点。

（5）教师对模拟过程进行评价。

任务评价内容、要求等见表 4-6。

表 4-6　任务评价表

序号	任务内容	任务要求	等级	待改进技能	备注
1	规范欢送词的创作	五要素俱全			
2	创作个性化的欢送词	对照旅游行程单、旅游团及团员信息，查看创作的欢送词是否具有针对性			
3	展示效果	注意语言和姿态			

任务七　旅途才艺展示

情境导入

今天是团队行程的第一天，小李带领旅游团前往今天的第一个景点，途中还有 30 分钟的车程，车上的游客们兴致勃勃。

请思考，此时小李适合开展怎样的娱乐活动？

任务描述

在出境旅游中，除了参观景点外，大部分时间是在旅游车上度过的。在旅游车上进行一些娱乐活动，不仅可以活跃旅途气氛，还能够增进导游与游客之间的感情。在学习中通过设置情境，让学生分组进行角色扮演。

相关知识

为了使旅途充满乐趣，导游员可以通过才艺表演，开展旅途游戏，激发旅游者的兴趣，活跃气氛，增进旅游团队成员之间的友谊，给客人的旅游经历留下美好、难忘的回忆。

开展娱乐活动必须根据导游员的自身情况和旅途的具体条件采取不同的形式与方法，并且能够针对不同的旅游者合理安排，随机应变，对旅游行程起到锦上添花的作用。

旅途中的娱乐活动有多种形式，以下为常见的娱乐活动形式。

一、才艺表演

（一）唱歌

唱歌是最常见、最简单的活动形式。在旅途中可以由导游员独唱，也可以由游客演唱，或者采取游客与导游员、游客与游客的对唱方式。但是要注意根据具体情况选择适合的歌曲。例如，游桂林唱刘三姐的歌，游恩施唱《六口茶》，去井冈山、延安等红色经典景区唱革命歌曲。

（二）魔术

有的导游员在旅途开始时会展示一两个小魔术，例如，变出一束花。这样的形式互动性强，便于活跃团队气氛，拉近客人与导游员之间的距离。

（三）笑话、故事

讲笑话与故事常常被作为导游员调动游客情绪的手段，但在内容的选取上面严禁低俗。如果内容能够与沿途风光结合在一起，效果会更好。

二、开展游戏活动

（一）“吃牛（或其他动物）”

游戏规则：让客人轮番说“我最喜欢吃牛的 ××（牛身体的某一部位）”，把牛身上能吃的部位都说遍，谁重复了就表演个节目。这个游戏很耗时，也很好玩。吃得没有了，可能会出现吃牛毛、牛皮等。如果是 40 多人的大团，这个游戏就不太适合。特别要注意一点，遇到团上有少数民族（如回族、维吾尔族等）游客，绝对不能玩“吃猪”的游戏。

（二）明七暗七

游戏规则：游客按照自然数的顺序说下来，1、2、3、4、5、6……所谓明七，就是 7、17、27……有 7 的数字，暗七，就是 7 的倍数。有明七暗七的数字都是不能说的，轮到了就得跳到下一个数字，并用手做一个大月亮，如果说错了，就要罚他表演。

（三）猜谜语

可以从单一的谜语过渡到连环谜语，例如：

一片绿草地（猜花名）——梅花（没花）；

又一片绿草地（猜花名）——野梅花（也没花）；

来了一只羊（猜一种水果）——草莓（草没了）；

又来了一只羊（猜一种蔬菜）——豆角（斗角）；

羊还在，来了一只狼（猜水果）——杨梅（羊没了）；

狼还在那里，又来了一群羊（猜一种小食品的牌子）——喜之郎（狼高兴死了）。

（四）故事接龙游戏

导游员首先选好一个容易让人产生兴趣的故事，说出开头部分后，就由客人往下接，遇到没有接上的，就罚表演节目，一般是唱歌，也可以在车上让游客决定受罚的形式。故事接龙时导游员一定要起到承上启下的作用，也要把握好游客接故事的速度。

无论导游员采取哪种娱乐活动，都必须注意两点：一是要察言观色，不能强行要求客人参加活动；如果部分客人感觉尴尬时，导游员要及时帮助其化解。二是娱乐内容不可低俗，内容应该是积极健康的。

角色练习

【练习名称】

旅途才艺展示模拟。

【练习要求】

通过研究行程和旅游团信息，在旅游车上进行一次活动模拟。

【角色设置】

分组比赛，各组选出地陪、全陪，其余学生担任游客。

【练习材料】

行程单、游客信息。

【练习步骤】

（1）认真阅读行程单的相关安排，对该旅游团的重要信息、旅游线路中的标志性景物及途中见闻进行梳理，并做好记录。

（2）各组根据团队特点，设计才艺展示内容，调动游客积极性。

（3）教师点评。

（4）完成旅途才艺展示任务评价（见表 4–7）。

表 4–7　旅途才艺展示任务评价表

序号	任务内容	任务要求	等级	待改进技能	备注
1	才艺表演	调动游客积极性，内容健康，与行程相关，符合游客特点			
2	游戏活动	调动游客积极性，内容健康，与行程相关，符合游客特点			

课后练习

1. 简述欢迎词的重要性。
2. 欢迎词包括哪五个要素？
3. 为了写出富有个性化的导游词，我们需要做好哪些工作？
4. 在前往景点的途中，地陪为何需要介绍游览景点？
5. 欢送词包括哪五个要素？
6. 在旅途中开展游戏活动，被点到的客人不肯表演怎么办？
7. 还有哪些游戏适合在旅途中开展？

项目五

入店服务

项目概览

饭店是旅游者的第二个家，旅游者对饭店的要求是快捷、舒适、方便、安全，那么导游员向旅游者提供优质的入店服务就显得至关重要。入店服务的好坏不仅是导游员工作能力的体现，而且会直接影响旅游者在整个旅游过程中的感受。在教师分发情境模拟任务卡的基础上，学生通过角色扮演、技能训练、小组讨论等方法，培养职业意识和入店服务基本操作技能和专业能力。

任务导读

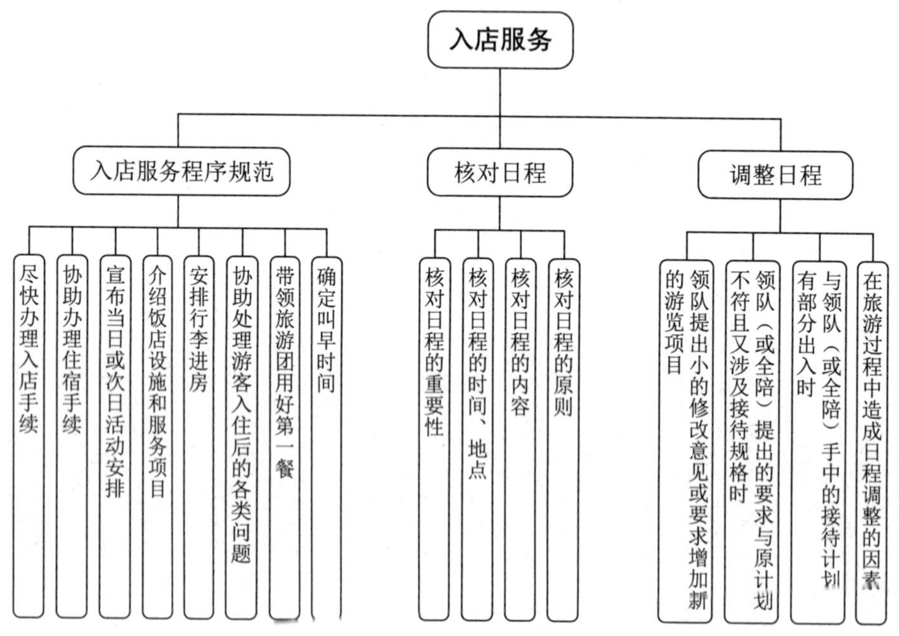

学习目标

（1）能完成旅行团的住店服务，并协助游客解决客房存在的问题。

（2）能做好核对商定日程的工作，并处理游客的意见和特殊要求。

（3）入店服务程序及核对、商定日程的模拟训练。

任务一　入店服务程序规范

情境导入

地陪导游员小朱在接待某旅游团过程中，考虑到游客长时间坐车比较疲惫，匆忙办理完入住手续后，便敦促游客赶紧进房间休息，自己也立刻离开了酒店，并未跟进游客行李进酒店的事项，结果有两名游客的行李遗失，多番寻找后未有结果。

请问，导游员小朱的做法有何不妥之处？遇到类似情况，导游员应该怎么做？

任务描述

本任务要求学生熟练掌握入住酒店服务的程序规范。主要是通过案例分析、分组教学、角色扮演等方法，对入店服务程序进行模拟。

相关知识

一、尽快办理入店手续

当旅游团抵达饭店后，导游员应尽快办理入店手续。能否使旅游者尽早进入房间并取得行李，是检验导游员工作能力的标志。

二、协助办理住宿手续

（1）提前与旅行社相关部门联系，了解和熟悉团队的相关信息。

（2）安排游客在大堂稍候，告知饭店团队名称、订房的旅行社。

（3）填写入住登记表，提供旅游者有效证件，拿房卡，请全陪或领队分配房间。

（4）地陪应记下全陪、领队或全团成员的房号。

操作示例

分房分出了问题

2021 年 5 月，地陪小刘接待了 W 市一行 22 人的团队。第一天，他们来到 C 市的阳光大酒店。

小刘办理入住登记时，全陪小李肚子疼，去了卫生间。等前台把 11 张房卡给小刘时，全陪小李还没回来。小刘就对客人说："两人一间，大家自由组合吧！"于是客人们很快把房卡拿走纷纷上楼了。

全陪小李这时才回来，听说小刘已经把房卡分完了，突然问了一句："11个房间都有没有对外的窗户？"小刘说："有窗户的只有6间，其他5间内侧的房间没有窗户。"全陪小李看了看小刘，道："你应该让我来分房卡，但愿没事。"

果然，晚餐后，就有一对住在内侧房间的中年夫妇来找小刘，说他们的房间没有阳光，不透气，要换房。小刘也不清楚情况，便说现在是旅游旺季，连内侧的空房也没有了，怎么可能换房。

最后在全陪小李的调解下，此事才解决。事后小刘还纳闷："分房卡的时候怎么不早说？"

本案例中的地陪小刘擅自帮全陪分房间，结果引起客人不满，可谓好心办了坏事。小刘未注意这个惯例：一般情况下外宾团由领队分配房间；内宾团由全陪分配房间；在无全陪的情况下，如果游客来自同一个单位，可以请团长分配；散客拼团由地陪分配房间。

一般而言，酒店给旅游团的房间里阴面、阳面、主楼、副楼房间都可能有，楼层也不相同。有个别游客可能因此提出异议，所以，导游员分配房间也要讲究工作方法。全陪（领队）全程和客人在一起，对客人的情况比较熟悉，有的客人可能会挑剔些，有的就比较好说话。全陪（领队）视游客个人情况分配房间，就会尽可能减少问题的出现。

三、宣布当日或次日活动安排

导游员向全团成员宣布叫早时间、早餐时间和地点、集合地点、旅游出发时间等，并提醒旅游者做必要的游览准备。

四、介绍饭店设施和服务项目

（1）介绍外币兑换处、商场、娱乐场所、公共洗手间、中西餐厅、安全通道等设施的位置。

（2）指出旅游者所在房间、楼层的位置，房间门锁的开启方法。

（3）提醒旅游者住店期间的注意事项及各项服务的收费标准，如房间送餐及标准。

（4）如旅游者系晚间抵达，还应宣布晚餐时间、地点、用餐形式。

五、安排行李进房

安排行李及时进房，如行李有丢失、破损等，要尽快查明原因，采取相应措施。

六、协助处理游客入住后的各类问题

游客进入房间后，地陪应在本团游客居住区停留一段时间，处理临时发生的问题，如打不开房门、房间不符合标准、房间卫生差、设施不全或损坏、卫生设备无法使用、行李错投等。有时还可能出现游客要求调换房间等问题，地陪要协助饭店有关部门处理此类问题。

（一）客房有问题

如，房间有异味，房间有蟑螂、臭虫、老鼠，房间卫生不达标或房间设备用品损坏等。

遇到此类问题，导游员应立即与总台联系，如旅游者因为如上原因要求换房或退房时，应为客人更换房间，必要时可更换饭店。

（二）旅游者未收到行李

此时导游员可对旅游者进行安慰，并和全陪或领队到其他旅游者房间了解情况，有可能是饭店服务生将行李送到其他房间，也可能是其他旅游者好意代为保管。

如果行李还是没有找到，导游员应立即与饭店有关部门联系，察看是否与其他旅游团的行李混在一起。如还是找不到行李，导游员应一方面帮助旅游者购买一些生活必需品，另一方面与饭店有关部门联系索赔事宜。

操作示例

卫生间噪声大，客人要求换房

导游员小张出任全陪带领旅游团进行“武汉市二日游”，第一天参观结束后入住有江景房的酒店。安排好客人的房间后，地陪去安排晚餐，小张到各个房间去询问有无问题，15 楼的客人所住房间都无问题，正准备去 16 楼时，有位女游客告诉小张，他们的房间下水道排水声音很大，要求换房。

小张随他们来到房间，仔细观察后，发现他们的房间内下水管道排水声音的确很大。这时地陪也赶来安慰客人，让他们放心，一定会解决问题。小张同地陪询问前台，可前台服务态度很差，说已经没有空余房间了，不能换房。地陪和前台双方就互相推诿责任。小张见状直接打电话向总经理投诉，过了 3 分钟，客房部经理带了一位水电工来到客房，将洗手间的天花板拆下来，发现有一处水管衔接处内部松动，最后将水管处理好了，经理又向客人做了解释并道歉。事后客人对小张处理此事表示满意。

江景房本来有利于观景，但是让游客住在这样不停地有杂音的房间，影响了客人休息、观景，所以，游客的埋怨是有道理的。

本案例中地陪工作有不妥之处。一般在入住酒店时，地陪和全陪要在客人进房间之前检查一下房间是否有问题，如果有问题，要帮助游客解决出现的问题。但本案例中的地陪不仅没有在入住前检查游客的房间，而且在客人的房间有问题不好解决时，不仅不主动想办法解决问题，还推脱责任。而全陪的做法有可圈可点之处，客人入住后，全陪到各个房间去查看客人入住后的情况，当房间出现杂音的问题后，他积极主动想办法解决房间里的问题，面对地陪的不负责任，他以游客的利益为先，坚持不懈想办法，最终解决了问题，获得了游客的肯定。

七、带领旅游团用好第一餐

（1）地陪应与旅游团全体成员约定集中用餐的时间和地点。

（2）等全体成员到齐后，带领旅游者进入餐厅，向餐厅领座服务员询问本团的桌次，然后带领旅游团成员在指定的餐桌入座。

（3）等团员坐定后，应向旅游者介绍就餐的相关规定，如哪些饮料包括在旅游团费用之内，哪些不包括在旅游团费用之内；若有超出规定的服务要求，费用由旅游者自理等，以免产生误会。

（4）地陪应向餐厅提前说明团内有无素食者，有无特殊要求或饮食禁忌。

（5）将领队介绍给餐厅经理或主管，以便直接联系。

（6）等客人开始用餐，地陪方可离开餐桌并祝大家用餐愉快。

（7）地陪必须提前通知餐厅旅游团的抵达时间、团名、国籍、人数、标准和要求等。

（8）地陪还要照顾好领队、全陪、司机等工作人员的就餐，争取尽早与他们建立良好的工作关系。

操作示例

地陪小董的疏忽

团队抵达餐厅用第一餐时，地陪小董按照旅游出团计划的安排，给客人上的是汉餐八菜一汤。这时，有两个旅游者提出，他们是回族人，不吃猪肉，要求小董另外安排，并说早在报名参团时就提出这项特殊要求。作为地陪小董有哪些方面做得不妥?

导游员在接到接团计划时应先了解游客的饮食要求，并且提前与餐厅联系，落实游客在饮食方面的特殊要求。在此案例中地陪疏忽了这一点，所以造成了案例中出现的问题。地陪应事先向餐厅说明团内有无素食者，有无特殊要求或饮食禁忌。

八、确定叫早时间

地陪应与领队、全陪一起商定第二天的叫早时间，并请领队通知全团成员，地陪还应将叫早时间通知饭店前台，办理旅游团队的叫早手续。

视野拓展

团队入店行李服务流程与规范

一、接收行李

（1）团队抵达前一天，行李员根据前台提供的团队信息表填写团队行李登记表，写明团队名称、团队编号、房间数量、团队人数、抵达日期和离店日期等。

（2）当团队行李抵达后，由礼宾领班凭团队行李登记表与对方核对团号。

（3）行李员将行李从车上卸下，清点数量并检查行李是否有破损，若有破损，应在登记表上注明，并请对方在登记单上签字，待该团队入住时，将此情况告知其领队。

（4）确认无误后，行李员在团队行李登记表上登记，包括行李抵达时间、行李件数、车牌号码、礼宾领班签字、对方签字（托运公司行李员或巴士司机）。

（5）行李员将行李整齐摆放，用行李网罩将行李罩好并吊挂行李牌。

二、分拣行李

（1）行李员根据前厅接待处提供的预分房表分拣行李。

（2）将分好的房间号码清楚地写在行李牌上。

三、送行李进房间

（1）当客人入住后，礼宾领班应先询问前厅接待处该团队的房间分配是否发生变化，若发生变化应及时更正。

（2）确认房间分配无误而客人都已经上楼后，行李领班视行李数量指派行李员尽快将行李送至客房。

（3）行李员将接近楼层的行李装上行李车推至楼层，开始递送。

（4）到达客房门口后，先将行李卸下放在门侧，然后敲门三下并自报身份。

（5）客人开门后，主动向客人问好，告知来意。将门固定住，把行李送入，待客人确认无误后方可离开。

（6）若客人不在房间，则先送其他房间的行李。待送完其他行李后再送一次。若还是无人，送至行李房交领班处理。

四、行李登记

（1）行李员须记录下送入房间行李的准确数字，将该数字汇总到礼宾领班处。

（2）礼宾领班核对送入房间的行李总数与实际收到的行李总数是否吻合并将其准确地填写在团队行李登记表上。

（3）礼宾领班将团队行李登记表交团队领队或全陪确认，请其签字。

（4）最后礼宾领班在团队行李表上签字，行李表归档。

（根据网络资料改写。）

操作示例

入住酒店与合同不符引发的矛盾

2019年“国庆”黄金周，某市一个旅行社发出一个团前往三亚，合同约定住三星级饭店。由于住房紧张，他们到达三亚后只能住海边度假村的一栋没评星级的别墅。团队入住后，游客发现房间蚊子特别多，部分游客认为住宿不符合标准，因此向导游提出表示不满。导游解释：其他团队都没有地方可住，你们有这个地方住已经很不错了。后来游客集体抗议，要求换房，接待该团的海南地接社的老总闻讯驱车赶来三亚度假村，向游客赔礼道歉，之后请游客吃夜宵，当时部分游客没再提意见。旅游行程结束后，团中两名游客提出要求赔偿。

在此案例中，合同中约定为在三星级饭店住宿，但是实际入住酒店与合同不符，当游客质疑时，导游没有耐心解释，说明实际困难，而是激化了矛盾，这就导致即便地接社采取了一定弥补措施，最终还是有游客对此不满。

角色练习

【练习名称】

入住服务。

【练习要求】

培养学生掌握入住服务的实操能力；通过实际操作，强化理论知识。

【角色设置】

由1名学生模拟担任地陪导游员，1名学生模拟担任全陪导游员，1名学生模拟担任行李员，1名学生模拟担任海外领队，1名学生模拟担任酒店前台接待员，其他学生模拟担任团队游客。角色可轮换。

【练习步骤】

1. 进入饭店

地陪、全陪和领队带领旅游团进入酒店前台区。穿过旋转门后，地陪安排游客在沙发休息，引导全陪和领队来到接待台。

2. 办理入住手续

（1）地陪与前台接待员核对团队订房单，介绍全陪和领队。

（2）地陪协助全陪和领队填写登记表，接待员交付房卡。

（3）全陪和领队分发房卡，询问游客是否寄存贵重物品。

（4）地陪介绍饭店主要设施设备，引导游客进入客人电梯。

（5）地陪、全陪和领队与行李员核对行李单和行李件数，协助行李员将行李送给每位游客。

（6）地陪逐一了解游客客房情况：

①游客甲提出客房设施问题，地陪了解情况后与总台接待员联系，请酒店工程部门派员解决，地陪抚慰游客。

②游客乙提出调换客房，地陪了解情况后与全陪、领队联系，提出尽量在团队内部解决，实在不行则与总台接待员联系，协助换房。

③游客丙提出身体不舒服，地陪了解情况后与接待员、全陪和领队联系，请酒店医务人员前来诊治。

④游客丁提出行李误送，地陪了解情况后与行李员联系，找到误送的行李，地陪抚慰游客。

（7）解决游客客房问题后，地陪与全陪、领队协商确定次日叫早时间和早餐时间及地点，请全陪、领队通知游客，地陪通知总台接待员。

（8）地陪与全陪、领队核对日程，留下联系方式。

3. 评价总结

教师和学生对各组模拟过程进行评价总结。任务评价内容及要求等见表 5-1。

表 5-1　任务评价表

序号	任务内容	任务要求	等级	待改进技能	备注
1	熟悉入店服务规范	按照规范为游客提供优质服务			
2	办理入住手续	核对团队订房单			
		填写住宿登记表			
		分发房卡			
		核对行李件数			
		了解游客情况			
		确定次日叫早时间和早餐时间及地点			
		核对日程			

任务二　核对日程

情境导入

小张担任一东南亚旅游团的地陪。旅游团到了饭店后，小张就和领队商谈日程安排。在商谈过程中，小张发现领队手中计划表上的游览景点与自己接待任务书上所确定的游览景点不一致，领队的计划表上多了两个景点，且领队坚持要按他手上的景点来安排行程。

请问，地陪小张该如何处理这个问题？

任务描述

本任务要求学生了解核对日程的重要性，掌握核对日程的基本程序。主要是通过案例分析、分组教学、角色扮演等方法，对核对日程程序进行模拟。

相关知识

一、核对日程的重要性

（1）地陪与领队、全陪核对日程是对他们的尊重。

（2）地陪与领队、全陪核对日程是实施接待计划的必要准备。

（3）地陪与领队、全陪核对日程有利于双方的沟通，对未尽事宜达成新的共识。

操作示例

尴尬的导游员小王

导游员小王接一入境旅游团，在机场到饭店的途中，她向旅游者介绍了团队的日程安排。当她通知旅游者第二天早晨6点叫早时，领队说："6点不行，太早。"小王说："要不7点好了。"领队又说："7点也早。""那您看几点合适呢？"小王问。领队回答说："再说吧！"这时的小王十分尴尬。

小王之所以遇到如此尴尬的场面，其根本原因就是她没有与领队商定日程，就先向旅游者介绍行程。在领队看来，这是对他不尊重，或是小王目中无人。因此小王处于被动的境地。

二、核对日程的时间、地点

（一）核对日程的时间（恰当的时机）

核对日程的时间宜在旅游团抵达的当天，最好是游览开始之前。对一般观光旅游团，甚至可在首次沿途导游过程中，即在宣布本地游览节目时，用最短的时间确定日程安排，也可在旅游团进入饭店，待一切安排完毕后再进行。对重点团、记者团、专业团、考察团，则应较慎重地在旅游团到达饭店后核对日程。

（二）核对日程的地点

可因地而异，一般在饭店的大堂，有时也可在旅游车上，对重点团、记者团、专业团、考察团，必要时可租用饭店会议室。

三、核对日程的内容

（1）各自手中的接待计划有无出入。

（2）每日日程安排的具体情况。

（3）特殊活动的安排情况。

（4）向领队征求对当地接待安排的详细日程的意见。

（5）离开本地时的交通工具，航班（车次）及时间。

（6）领队、全陪有无新的要求。

（7）征求领队对自费项目的安排意见。

四、核对日程的原则

（1）宾客至上、服务至上。

（2）主随客便。

（3）合理而可能。

（4）平等协商。

日程安排既要符合大多数旅游者的意愿，又不会对已定的日程安排做大的变动。如果变动过大，就会涉及和影响其他部门的工作安排。

操作示例

一旅游团队的日程安排

上海旭日旅行社有一团队，在全陪小张（手机号码：159××××××××）引领下赴武汉参加11月16日在武汉某大酒店举行的商务会议。团队希望在会议前后游览武汉地区的特色景点，团队要求如下：

1. 人员构成：70大+1全陪（31男，39女+1女全陪，无夫妻）。

2. 抵离时间：上海—武昌（D1234），2014年11月12日7：30抵达；汉口—上海（D3066），2014年11月17日17：16离开。

3. 住宿要求：挂牌三星以上（含三星），双标间，含会议当晚用房。全陪与客人同住、同价；地陪、司机住司陪房，免费。

4. 用餐标准：8菜1汤，10人/桌，正餐25元/人·餐，早餐10元/人·餐，会议当天不含餐。

5. 景点要求：特色景点。

6. 用车要求：会议当天不用车。

7. 自费项目：纯玩品质团，全程不进店，可推荐自费项目。

8. 注意事项：一天的游览时间不超过12小时，早上离开酒店出发，开始游览时间最早为8时30分。作为武汉青年旅行社的计调员小李，为该团设计了一条三日游线路并做了如下安排：

（1）团号：WH12345678。地陪：小张，手机号码：135××××××××（导服费180元/天）；小孙，手机号码：135××××××××（导服费200元/天）。

（2）用车安排：湖北武汉旅游汽车公司空调旅游车。

（3）司机：李四，手机号码：139××××××××。

（4）车牌号码：鄂A5××××。

角色练习

【练习名称】

核对日程。

【练习要求】

通过实训使学生进一步了解核对日程安排的重要性和核对日程的内容。

【角色设置】

学生分别扮演地陪、领队、全陪。

【练习材料】

收集昆明、大理、丽江双飞六日游行程资料。

【练习步骤】

（1）根据接待计划日程核对。

（2）全陪、领队提出要求。

①核对过程中发现，全陪的行程中有玉龙雪山这一景点，而在地陪的行程中没有玉龙雪山。

②全陪希望地接社压缩行程，增加团队在丽江古镇的自由活动时间。

（3）教师和学生对核对日程模拟过程进行评价总结。任务评价及要求等见表5-2。

表5-2　任务评价表

序号	任务内容	任务要求	等级	待改进技能	备注
1	理解核对日程的重要性	理解核对日程在导游工作中的地位			
2	掌握核对日程的内容	熟练掌握核对日程的程序			
		具备处理一般问题的能力			

任务三　调整日程

情境导入

一旅游团队在到达西安入住酒店后，地陪小张与全陪、领队共同商定日程时发现，彼此手上的接待计划存在出入。这时领队坚持按照他手上的接待计划来安排行程。

请思考，这时小张应该怎么办？

任务描述

本任务要求学生掌握修改日程的原则、程序以及处理方法，主要是通过案例分析、分组教学、角色扮演等方法，对修改日程程序进行模拟。

相关知识

一、领队提出小的修改意见或要求增加新的游览项目

（1）导游员应及时向旅行社有关部门反映，对于合理而可能的项目应尽力予以安排。

（2）需要加收费用的项目，导游员要事先向领队讲明，按有关规定收取费用。

（3）对确实有困难无法满足的要求，导游员要详细解释、耐心说明。

操作示例

游客游览要求不统一

你接待一俄罗斯旅游团，按计划今晚将去天桥剧场观看芭蕾舞剧《天鹅湖》，但部分游客要求去长安大戏院观看京剧《玉堂春》，这种情况该如何处理?

可根据实际情况采取相应措施：

（1）如果时间允许，可请旅行社给予调整。

（2）如果无法安排，导游员要耐心解释，明确告知游客剧票已订好，不能退换，请他们谅解。若这部分游客坚持要看京剧，导游员应协助他们退票，但看京剧的费用由他们自理。

（3）与司机商量，如果顺路，尽量为少数旅游者提供方便。如果是两个不同方向，则应为他们安排车辆，但要说明费用游客自理。

二、领队（或全陪）提出的要求与原计划不符且又涉及接待规格时

（1）一般应予以婉言谢绝。

（2）如确有特殊理由，并且由领队提出，导游员必须请示旅行社有关部门，视情况而定。

三、与领队（或全陪）手中的接待计划有部分出入时

（1）要及时报告旅行社查明原因，分清责任。

（2）若是接待方的责任，导游员应实事求是地说明情况，并向领队和全体旅游者道歉。

计划行程中出现了偏差

导游员小刘接了一个来自德国的入境旅游团。小刘在北京首都国际机场顺利接到旅游团后，首先将游客送回酒店，回酒店的途中导游员小刘介绍了北京的概况和下榻酒店的相关情况，告诉大家团队下榻的是北京国际饭店，饭店的位置位于市中心长安街北侧。团队抵达饭店后，小刘协助领队和全陪办理了入住手续。在安排游客进入房间后，小刘和领队一起在酒店的大堂内的咖啡厅商定旅游行程，双方拿出各自的旅游计划行程单相互核对。经过核实后发现双方在计划行程中有一个小的偏差：小刘发现领队手中的行程上标明，游客在北京期间有一个重要的活动是参观长城风景游览区，领队手里的行程中长城游览点是司马台长城，然而小刘行程中的长城游览点为八达岭长城，针对这一问题，小刘考虑到旅游行程编排的合理性，认为应该以地接社的行程（即他手里的行程）为准，去八达岭长城，领队则坚持要去司马台长城，两个人因此事僵持不下。

于是导游员小刘向旅行社计调人员汇报了这件事，请旅行社协调处理，同时，小刘让领队耐心等候旅行社的安排。

导游员在商定旅游行程时如果发现出现差异，导游员应如何处理?

当领队手中的接待计划与导游员的接待计划有部分出入的时候，导游员应采取如下的处理方式：

（1）及时报告接待社，查明原因，分清责任。

（2）如是接待社的责任，应实事求是地说明情况，赔礼道歉，按正确的接待计划执行；如果是境外组团社的责任，而又不好向游客交代，在双方都能接受的基础上商定调整行程。

（3）如有重点项目、时间的变动，应及时向领导请示，导游员不得擅自做主。

武汉突降暴雪　旅游计划被迫改变

某旅游团在武汉游览期间，因前一天晚上遭遇强暴雪天气，导致第二天不能按计划到欢乐谷游乐场游玩，被迫改变部分旅游计划。遇到这种情况，地陪应该采取哪些措施?

（1）地陪应立即与接待社联系，根据接待社的意见，安排好相关事宜。

（2）实事求是地向旅游团说明情况，求得谅解。

（3）提出新景点的替代方案，通过与旅游者协商，使新方案得到认可。

（4）以精彩的导游讲解、热情的服务激起旅游者的游兴。

（5）按照有关规定给予相应的补偿，必要时应由旅行社领导出面，向旅游者致歉。

操作示例

游客航班变更

加拿大一旅游团一行20人，按旅游行程安排于19日18：40乘坐××××航班由A市飞往B市。18日下午B市导游员接到地方接待社的通知：该团改乘19日21：30的航班，对此，地方导游员应该采取哪些应变措施?

得知游客乘坐的航班延迟后，导游员应该采取如下措施：

（1）与全陪协商取得一致意见。

（2）A市导游员通知A市旅行社增订19日晚餐。

（3）B市导游员退B市19日晚餐。

（4）随时向领队及旅行社中有影响的旅游者说明情况，请求配合。

（5）请示有关领导能够适当地给予物质补偿（如加菜、加酒、赠送小纪念品等），必要时请旅行社领导出面向旅游者道歉。

四、在旅游过程中造成日程调整的因素

（一）天气变化

（1）当地天气发生变化。由于突如其来的天气变化，如大风、大雨等，导致原计划中的游览项目被迫取消，而由其他新的游览项目取代。

（2）下一站目的地天气发生变化。由于下一个旅游目的地出现了难以预料的天气变化，例如暴雨、冰雹等，被迫改变行程。

（二）道路情况发生变化

由于道路的翻修、损坏造成交通中断，旅游车需改道或绕路而行，导致原计划无法实施，被迫改变游览项目。

操作示例

交通严重拥堵　到达时间延误

旅游旺季，某旅游团在去旅游目的地的过程中，由于前方进行旧城道路改造，出现交通严重拥堵，结果导致到达时间延误。

如果你是该团导游，应采取哪些补救措施?

（1）向旅行社领导及有关部门报告，与饭店、车队联系，及时调整接团事宜。

（2）立即调整活动日程，压缩景点的游览时间，尽量将计划内的活动项目完成。

（3）如果无法按计划完成全部游览项目，应选择本地最具特色和代表性的景点，使旅

游者对本地景点能基本了解。

（4）可采取适当提高用餐标准、赠送本地有特色纪念品等方法，给旅游者适当的物质补偿，使旅游者减少遗憾和不快。

（三）节庆活动

当团队即将到某地游览时，当地举行大型的节庆活动，造成旅游团的日程改变，这时，导游员可争取旅游者的同意，或参与活动或放弃活动。

（四）交通工具变化

由于某些交通原因，如航班、车次的变更或延误造成旅游者延长或缩短在某地的停留时间，使旅游团被迫改变行程。

未能按计划买到机票

旅游旺季，机票极为紧张，导致接团社未能按计划为团队买到机票，只得安排该团乘第二天同一时间的航班离开，延误了一天。

如果你是该团导游员，应怎样处理？

（1）与旅行社有关部门联系，重新落实旅游团的用房、用餐、用车情况。

（2）调整活动日程，酌情增加游览项目，适当延长在主要景点的游览时间，努力使活动内容充实。

（3）及时通知下一站，或提醒旅行社有关部门与下一站联系，使其了解旅游团的日程变化。

（4）重新设计旅游计划时，地陪应征求领队和全陪的意见，并共同向旅游团员做好解释和说明工作。

（五）旅游者意见

由于旅游者在上一站旅游过程中感到不愉快，或者是本站的旅游项目重复等原因，都可能造成旅游者要求改变行程。

角色练习

【练习名称】

调整日程安排。

【练习要求】

通过实训使学生进一步了解商谈日程安排的重要性。商谈时应遵循合理而可能的原则调整日程安排，涉及费用时应按照规定处理，能拒绝不合理要求并做出合理的说明。

【角色设置】

地方导游员、领队、全陪。

【练习材料】

教师准备旅游日程调整的案例。

【练习步骤】

（1）认真阅读案例，确定案例中日程变更的类型。

（2）针对日程变更的具体内容，确定处理程序。

①对小的修改意见或新增游览项目的处理。

②领队或全陪提出的要求与原日程不符或涉及接待规格时的处理。

③领队或全陪的接待计划与地陪的接待计划有出入时的处理。

（3）各组成员对处理程序进行模拟展示。

（4）教师和学生对模拟展示进行评价总结。

任务评价内容及要求见表 5-3。

表 5-3 任务评价表

序号	任务内容	任务要求	等级	待改进技能	备注
1	对小的修改意见或新增游览项目的处理	按照规范准确处理			
2	领队或全陪提出的要求与原日程不符或涉及接待规格时的处理	按照规范准确处理			
3	领队或全陪的接待计划与地陪的接待计划有出入时的处理	按照规范准确处理			

课后练习

1. 入店服务包括哪些内容？

2. 为什么核对日程很重要？

3. 核对日程的原则有哪些？

4. 核对商定日程时，有小的修改意见或增加新的游览项目时，地陪应如何处理？

5. 核对商定日程时，领队或全陪提出的要求与原有日程不符且又涉及接待规格时，地陪应如何处理？

6. 核对商定日程时，领队手中的接待计划与地陪的接待计划不符时，地陪应如何处理？

项目六 景点讲解

项目概览

通过本项目的学习，掌握山岳景观、水体景观、动植物景观、中国古代建筑景观、博物馆景观、宗教文化景观、节庆民俗景观、红色旅游景观讲解的基本要领。在教师分发讲解任务的基础上，学生通过自主收集资料、分组扮演角色、模拟导游讲解等方法，培养职业素养和景观讲解能力。

任务导读

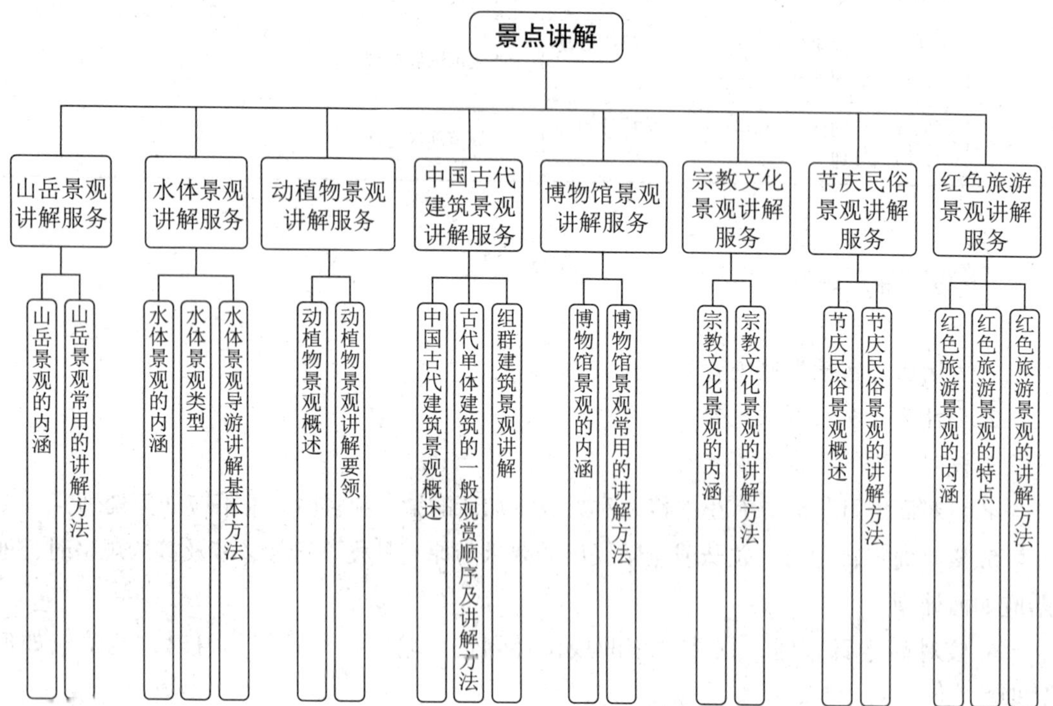

学习目标

（1）掌握各景观的基本知识要点与讲解要领。

（2）学会分析导游词案例，能创作出相应景观的模拟导游词。

（3）相应景观的导游模拟讲解。

任务一　山岳景观讲解服务

山岳景观讲解

情境导入

有语云："五岳归来不看山，黄山归来不看岳。"黄山与五岳齐名，并以奇松、怪石、云海、温泉四绝闻名于世。人们或走亲访友，或出差办事，或商务活动，或路过，或专程，总想一睹黄山尊容。一天，安徽旅行社的导游员小黄就接了一个游黄山的团。

黄山属于山岳景观，如何理解山岳景观的内涵？山岳景观的讲解方法有哪些？小黄该从哪些方面介绍黄山？

任务描述

本任务要求学生了解山岳景观的一般知识，熟练掌握山岳景观讲解的常用方法；通过分组教学、角色轮换等方法，模拟讲解山岳景观。

相关知识

一、山岳景观的内涵

山岳景观也叫山地景观，是指具有旅游观赏价值的山地，是以自然山体为主构成的景观。它通常具有雄、险、秀、幽、奇等美学特征。山岳景观除自然美之外，往往还含有丰富的文化遗存，构成自然和人文的巧妙结合。山岳景观是构成中国风景名胜区的主要类型。

山岳景观既是自然风景的基本类型，也是与其他造景要素相结合构成综合美景的要素。如山与水结合形成山水美景，山与林结合形成山林美景，山与建筑和文化结合形成历史文化遗产等。

山岳是构成风景的基本要素，是造景的舞台和骨架，也是其他风景不可缺少的背景和借景。有些山地，如嵩山，还具有科学研究价值，被中外地质学家公认为是研究地球发展历史和地壳构造运动的"天然地质博物馆"。

山岳景观按地质地貌成因，可分为几种类型：花岗岩地貌景观，如黄山莲花峰；变质岩地貌景观，如梵净山；砂岩峰林地貌景观，如湖南张家界的武陵源；丹霞地貌景观，如丹霞山、武夷山；岩溶山地景观，如桂林、阳朔一带的峰林、岩溶洞穴等。

山岳景观按旅游功能可分为几种类型：风景名山型，如崂山、嵩山；探险型，如珠穆朗玛峰；消夏避暑型，如湖北武当山；登山健身型，如北京香山；滑雪度假型，如欧洲阿尔卑斯山；火山观光型，如夏威夷现代火山等。

二、山岳景观常用的讲解方法

山岳景观不仅被大自然生态赋予自然美感，同时也深深地烙上人类文化的印记。因此在讲解介绍山岳景观时既要讲清自然美，又要讲清人文美。

（一）讲解山岳景观自然美的特征

1. 形象美

山岳景观形象美的特征可以概括为雄美、奇美、险美、秀美、幽美、旷美、野美等。

（1）雄美。雄是指雄伟、雄浑，是一种壮观、壮美、崇高的形象。雄所引起的审美感受特征是赞叹、震惊、崇敬、愉悦。山岳景观的雄伟是指山岳形体巨大、气势磅礴，如“泰山天下雄”的泰山。

（2）奇美。奇在于形象非同一般，变化多端，离奇怪异，出人意料。奇所引起的审美感受是好奇、惊喜、兴奋、兴味盎然、妙趣横生。以奇为美的景观首推黄山。

（3）险美。险往往表现为垂直、绝壁、千钧一发、万丈深渊、突兀嶙峋等形象特征。险所引起的审美感受是惊心动魄、心悸万分。险具有强烈的吸引力，可以引发好奇心和战胜欲望。西岳华山素有“华山天下险”之称。

（4）秀美。秀的主要特征是柔和、秀丽、优美。峨眉山山林葱茏，色彩碧翠，线条柔和流畅，山明水秀，是我国风景区中典型的秀美形象，被誉为“峨眉天下秀”。以秀美为特点的山岳往往山形绵延起伏，没有突兀陡峭的险峰，线形较为柔和。

（5）幽美。幽是一种意境，也是一种审美特征。幽美在于深藏，景色越深藏，越富于情趣。幽深莫测的神秘感，可使旅游者心绪平缓、温和、轻松、宁静、淡泊，心境愉悦、明净、逍遥、恬适、超然。如青城山就素有“青城天下幽”的美誉。

（6）旷美。旷虽有平旷和高旷之分，但山岳景观多给人高旷之感。位于山顶，人与景观拉开距离，视域自上而下散开，便得高旷之景。登华顶观“黄河如丝天际来”，登岱顶“一览众山小”，登香炉峰顶见“江水细如绳，湓城小于掌”。这些都描绘出高旷景观带给人们超拔伟壮的审美感受，同时也反映了自古以来人们登高览胜的审美习惯。

（7）野美。野是指未受人类干扰、雕饰或破坏的原始自然或“第一自然”景观。例如，九寨沟旅游风景区，其山、水、石、林、洞仍处于原始状态，保持着纯真古朴的风貌，游历其境，带给人一种远离尘世、返璞归真的“野趣”之美。

每座名山在整体上可能突出一两种形象美，或雄或险，或奇或秀，或雄秀，或奇秀。但在微观上，其大小景区会因地质地貌、植被生成、气候变化等差异，幻化出各种各样的形象美。因此讲解山岳景观时，既要注意山岳景观的整体风格，又要品味其细微景象。

2. 色彩美

色彩美是大自然的杰作。红、橙、黄、绿、青、蓝、紫，大自然的色彩美万象纷呈，主要是由树木花草、江河湖海、烟岚云霞及阳光等构成，如蓝天、白云、青山、绿水、碧海、金沙……自然界中的色彩美给旅游者带来轻松、欢悦和幸福，带来赏心悦目的美感，乃至令人振奋和神往。山岳景观的色彩美更多地体现于山体植被色彩随季节的变换而变化。到深秋，山岳景观呈现以红、橙、黄为主调的色彩美。所谓“层林尽染”“霜叶红于二月花”就是其写照。当然，山岳景观中最引人注目的色彩莫过于鲜花，像云南的茶花，峨眉山的杜鹃花，盘山的梨花和杏花等，都是以色彩美闻名于世。

3. 动态美

山岳景观的动态美蕴藏在其静势之中，主要表现在群峰形象的方向性及其集聚、倾斜、高下的节奏所形成的总体构图上。苏东坡诗“前山槎牙忽变态，后岭杂沓如惊奔”生动描述了峰峦起伏、如逐如奔的动势。武当山的“七十二峰朝大顶”则以拟人化的手法，展现了武当山群峰峰顶均微弯而趋向主峰天柱峰金顶、仿佛觐见君主的动态妙趣。同时，山是静的人是动的，由于人在山上的活动，使得整个山岳活跃起来，甚至还有根据山岳特色设置的竞赛活动，如徒步越野、山地自行车越野等。有了人的参与，山岳也呈现出动态美。

（二）讲解山岳景观人文美的内涵

山岳景观，既是大自然的产物，又是人类文化的结晶；既是旅游观赏审美的理想场所，又是具有科普教育功能的“露天大课堂”。

1. 山岳神话文化

“山不在高，有仙则名”。春秋战国时期的《山经》共记载了347座名山，其中大多数都和神话相关，自古便为山岳注入神话文化内涵，是中国传统山岳文化的思维定式之一。昆仑山和海上三神山“蓬莱、方丈、瀛洲”是众神居住的神山；登葆山、灵山、华山、日月山都是众巫登天与神沟通的天梯或天枢；巫山、云雨山生长不死神药……还有许多山与诸神之间的战争有关，另有许多山岳和奇异的神禽神兽有关，在中国许多民族中还存在恭祭山神的习俗。这些丰富的内容意味着在远古时代就形成了山岳神话文化。

2. 山岳民间传说

山岳景观的民间传说中，一类是山岳象形的奇异故事附着于山岳。如海南、台湾地区、河北承德都有的五指山，以及众多的龙山、虎山、猴山、龟山等，都有象形的民间传说做证。另一类是具有人文价值的人物传奇故事与山岳的黏合。例如，传说舜帝南巡驾崩于九嶷山上，追赶舜帝的二妃娥皇和女英在洞庭湖中的君山闻舜帝已死，攀竹而哭，使九嶷山和君山成为名山。尤其在少数民族聚居的山区，几乎所有的山岳都有美丽动人的民间传说作为解释或说明。这些传说也成为许多名山文化内涵的精华所在。

3. 山岳信仰圣地

几千年来，中国儒家、佛教、道教在“政教合一”的强势支配下，纷纷选择或抢占洞天福地，处处开辟祭坛道场，广建宫观寺庙，开岩凿洞，摩崖造像，把中国众多的山岳纷纷创建成信仰和崇拜的圣地。如受儒家礼教支配的皇朝公祭的五岳，佛教传入后先后开创的佛教四大菩萨道场的四大名山，道教的10大洞天、36小洞天、72福地等。

实际上，中国山岳单一化的信仰文化圈较为特殊，多是各民族历史人物和历史遗迹与各民族信仰和宗教遗迹的杂糅交错。人、神、仙、佛和儒、释、道错综交织，纵横交叉、综合融汇的信仰文化构成鲜明而多样的宗教信仰文化特色。

4. 山岳历史名胜遗迹

中国历史上有许多重大事件与山岳联系，山上铭刻着动人的史迹，烙上文化史的印记。例如，与禹确定疏导九江大计有关的庐山汉阳峰禹王崖，与古代史上“禹会诸侯江南，计功而崩，葬此”的史实有关的浙江绍兴会稽山，都因禹王的遗迹而驰名。杭州的吴山、胥山，因春秋吴国伍子胥以忠谏而死，立祠山上而名满天下；苏州的虎丘山、教场山，与吴王阖闾等事迹相关而得名；辽宁的凤凰山主峰箭眼峰、马蹄窝等，都和唐太宗征辽的历史事迹密切相关；西藏和青海境内的一些山，如公主山、日月山等与唐代文成公主进入西藏的史实有密切关联。

近现代历史的许多史迹也构成了相同的历史文化模型，如与抗日战争和解放战争关联的著名战役中的大别山、沂蒙山、太行山、狼牙山等，因有动人的战斗史实而具有历史模型特色，从而进入了名山行列。与此同时，还有许多名胜史迹与古代文人名士的游山经历和诗文推崇密不可分。孔子曾经赞叹过“登泰山而小天下”；汉武帝登泰山惊叹过“高矣、极矣、大矣、特矣、壮矣、赫矣、骇矣、惑矣”，使泰山成为“五岳之尊”。历史上的名人、名诗、名文与山岳结缘，以其对山岳所赋予的多种评赞成为历代提高山岳文化品位的重要因素。

（三）体现科普知识

某些山地因在科学上具有重要的研究价值，或者在科普教育方面能够发挥其重要功能，也可能会成为名山。尤其是现代的一些名山，不少是与它的科普教育功能相联系的。如具有典型性的地质、地貌景观，具有特殊科学价值而受人类保护的动植物景观，具有神奇性的大气物理景观，以及能够出产名贵特产的山地等。如桂林、阳朔、肇庆、石林等地不仅有世界闻名的山水美景，而且是世界罕见的岩溶地貌发育最为典型的地区，对岩溶地貌学的研究具有重要的科学价值。武夷山、丹霞山、齐云山、龙虎山等发育典型的丹霞地貌，黄山、华山、天柱山等地的花岗岩地貌，嵩山的古老地层和各种断裂构造，西峡的恐龙蛋化石群，神奇的峨眉山的佛光景观等，都是具有地学或其他科学研究价值的山地。

操作示例

黄山导游讲解词

黄山在我国唐代以前叫黟山。黟是黑的意思，因为山上岩石多是青黑颜色而得名。传说咱们华夏族的先祖轩辕黄帝完成中原统一大业、开创中华文明之后，来到这里采药炼丹，在黄山温泉里洗浴后得道成仙。唐明皇李隆基非常相信这个说法，就在天宝六年（747 年）下了一道诏书，将黟山改名黄山。意思是，这座山是黄帝的山。从那以后，黄山这个名字就一直叫到现在。明朝旅行家徐霞客登临黄山时，曾发出这样的赞叹："薄海内外之名山，无如徽之黄山。"后被当地人引申为"五岳归来不看山，黄山归来不看岳"，使得黄山与五岳齐名。

朋友们，我们马上就要进入风景区了，希望大家下车时，不要拥挤，让老人和小朋友先下，记住我们的车牌号是 ×××，车身颜色是白色。

大家还记得我刚刚说的黄山四绝是哪四绝吗？……这位游客回答得非常正确。那就是奇松、怪石、云海、温泉。下面让我们一起来领略黄山的四绝吧！

视野拓展

山岳景观在宗教和历史方面的美感体现

一、宗教文化的美感体现

自古以来，名山与宗教就有着紧密的联系。在仰韶文化时代（约公元前 5000 至公元前 3000 年），由万物有灵观念引发的山水崇拜就已经是先民的原始宗教意识和宗教活动的重要内容了。古时候，人们面对种种超人力的自然现象感到迷惑和恐惧，认为这些自然现象都有相应的神灵主宰。

佛、道二教虽然不以山水为直接的崇拜对象，但二教的基本理论、理想境界、修习方式乃至教徒的日常生活等，无不与自然山水发生着丝丝缕缕的微妙联系。在我国，凡历史名山，无不与宗教有关，尤其是道教与佛教。所谓"天下名山僧占多""山无寺不名""山不在高，有仙则名"等，讲的都是名山与宗教的关系。

二、历史文化的美感体现

历史文化与名山的形成关系也很密切。当我们把山岳同社会历史联系起来时，我们就会发现，山岳景观区内的历史遗迹、名人故居、亭台楼阁、碑碣题刻、诗词歌赋、书法楹联、掌故传说、古代建筑等各种形式的遗存，都是人类活动的结晶。

山岳景观所表现出来的民族和时代特征，是在一定社会历史阶段人类文化的产物，这些不同历史阶段的文化遗迹，共同记录着该地区社会文化发展的轨迹。因而，它们不但在形式上给人以美的愉悦，在内容上给人以智的启发，而且在思想政治及道德情操上给人以很大的熏陶。

（资料来源：根据网络资料整理。）

角色练习

【练习名称】

讲解自己游览过的或熟悉的山岳景观。

【练习要求】

（1）对学生进行分组，各组独立完成讲解任务。

（2）讲解流畅，表述生动准确，富有吸引力。

【角色设置】

（1）教师担任旅行社计调人员，向各小组下发接团任务通知（单）。

（2）分组进行讲解，每组学生轮流，1 名学生当导游员，其他学生当游客。

【练习材料】

按接团任务通知（单）内容课前收集、准备某座山岳景观的相关资料。

【练习步骤】

（1）认真分析接团任务通知（单）的内容，收集、分析拟讲山岳景观的相关知识，运用恰当的讲解方法，写出讲解稿提纲或草稿。

（2）分组模拟讲解练习。

（3）学生分小组点评模拟讲解，教师评价讲解情况。

任务评价内容、要求等见表 6-1。

表 6-1　任务评价表

序号	任务内容	任务要求	等级	待改进技能	备注
1	掌握山岳景观的相关知识	结合所学知识，整理分析拟讲解山岳景观的知识点			
2	山岳景观的导游词讲解	导游词点面结合，突出重点			
		讲解技巧			

任务二　水体景观讲解服务

水体景观讲解

情境导入

截至 2020 年 6 月 3 日，南水北调中线一期工程（起点为丹江口水库）已经安全输水 2000 天，累计向北输水 300 亿立方米。这不，就在 2020 年 6 月 3 日，丹江口市某旅行社的导游员小王接到了一个来自北京的旅游团。

导游员小王接到任务后，应当做哪些准备呢？该怎样来讲解“源头之水”呢？

任务描述

本任务要求学生掌握水体景观类型，从水文化角度、水的美学价值和水的旅游效用等方面把握水体景观的导游技巧，并模拟水体景观的导游讲解。

相关知识

一、水体景观的内涵

水体景观是以自然水体为主构成的景观，它具有观赏、游乐、康疗、度假等旅游功能。有水则灵是对水景的高度概括。水体景观以海洋、湖泊、河流、瀑布、冰川、雨雪、雾凇等多种形式存在于大自然中。水通过与地形、动植物、天气气候等多因素的巧妙配合，形成了复杂多变而又趣味无穷的水体自然景观。

我国有着丰富的水资源。流域面积在1000平方千米以上的河流达1600多条，大小河流总长度在40万千米以上，全国河流总水量约2.7万亿立方米，居世界第三位。我国面积大于100平方千米的湖泊有130多个，1平方千米以上的有2800多个，总面积达到8万平方千米。此外，我国还有总长3.2万千米的海岸线，数不胜数的涌泉、瀑布，这使得我国的万里山川处处透着妩媚。

二、水体景观类型

水体景观按其性质可分为江河型、湖泊型、瀑布型、泉水型和海洋型等景观。

（一）江河景观

江河是一种天然的地表水流，是由一定区域的地表水（雨水、冰雪融水）和地下水补给，并沿着狭长的谷槽流动的水体。江河是重要的水资源，也是交通大动脉。人类文明的发展大多源于大河流域，如古埃及文明的尼罗河，古印度文明的恒河，欧洲文明的莱茵河，以及我们中华文明的长江、黄河，它们因其壮美的河谷景色、悠久的历史文化而成为重要的旅游资源。

就江河景观来说，不同温度带的江河其景色往往不同；同一江河的不同地段其景色也不同；同一河段，在不同的历史阶段，其景色也是不同的。

（二）湖泊景观

湖泊是陆地上表面比较宽阔的天然凹地蓄积的停滞或缓慢流动的水体。湖泊是陆地上最大的水体景观，它的美不仅仅是湖泊水体本身，更重要的是以它为核心的由各种自然和人文构景要素所组成的各个景点和综合景象。如著名的杭州西湖、云南滇池、台湾日月潭、浙江千岛湖等。

（三）泉水景观

泉是地下水的天然露头。泉水达到一定的规模就可形成泉水景观。根据泉的不同情况可以分为许多种类。

下降泉和上升泉：无声无息缓慢渗出的叫下降泉，汩汩喷涌的是上升泉。矿化度在1克/升以下的是淡水泉。

其他地质泉：如侵蚀泉、溢出泉、接触泉、断层泉等。

各类观赏泉：如云南大理蝴蝶泉、四川广元含羞泉、广西桂平乳泉等。

还有适宜观赏与品茗的冷泉，适宜康体与游览的温泉，适宜饮用、有益健康的矿泉等。

（四）瀑布景观

瀑布是因河床不连续而形成的倾泻水流。一个完整的瀑布，一般是由溪流、跌水、深潭和瀑前峡谷四部分构成，具有形、色、声的美学效果。

中国地形复杂，河川众多，因而多瀑布。受地理位置的影响，形成瀑布南多于北、东多于西的格局。有的瀑布飞流直下，气势磅礴；有的轻垂崖边，柔曼轻舞；有的绿树掩映，幽美媚秀；有的层层叠叠，交叉错落。中国瀑布最具代表的有贵州黄果树瀑布、黄河壶口瀑布、黑龙江吊水楼瀑布。

（五）海洋景观

海洋是地球上广大连续水体的总称，其面积占地球表面的70.9%。海洋的中心部分叫洋，海洋的边缘部分叫海。在现代旅游业中，提倡“3S”旅游，即太阳、海洋和沙滩三种令人喜欢的旅游资源，而这三者都与海滨有关。大连海滨、青岛海滨、普陀山海滨、北戴河海滨等都已成为旅游者竞相游览的目的地。

三、水体景观导游讲解基本方法

（一）从水的美学特征进行讲解

综合看来，水体景观具有形态美、倒影美、声音美、色彩美、光泽美和水味美等六大美学特征。

（二）突出“水文化”

水文化是指在人类社会历史发展过程中积累起来的关于认识水、治理水、利用水、爱护水、欣赏水的物质和精神的总和。例如，关于水的神话故事、历史传说、诗词歌赋、评论认识等都是水文化的重要内涵。

（三）全面了解水体的风格与差异

水体类型不同，美的风格不同。同一水体类型，因各自组合条件不同，其美的意境也不同。导游员在进行水体景观讲解时，应结合不同水体的地理特点、气候状况、风物特产和社会历史背景材料进行讲解，才能很好地激发旅游者的游兴。

（四）从景观类型讲解其特征

海洋景观——突出海滨的伟岸、辽阔；江河景观——景色多姿、类型丰富；湖泊景观——大湖泊的旷荡，小湖泊的清秀，高山之巅湖泊的神秘、奥妙、幽静、清澈；泉水景观——奇特、多功能及转换性；瀑布景观——形态、声态、色态的三态变化等。

操作示例

丹江口水库导游讲解词

（丹水旅行社的导游员小王带领旅游团开始“南水北调源头之旅”。）

丹江口水库位于汉江中上游，分布于湖北省十堰市的丹江口市、郧阳区、郧西县等县市和河南省南阳市淅川县之间，由汉江库区和丹江库区组成。水域横跨鄂、豫两省。大坝坝址位于湖北省十堰市丹江口市。丹江口水库是亚洲第一大人工淡水湖、国家南水北调中线工程水源地、国家一级水源保护区、中国重要的湿地保护区、国家级生态文明示范区。

丹江口大坝加高工程（也就是常说的二期工程）于2005年9月开工，历经8年建设，丹江口大坝“长”高了近15米，从162米加高至176.6米。为了南水北调中线工程的顺利实施，丹江口大坝将蓄水水位升至170米，比过去的蓄水水位抬高了13米。丹江口水库是目前中国功能最全、效益最佳的特大型水库之一，在防洪、发电、航运、灌溉及旅游等方面都发挥着巨大的优势。

丹江口水库水质连续25年稳定在国家二类以上标准，水质保持优良。从2014年12月12日中线一期工程正式通水运行开始，到2020年6月3日，南水北调中线一期工程已经安全输水2000天，累计向沿线地区的北京、天津、河南、河北4个省市的20多座大中城市，提供生活和生产用水300亿立方米，已使沿线6000万人口受益。

眼前的这座银灰色水中长城，坐落在汉江，为什么要叫丹江口水利枢纽工程（也就是常说的丹江大坝）呢？据说很早以前，丹江里有一种鱼，这种鱼身体通红，春暖花开鱼儿繁殖季节，可把水映得发红，丹江也就由此得名。丹江发源于陕西，经河南流进丹江口市境内大约20千米处与汉水汇合。刚看到的丹江大坝就建在丹江与汉水的汇合处。现在大家明白了，为什么大坝建在汉江上却要叫丹江口水利枢纽了。因为它是建在丹江流入汉江的入口处。丹江口市也因此得名。

自李官桥向前又行驶了约2千米，现在我们见到的烟波浩渺、碧波连天的水面，便是“小太平洋”。据粗略估计，其宽20千米，长30千米。它的得名，源于此处的水阔天空，如同太平洋般一望无际。那么这里的水质如何呢？讲个故事吧。2001年夏，十堰市委市政府邀请南水北调中线工程经过的省市领导到十堰参观考察，其中一项就是考察水源。客人们来到小太平洋，十堰市的领导拿出两瓶“矿泉水”，一瓶是地道的矿泉水，一瓶是在小太平洋就地取材的库区水，让领导们品尝分辨，大家都分不出是库区水还是矿泉水，随行的水质专家也分辨不出来，最后经当场化验，库区水除了微量元素等矿物质含量不如矿泉水外，其他指标与矿泉水基本一致。这一细节被随行的北京记者拍了下来，一经报道，北京市民们欢呼雀跃。一眨眼十几年过去了，十几年后的水质又如何呢？我们不妨回放一组镜头：2012年3月十一届全国人大五次会议在北京举行，3月7日上午来自湖北省丹江口市丹赵路办事处茅腊坪村的时年59岁的农民——全国人大代表辛喜玉，将一罐来自丹江口水库的清水送给了中共中央政治局常委、时任国务院副总理的李克强，表达了南水北调水源地群众的心意。

视野拓展

水体旅游景观的含义及旅游功能价值

水体旅游景观，是专指由水体本身或以水为主与其他造景因素相融合而形成的具有旅游观赏价值的自然景观。

水体旅游景观的特征：美感性，哲理性，文化性，广泛性，山水对应性。

水体景观的美学特征：形态美，色彩美，倒影美，声音美，光泽美，水味美。

水体景观的旅游功能：审美功能，康乐功能，品茗功能，文化功能。

（资料来源：根据网络资料整理。）

角色练习

【练习名称】

讲解一处自己游览过的或者是熟悉的水体景观。

【练习要求】

（1）对学生进行分组，各组独立完成水体景观讲解任务。

（2）讲解流畅，表述生动有趣。

【角色设置】

（1）教师担任旅行社计调人员，向各小组下发接团任务通知（单）。

（2）分组进行讲解，每组学生轮流选派 1 名学生模拟导游员，其他学生模拟游客。

【练习材料】

按通知（单）内容课前收集、准备某处水体景观的相关资料。

【练习步骤】

（1）认真分析接团通知（单）的内容，分析拟讲解的水体景观的相关知识等。

（2）分组模拟讲解练习。

（3）学生分小组点评模拟讲解情况，教师评价讲解情况。

任务评价内容、要求等见表 6-2。

表 6-2　任务评价表

序号	任务内容	任务要求	等级	待改进技能	备注
1	掌握拟讲解水体景观的类型和相关知识	能流畅、准确地讲解某一水体景观			
2	水体景观的导游词讲解	导游词生动形象			
		讲解技巧			

任务三　动植物景观讲解服务

动植物景观讲解

情境导入

神农架是世界中纬度地区唯一一块保存完好的绿色宝地，具有比其他温带森林生态系统更为丰富的具有全球意义的生物多样性。由于特殊的地理环境，神农架成为第四纪冰川时期各种动植物的避难所和栖息地，几乎囊括了北自漠河、南至西双版纳、东自日本中部、西至喜马拉雅的所有动植物物种。神农架林区有高等植物 2671 种，其中珙桐等 39 种被列为国家一、二级保护树种；有各类动物 1060 余种，金丝猴、华南虎等 75 种珍稀野生动物受国家重点保护。因此，神农架被世人誉为“物种基因库”和“天然动物园”。1986 年，国务院批准神农架为“国家森林和野生动物类型保护区”；1990 年，联合国教科文组织将神农架列为国际“人与生物圈保护网”成员；1992 年，世界自然基金会又将神农架定为“生物多样性保护示范点”。近年来，来神农架参观旅游的人络绎不绝。神农旅行社的导游员小杨就接了一个观赏神农架动植物的旅游团。

导游员小杨接到任务后，应当准备哪些动植物景观知识呢？该怎样讲解动植物景观呢？

任务描述

本任务要求学生了解动植物景观基本知识，认识我国独特的动植物品种，掌握动植物景观导游讲解要领，并能运用所学知识进行动植物景观导游讲解服务。

相关知识

一、动植物景观概述

我国 960 万平方千米的土地上，不同的地理和气候环境，孕育了丰富的动植物资源，它们成为中华大地上最具生命活力的自然景观。

（一）我国的动物景观

1. 我国的动物种类

我国的动物种类繁多，它们是旅游资源体系中重要的组成部分，具有娱乐、观赏、狩猎、垂钓、科学考察、维持生态平衡等多种功能。据 2021 年发布的《中国生物物种名录》，我国已发现鸟类 1445 种，约占全世界鸟类总种数的六分之一；哺乳类 564 种，约占全世界兽类总种数的八分之一；两栖类 481 种；爬行类 463 种。这些野生动物不仅可以供人们观赏，更能提供大量的毛、羽、皮、肉和贵重的动物药材，有的还可以供科学研究、医学实验之用等。

2. 我国的珍稀动物

我国有四大“国宝”动物——大熊猫、金丝猴、白唇鹿、白鳖豚，有一类保护动物大熊猫、金丝猴、长臂猿、白唇鹿、丹顶鹤、褐马鸡、野骆驼、亚洲象、扬子鳄、东北虎、华南虎等。

我国的野生兽类，根据它们的经济价值，可以分为毛皮兽、肉用兽、药用兽、观赏兽。著名的观赏兽有长臂猿、金丝猴、大熊猫、小熊猫、东北虎等。我国的野生动物中，有不少是我国特有的世界著名珍稀动物，如大熊猫、金丝猴、东北虎、麋鹿、白鳖豚、扬子鳄等。

3. 我国独特的动物景观

（1）熊猫。熊猫被誉为我国“国宝”。它性情温顺，体态肥壮如熊。大熊猫现仅存于我国四川、甘肃、陕西一带局部偏远高山上。它是几十万年以来，从古老的食肉兽转化为专门食竹的动物。其形态构造保持了古老哺乳动物的一些特征，成为极难得的“活化石”，在动物学的研究上具有特别重要的科学价值。

（2）金丝猴。金丝猴主要分布在陕西、甘肃、四川、贵州、云南、湖北部分地区深山密林中。金丝猴身体强健，体形较大，全身大部分披有金红或赤红的长毛。雄猴肩上披着长达一尺多长的金黄色毛，在阳光下闪闪发亮，艳丽夺目，因此得名。

（3）白鳖豚。白鳖豚属于淡水水生哺乳动物，是现有鲸类中最古老和最原始的一类，体长 2~2.5 米，体背蓝灰色，腹白色，嘴细长，有牙约 130 颗，以鱼类为食。它同熊猫一样在世界上享有“活化石”的美称。白鳖豚只分布在洞庭湖和长江中下游至钱塘江一带。

（4）麋鹿。麋鹿是我国特有的珍稀品种，形象奇特，身子像驴非驴，蹄子像牛非牛，犄角像鹿非鹿，脑袋像马非马，俗称“四不像”。目前国家建有江苏盐城大丰湿地和湖北石首天鹅洲两个麋鹿保护区。

（5）朱鹮。朱鹮是我国独有的珍稀鸟类。它全身大部分是白的羽毛，两翅、腹、背、尾羽有朱红色金属光泽，头上有柳叶形下垂的羽冠，仪态庄严美丽。

（6）旅游区或风景区的特有动物。我国不少地区都有特有的动物，如峨眉山的猴群、西双版纳的大象、扎龙的丹顶鹤、长白山的梅花鹿、海南的长臂猿等。白头叶猴是世界上最稀有的猴类，这种猴类在世界上只有广西独有。广西崇左生态公园是世界上最大的白头叶猴生态保护区。

（二）我国的植物景观

植物景观，主要指由自然界的植被、植物群落、植物个体所表现的形象，通过人们的感观作用产生实在的美的感受和联想。植物景观也包括运用植物题材人工创作的景观。

1. 我国植物的种类

我国是世界上植物资源最丰富的国家之一，仅高等植物就有 3.2 万多种。北半球的主要植物在我国几乎都可以看到。我国木本植物有 7000 多种，其中乔木有 2800 多种，而北美洲只有 600 多种，欧洲仅有 250 种。古老的裸子植物，我国就有 12 个科 300 多种，其中银杏、银杉、水杉等都是我国特有的。在被子植物中，珙桐、杜仲等观光植物为我国所特有。

植物有美化环境、装点山水、分割空间、营造意境的功能，在维护大自然生态平衡方面起着重要作用。我国花卉植物种类也很多，如有“三大名花”美誉的杜鹃花、报春花、龙胆花，大部分品种就生长在我国西南地区。除此之外，我国还有不少名贵的药用植物种类，像长白山的人参、西藏的红花、宁夏的枸杞、云南的三七等都是珍贵的药用植物，驰名世界。我国还有许多树木和花卉的观赏地，如在黄山观松，在北京香山观红叶，在洛阳、菏泽赏牡丹，而无锡梅园、杭州孤山、武汉东湖梅园则是观赏梅花的最佳地方。

2. 植物景观的旅游功能及观赏类型

（1）植物景观的旅游功能。

植物景观具有观赏性、冶情性等旅游功能。

①其观赏性表现在以形、色、味、声、光、影等感知特征引起人们的美感。

②其冶情性体现为植物的风韵美或象征美。如岁寒三友——“松、竹、梅”象征坚强不屈，荷花象征出淤泥而不染，柳枝有送别之意，竹子象征清雅高洁等。

（2）观赏类型。

①观花类。花是植物最具观赏价值的器官，花色、花姿、花香、花韵为观赏花卉的四大美学特征。如牡丹、梅花等。

②观果类。果实的色彩以红紫为贵，黄色次之。如富贵子、金橘等。

③观叶类。观叶植物，如红枫、芭蕉等。

④观枝冠类。如柳树、松树及各种修剪成球状、半球状的景观树等。

（三）动植物景观的特点

1. 空间分布的广泛性、多样性

我国的动植物资源极为丰富，其中包括不少特有、独存的和主要分布于我国的珍稀物种。其中银杏、水松、水杉、金钱松、银杉被称为“植物的活化石”。我国的动物资源也很丰富，世界上有不少陆栖脊椎动物为我国特有或主要产于我国，如丹顶鹤、褐马鸡、金丝猴、藏羚羊等。还有一些属于第四纪冰川后残留的孑遗种类，如植物中的银杏、水杉以及动物中的大熊猫、扬子鳄、大鲵、白鱀豚等，都是极为珍贵的物种资源。

2. 生命的有机性

动植物是具有生命的有机体，它们的存在给自然界增加了生命的活力。如青海湖鸟岛上的成千上万只禽鸟，使原本孤寂的荒漠景观变得热闹非凡、生机盎然。

3. 标志性

由于自然地理各要素都处于紧密的相互联系、相互依赖之中，每个要素的发展都不是独立的，而是相互影响的。根据各要素彼此之间的这种联系，就可用自然环境中的一个环节来确定其余环节。如，椰子正常开花结果是热带气候的标志；帝企鹅是南极的标志。

4. 季节性

季节性是指动植物随季节变化而发生的变化，以此形成季节性旅游景观的特点。在不同的季节有不同的植物开花，如冬天的梅花、夏天的荷花等。不少植物的叶色也随季节变换而变化。一些动物的毛色也随季节而变化，如北极兔可以自由变化毛色以适应严酷的生长环境，北极兔的毛色夏秋是灰色、蓝色与褐色系，到了冬天，毛色就会变成白色，作为防御敌人的保护色。许多动物如候鸟、蝴蝶、驯鹿等，为寻找更好、更舒适的生活环境，会随季节有规律地迁徙，从而出现生物空间位置随季节变化的景象。

5. 再生性

在生物的可繁殖性基础上，人们局部改善生态环境条件，运用人工干预的手段将许多动植物进行驯化、移植、饲养、培育，形成人工生物景观。如我国通过人力作用保护了濒危灭绝动物大熊猫和其生存环境，并将大熊猫作为珍贵的礼物赠送给许多国家，让更多人可目睹这一珍贵的“活化石”。

6. 脆弱性

脆弱性是指动植物及自然生态系统容易受到影响。灾害性环境变化，会导致不少动植物死亡甚至物种灭绝。如我国国家一级野生保护动物白鱀豚，在 2007 年被宣布已经功能性灭绝。

二、动植物景观讲解要领

（一）观赏价值

1. 形色美

形色美是指动植物所具备的形体、色彩等美学价值。

种类繁多的植物，其外形千姿百态，或古朴苍劲，或婆娑多姿。如我国的黄山松以形态奇美著名。黄山松的代表有“迎客松”和“送客松”。不同的动物因地理位置、气候带的不同及生活习性的差异，显示出不同的形体特征。美洲的巨嘴鸟，是世界鸟儿中嘴最大的鸟；古巴蜂鸟，其成年公鸟平均翼展长 2.82 厘米，体重仅 1 克，是世界上的袖珍鸟。

色彩是产生观赏感的重要因素，也是人们观赏动物的主要内容。如非洲火烈鸟，其羽毛火一般美艳；我国海南岛的坡鹿，其背部的黑褐色条带，从颈部沿背脊一直延伸到臀部，黑褐色条带下，点缀着若干平行排列的白斑，色彩极为美观。植物的色彩也极为丰富，如白色的马蹄莲、紫色的勿忘我、粉色的康乃馨等。

2. 珍稀美

“物以稀为贵”。越是珍稀的动植物就越有观赏价值。当动植物处于以下两种情况时，可称为珍稀物种：一种情况是这一物种种群数量有限；另一种情况是物种分布范围狭小，或成为某地的特有品种。一些植物由于其种群数量或分布范围有限而被列为珍稀植物，如海椰子、百岁兰、金茶花、珙桐、水杉、望天树和木沙椤等。珍稀物种有达加斯加岛上的象狐猴，新西兰南北岛上的几维鸟，我国的大熊猫、金丝猴等。这些珍稀动植物，除具有科研价值外，也具有极高的旅游观赏价值，如珙桐，又叫鸽子树，是我国特有的被子植物。

3. 奇特美

一些动植物往往以独特奇异的特征吸引着旅游者。

一是，“奇特”是相对于某一自然生态环境下的旅游者而言，如澳大利亚的袋鼠、树袋熊等有袋类动物，因地壳演化、海洋阻隔、古地理环境变化等影响，只分布在澳洲大陆。对于世界其他地区的旅游者具有吸引力。

二是，“奇特”也指地球上绝无仅有的某一特征，如最高、最快、最大等。我国云南的独叶草，仅有一片叶子，是世界上最孤单的植物。南极洲的企鹅，每小时滑雪速度达 30 千米，是世界上滑雪速度最快的鸟等。

三是，“奇特”也可指动植物的一些奇异的生理、生态现象。如索马里的太阳鸟——小红鸟，它飞到树枝上展翅或使劲抖动羽毛时，即预示着要下雨了。美洲的角蟾，在遇险时，能从眼里喷出鲜血，射程可达 1 米以上。

4. 嗅味美

许多植物的茎、叶、花、果能发散独特的香味，使旅游者获得新奇的感受。如非洲坦桑尼亚的木菊花，其花瓣味道香甜，摘一瓣品尝，很快能让人醉倒，被称为“醉花”。埃塞俄比亚有一种多刺植物，叶片可分泌芳香扑鼻的香脑油，人长时间闻它也会被熏醉，是一种“醉草”。此外，还有许多植物因香味而得名。如七里香、晚香玉、夜来香等。这些具有香味的植物在美化环境的同时，也以其特有的香味带给旅游者以嗅味美的享受。

（二）医疗保健价值

动植物的医疗保健价值有两个方面：一是动植物可作为中医的药用材料，其药品的药性、药效丝毫不逊色于其他药品。如人参、鹿茸、麝香、天麻等，这些药材已成为重要的旅游商品；二是特殊的植物环境能起到医疗保健的作用，动物资源也可起到医疗保健的作用。部分动物资源，可作为药材，制成各种药品。如阿胶为马科动物驴的皮经煎煮、浓缩制成的固体胶，为补血滋补上品，有补血、滋阴润燥的功效，是我国传统中药材。

（三）科普教育与文化旅游价值

接触动植物成为近年“回归自然”生态旅游活动的核心内容。生物界具有纷繁复杂的形态与现象，具有审美功能。在这些现象背后蕴藏着丰富的科学知识，如植物的分类，不同环境条件下植物的生态适应特征，植物的地域分异规律；如动物的生活习性，动物的伪装术，动物的迁徙等，这些知识可满足社会大众了解生物世界的需要，成为吸引普通游客，开展科普教育活动的重要资源。在长期的审美活动中，动植物被人们赋予了某种寓意，使人们的旅游活动和欣赏行为更具文化色彩和精神意义，从而可开展文化旅游活动。如翠绿挺拔的竹子，给人刚强谦虚的感受；古老苍劲的树木，让人产生一种抗争的心境和百折不挠的精神。有些花草树木所蕴含的意义在我国得到普遍的认可，代表人们共同的价值取向。如“岁寒三友”松、竹、梅，成为不畏逆境、勇敢向前的精神象征；“四君子”梅、兰、竹、菊，则被看作是谦谦君子的象征。动植物蕴含的这些备受人们推崇的精神，能够使人们陶冶情操、启迪心灵，从而获得精神上的鼓励。某些具有典型特征的动植物，被人们作为某种精神品格或民族追求的象征与吉祥物，或成为国花，或成为国树，或成为国鸟，或成为国兽。同时，受宗教文化的影响，一些动植物被视为圣物、神灵受敬奉，成为具有宗教特点的动植物，如印度将牛视为“神牛”，印度每年要举行一次敬牛的节日活动。再如，莲花，它出淤泥而不染，象征洁身自好，正与佛教的超然脱俗相一致。这些动植物具有独特的旅游观赏价值和寓意，成为旅游活动特别是宗教旅游活动的观赏对象。

视野拓展

长隆：生态文明理念下的野生动物园

近日，长隆动物大家庭喜事频传，与大熊猫、金丝猴齐名的“国宝”金毛羚牛实现四代同堂，珠海长隆海洋王国国内首只西非海牛二胎宝宝也赶着与游客们见面。

长隆集团拥有全世界动物种群最多、最大的野生动物主题公园——广州长隆野生动物世界和全球最大的海洋主题公园——珠海长隆海洋王国。随着时代的发展，动物保护与科普教育开始取代动物展示、娱乐游客成为动物园的主要功能。如何在算好动物园“经济账”的同时算好“生态文明账”，长隆集团交出了一份可持续发展的绿色答卷。

营造“动物丰容”

在丛林中漫步嬉戏的亚洲象，喜爱攀爬游泳的猕猴成群结队，悠闲分享食物的黑猩猩三姐妹，“茂林处处见松鼠，幽圃时时闻竹鸡”……游客在长隆可以切身感受到动物世界的奥妙。

这是长隆的经营“法宝”之一。“我们通过丛林、水潭、水车等环境布置让动物丰容落到实处，调剂动物的生活使其充分展示自然性。”长隆野生动物世界总经理张学礼表示，这不仅能让游客从更亲近自然的角度观察动物，也使动物在接近野外的自然状态下生长，更好地维持生理和心理健康。

动物丰容是指在圈养条件下，通过提供群居动物合适的生长环境让动物“重回”自然，丰富野生动物生活情趣，满足动物各个方面的需求，保持其天性和自然行为而采取的一系列措施的总称，是提高动物福利的一个重要技术工作，在动物园的经营与管理中，长隆对“动物丰容”的营造尤为用心。

在元宵佳节，熊猫、华南虎等珍稀动物收到了长隆保育团队送来的由新鲜苹果、红萝卜等做成的“特制元宵”；在黑猩猩“丰容计划表”上，保育员为每天的“藏食”规划了不同的地点及食物品种，令其在持续不断的“食物丰容”中养成在“大自然”觅食的习惯。

长隆野生动物世界初开园之际，大规模野生动物种群放养吸引了无数游客慕名而来。长隆野生动物世界保育专家周仕强称：“我们将各种动物放到一起生活，这属于典型的社群丰容。在模拟野外生态环境下，动物会因为种类之间的互相牵制恢复原有的生机与活力，充分展现自然性，更有效地提高动物的野外生存能力。”

在长隆打造的野生动物世界里，动物饲养和动物管理打破了大自然传统的食物链，以精细化、人性化的动物丰容创造了全新的自然生态系统，让野生动物们远离饥渴，生活舒适，不受痛苦伤害和疾病威胁，享有无恐惧和焦虑的自由，可尽情地表达天性，在圈养圈内实现“向往的生活”。

建立保育机制

严谨专业的动物饲养与繁育团队建设了科学周全的动物保育系统，让来自五大洲 40 多个国家超 500 个种类、逾两万只珍稀动物在长隆茁壮成长、生生不息。

在长隆海洋王国的象龟房里，新生的亚达伯拉象龟憨态可掬，趴在龟妈妈的背上悠闲地晒着太阳，这是该物种在中国大陆非热带地区的首次成功繁殖。亚达伯拉象龟主要群居在非洲东部，对温度变化极其敏感。为使其顺利出世，保育员将龟蛋放入恒温孵化室中进行孵化，待其顺利出壳后每天对幼龟进行称重、泡温水促排泄、定期测体尺等照料，精心、细致的照料让来自远方的亚达伯拉象龟成功在华南地区“开枝散叶”。

南极洲的企鹅同样经过异地迁居，在珠海长隆海洋王国安家落户。2019 年，长隆交出亮眼的保育成绩单，42 只新生企鹅在珠海孵化，其中寒带白眉企鹅出壳幼雏实现了 100% 的成活率。企鹅人工繁殖育幼是业内公认难题，这次繁育成功标志着长隆企鹅饲养与保育水平已走向成熟。企鹅保育员林桂涛说：“长隆繁殖育幼的工作做得十分精细，有明确的操作流程与规范培训，并定期进行考核、评估，可以为出生后的动物宝宝尽可能地创造最好的发育环境。”

除此之外，长隆集团更积极开展野生动物行为与生态、疾病与防控等科学研究，并与多位动物保护研究领域的专家建立合作，加强国际学术交流。2019 年，珠海长隆白鲸怀孕，鲸豚保育团队立即派出专家前往日本学习白鲸繁育技术，以保证白鲸顺利生产，让幼仔顺利成活。

经过二十年的努力与探索，一套系统、科学的“长隆保育机制”逐渐成熟，全球唯一熊猫三胞胎、世界首例黑叶猴“龙凤胎”、成功繁育濒危物种豹纹鲨等保育奇迹接连不断地出现，长隆野生动物世界也成为华南地区最大的野生动物保护和物种保存基地。

开展科普教育

在现代动物园转变的过程中，新型动物园不再消费野生动物，而将“动物为本”放在了首位。长隆野生动物世界将该理念充分融入园区，设置多个动物大讲堂、科普驿站，并持续开展“爱鸟周”“保护野生动物宣传月”等活动，开拓寓教于乐、寓学于游的创新模式，让动物园不再是观赏濒危野生动物、嬉戏游乐的地方，而是人类保护动物、关爱自然的窗口。2000 年，长隆野生动物世界被认定为“广东省青少年科普教育基地”。

张学礼表示：“依托面向公众以及动物保育研究方面的独特优势，长隆通过野生动物保育与旅游产品创新，探索旅游与科普结合的产品项目，搭建城市青少年与野生动物生态体验、科学研究之间的桥梁，让更多青少年发现自然、理解自然，共同支持野生动物的保护与保育工作。”

在 2019 年的“世界地球日”，长隆野生动物世界启动“动物科普节”探索动物奥秘，全面开放动物育幼后台，让游客近距离观察后台的人工育幼、食物配给、动物治疗等过程，包括体验东辉袋鼠宝宝的“人肉育儿袋”、走进雏鸟育婴室，让小朋友们深度探索动物的繁育、习性和成长等鲜为人知的奥秘。

2018 年，长隆与腾讯共同打造全球首个“AR 濒危动物园”，游客在园区不同区域扫描图像，就能看到考拉、大熊猫、凤尾绿咬鹃等濒危动物在真实自然环境下的生存情况并与其进行互动。长隆野生动物世界跳出传统动物园等待游客探寻的模式，让珍稀动物走进校园，开展全国野生动植物科普活动，让爱护自然的种子在青少年心中萌芽。2020 年底，科技部、中宣部、中国科协联合授予广东长隆集团“全国科普先进集体”称号。

通过“科普教育＋动植物保护”，长隆不断完善“大规模动物种群迁地保护”模式。据介绍，目前长隆旗下已在广州、珠海、清远三地初步建成一系列权威的野生动植物保护机构，位于清远长隆的国家级世界珍稀动植物种源基地、华南虎繁育及野化训练基地也在建设打造中。

长隆集团副总裁兼首席动植物官、长隆动植物保护基金会秘书长董贵信表示：“无论是就地保护或迁地保护，野生动植物保护与旅游都是可持续发展的事业。”

（资料来源：张宝裄 . 长隆：生态文明理念下的野生动物园［N］. 中国旅游报，2021-03-16.）

视野拓展

奇特的植物

一、瓶子树

瓶子树原产于马达加斯加，也被称为纺锤树、猴面包树。一棵瓶子树可存储 300 多升的水，树龄常常超过 500 年。在沙漠旅行，如果口渴，只需要用小刀在随处可见的瓶子树的肚子上挖一个洞，“泉水”便喷涌而出。因此，常在沙漠旅行的人说：“猴面包树与生命同在，只要有猴面包树，在沙漠里旅行就不必担心。”

二、龙血树

龙血树主要生长在非洲和亚洲南部等热带地区，我国以云南西双版纳、思茅为主产区，广西、海南等地也有分布。龙血树红色的树液常被用作医药原料，有活血化瘀、消肿止痛之功效。龙血树外表奇特，长得像一把雨伞。由于其可爱的外表，很多电脑用户将它作为电脑桌面壁纸图案。

三、捕蝇草

捕蝇草是几种能快速运动的植物之一，原产于北美洲，是一种非常有趣的食虫植物。捕蝇草常常耐心地等待美味到来，一旦昆虫进入它布下的陷阱，它就会突然闭合将其夹住。

角色练习

【练习名称】

讲解一个自己参观过的或者是熟悉的动物或植物景观。

【练习要求】

（1）学生分组，各组独立完成讲解任务。

（2）讲解流畅，表述生动有趣。

【角色设置】

（1）教师担任旅行社计调人员，向各小组下发接团任务通知（单）。

（2）分组进行讲解，每组学生轮流选 1 名学生模拟导游员，其他学生模拟游客。

【练习材料】

按通知（单）内容课前收集、准备某个动物或植物景观的相关资料。

【练习步骤】

（1）认真分析接团通知（单）内容，详细了解拟讲解的动植物景观相关知识。

（2）分组模拟讲解练习。

（3）学生分小组点评模拟讲解情况，教师统一评价讲解情况。

任务评价内容、要求等见表 6-3。

表 6-3 任务评价表

序号	任务内容	任务要求	等级	待改进技能	备注
1	掌握拟讲解动植物景观的相关知识	能流畅、准确地讲解拟讲景观			
2	掌握拟讲解动植物景观的讲解要领	恰当运用多种讲解方法，讲解富有趣味性和知识性			

任务四 中国古代建筑景观讲解服务

中国古代建筑景观讲解

情境导入

武当山古建筑群规模宏大，瑰丽辉煌，集皇权至上、神庭天阙于一身，卓然超凡，是人文景观与自然景观高度和谐的统一。武当山古建筑群代表了中国道教建筑艺术的最高水平。1994 年 12 月 15 日，武当山古建筑群被列入世界文化遗产名录。联合国教科文组织在《世界文化遗产申报书》中写道："武当山是世界上最美的地方之一。这里融汇了古代历史建筑、自然美景。中国的文化艺术依然留存在武当山。"来武当山旅游的游客中有很多是来观赏武当山古代建筑艺术的。十堰武当旅行社的导游员小李就接待了一个观赏武当山古代建筑艺术的旅游团。

接待武当山古代建筑观赏团，导游员小李应做好哪些方面的知识准备呢？应当运用什么样的讲解方法来介绍武当山的古代建筑呢？

任务描述

本任务要求学生了解中国古代建筑的基本类型与特点，掌握中国古代建筑景观的观赏程序及讲解技巧，通过分组教学、角色轮换等方法，能够讲解一处中国古代建筑景观。

相关知识

一、中国古代建筑景观概述

中国的古代建筑类别丰富，式样众多。按性质和功能，可以分为宫殿、民居、寺院、园林、陵墓、桥梁、宝塔、石窟等；按建筑材料，可以分为砖石建筑、木构建筑等；按规模，可以分为组群建筑、单体建筑及建筑小品等。每种建筑形式都有各自的特征，构成了异彩纷呈的建筑文化体系。

从类型上看，宫殿建筑以皇宫为代表，以高、大、深、严为特点。"高"以突出之势显现帝王地位崇高；"大"以空间显示疆土和国威；"深"是纵深；"严"是排列严整，以显示帝王的尊严。陵墓在显示已逝帝王威严的同时多了一份肃穆气氛。秦始皇陵的兵马俑，表现了秦灭六国的国威和一代暴君不可一世的气势；唐高宗和武后合葬的乾陵，则通过长约 4 千米的神道更多地表现了庄严和肃穆。寺庙建筑由于特定的宗教信仰背景，主要体现了和谐、澄静、神秘的特点。寺庙或建于都市，或筑于名山，正所谓"南朝四百八十寺，多少楼台烟雨中"，营造出美妙的自然和人文环境，使人在和谐的氛围中亲近宗教。民居，无论是北方的四合院还是江南水乡或是客家"土楼"，都反映了家族和睦、亲情融洽的居家文化，显得古朴而温馨。

从建筑材料上看，木结构建筑最主要的特征就是以木材构成各种形式的梁架，作为整个建筑物的承重结构的主体。在中国古代，木结构建筑成为殿堂厅室的主要结构方式，虽有石料，也仅为装饰。木结构建筑由于受到材料的局限，不可能建得过高过大，为了解决这个问题，就出现了以组群而形成规模的组合方式。由各个单体建筑组成院落，在组合中做到主次分明、左右对称，以体现规模和气势。建筑组群是我国古代木结构的显著特点和卓越创造，如北京的故宫、承德的避暑山庄等大型的建筑景观，都属于组群方式。

砖石结构建筑在中国传统建筑物中的地位仅次于木结构建筑。除了作为木结构建筑的辅助补充结构（如墙脚、柱础、台基、墙体等）外，还作为独立的建筑形式在中国古建筑中占有重要的地位，如万里长城、赵州桥、十三陵及众多的石窟建筑等，都是砖石结构的伟大成就。由于受木结构建筑的影响，中国的砖石建筑也带着明显的仿木特征，如砖塔、砖殿的装饰，也仿照木柱、木斗拱、木檐的形式加以充分表现，并形成中国独特的建筑风格。

二、古代单体建筑的一般观赏顺序及讲解方法

（一）一般观赏顺序

古代单体建筑的一般观赏顺序是登台基、观斗拱、赏屋面。

（二）讲解方法

1. 台基

建筑物地基高出地面的部分称为台基。我国古代房屋到夏代就有了 20 厘米高的台基。殷代“堂崇三尺”，就是台基高三尺，相当 1 米的高度。周代，台基的高度已成了地位尊贵的标志。春秋战国时代，台基不断加大加高，形成了台式建筑，成为建筑中的一个类型。它可以是祭神的坛——高高的秃顶平台，也可以是单座的有高台的建筑——台榭，更多的是发展成为许多建筑物都坐落在一个大高台上面的“台”。战国时代，台基的外侧面有了一些小立柱式的贴面装饰。汉代，除了方台基以外，还出现了许多别的样式。

台基高了，便要做栏杆，方能确保人行走安全。一般用石作栏杆，栏杆的构造和雕刻都是从木栏杆演变而来。后世的栏杆向单一化和标准化发展，明清时代的栏杆只是在望柱之间嵌上一整块石雕栏板。望柱头多雕刻云纹，加工也比较简易。台基面离外地面有一定高度，因此要做一些踏步（宋代叫踏道，清代叫踏跺）方能上去。皇宫的正殿则有三座台阶，中央的台阶叫陛，皇帝的尊称“陛下”即由此而来。中央台阶的中央又多了一条陛石，上面雕刻着龙凤云纹，那是帝后通行的御路。

随着佛教的传入，中国古典建筑的台基也发生了变化——须弥座式的台基十分盛行。最早的须弥座出现在南北朝时期石窟寺的塔座和佛座上。清代对须弥座的式样、尺度、比例、做法等都有规定。座的中央凹进部分叫束腰，上下的弧面分别叫上枭、下枭，枭面都刻莲瓣。上枭上的线条叫上枋，下枭下的线条叫下枋，夹着的一些分条小线道叫皮条线。下枋下面落地部分的基石叫圭脚（也叫龟脚）。

2. 斗拱

斗拱是“斗”和“拱”的合称。完备的斗拱组件由斗、拱、昂、枋四种构件组合（见图 6-1）。斗拱本身则是由垂直和横向的小斗拱构件加上斜昂，一层一层作十字形叠交而成。如果说中国的古典建筑是一簇美丽的鲜花，那么斗拱就是花蕊。

图 6-1　斗拱

唐代殿堂建筑中的斗拱非常宏大，在五台山的南禅寺和佛光寺大殿中可以欣赏到它们的雄姿。宋辽金时代的斗拱也宏伟壮丽，如太原晋祠的圣母殿，云南的曹溪寺大殿，宁波的保国寺大殿，大同华严寺善化寺的大殿、三圣殿，正定隆兴寺的摩尼殿都是宋辽金时代的作品。

在屋顶下层、与斗拱平行的横梁上往往绘有彩画。彩画按等级高低依次是和玺彩画、旋子彩画和苏式彩画。

视野拓展

斗拱千千万

凡是到过故宫的人，都会为辉煌的皇家建筑群感到震撼，但是在抬头仰望屋檐的时候，人们往往不会注意每个建筑上斗拱的不同，因为它们比唐宋建筑的斗拱小很多，长得也很像。其实中国古建筑发展到明清两代，斗拱虽然不再起到主要的结构作用，但是斗拱的样子仍然是千差万别，装饰性变得更为重要。

紫禁城作为明清两代皇宫，建筑上的斗拱从明初到清末，种类繁多，构造复杂。如果按照斗拱在建筑中的位置划分，可以分成两大类，凡是处于建筑外檐部分的，可以称为外檐斗拱；处于内檐部分的，称为内檐斗拱。如果根据具体位置进一步划分的话，以一间为例，分隔每一间的柱子正上方有一攒斗拱，我们称之为柱头科斗拱；柱头科之间的斗拱称为平身科斗拱，如果这个位置的斗拱后尾向上翘起的话，则称之为溜金斗拱；在建筑转角处的则形象地称为角科斗拱。内檐斗拱也可细分为品字科斗拱、隔架科斗拱等。

这些叫法只是大体分类，每一种斗拱按照建筑等级规模的不同，构造形式从三踩、五踩直至十一踩不等，踩数越高，一攒斗拱就越高大。此外，斗拱不是一个整体构件，所谓"斗拱"，是由斗和拱所组成的，再细分下去，斗分别有坐斗、十八斗等，拱分别有瓜拱、万拱、厢拱等，这些不同的单件组合，就像有榫卯关系的积木，而每一块"积木"都与斗拱的基本尺度单位"斗口"有着一定的比例关系，斗口的数值是由建筑等级决定的，等级的不同，直接导致"积木"搭建出来的斗拱大小的不同。所以，即使都是三踩斗拱，斗拱也不一定是同样尺寸，这些差别直接影响到建筑的规模。在同一院落中，不同的斗拱构筑起体量不同的建筑，高高低低、大大小小的建筑围合出丰富的室内外空间和屋顶天际线。

以上提到的名称都是明清叫法，具体到唐宋，样式不一样，名称差别也很大。可以说，斗拱的演变史就是中国古建筑的发展史，千千万万种斗拱构成了壮观的中国建筑文化。

（资料来源：故宫博物院官网。）

3. 屋顶

屋顶是中国古典建筑的三大构成因素之一。按屋顶的坡面情况可将屋顶分为单坡、双坡、四坡、攒尖等多种制式。

（1）单坡，即普通的披水。

（2）双坡，又可分硬山、悬山、封火墙式（民间建筑用得最多）。

（3）四坡，又可分为庑殿、歇山。歇山式屋顶也可以是三角形尖脊或卷棚形弧脊。

（4）攒尖，由于平面的不同，又可分为三边、四边或多边形攒尖（三角、四角或多角）、圆锥形或氍包形攒尖和盔顶（一种四坡凹曲面，其状如头盔的攒尖顶）。

（5）平顶，又可分为平屋顶、盝顶（将屋脊平切了去，造成一个顶部平台）。

（6）弧面，又可分为囤顶、连续拱顶。

（7）球面，即穹隆形屋顶，伊斯兰建筑多用之。

大屋顶是中国古建筑的标志之一，既可防止雨水下流之急剧，又可避免因檐深而影响室内采光。为了美观，屋顶出檐部分往往呈四角之檐，给人一种自然轻快的印象。如北京天安门的城楼建筑，就是典型的重檐飞翘，雕梁画栋，黄瓦红墙，异常壮丽。

古代建筑的屋顶，正脊、斜脊以至重檐的围脊转角处都有向外延伸、向上翘起的尖头形配件，人们习惯称为鸱尾和小蹲兽。

视野拓展

太和殿

太和殿，俗称“金銮殿”，位于紫禁城南北主轴线的显要位置，明永乐十八年（1420年）建成，称奉天殿。嘉靖四十一年（1562年）改称皇极殿。清顺治二年（1645年）改今名。太和殿自建成后屡遭焚毁，又多次重建，今天所见为清代康熙三十四年（1695年）重建后的形制。

太和殿面阔11间，进深5间，建筑面积2377.00平方米，高26.92米，连同台基通高35.05米，为紫禁城内规模最大的殿宇。其上为重檐庑殿顶，屋脊两端安有高3.40米、重约4300千克的大吻。檐角安放10个走兽，数量之多为现存古建筑中所仅见。

太和殿的装饰十分豪华。檐下施以密集的斗拱，室内外梁枋上饰以和玺彩画。门窗上部嵌成菱花格纹，下部浮雕云龙图案，接榫处安有镌刻龙纹的鎏金铜叶。殿内金砖铺地，明间设宝座，宝座两侧排列6根直径1米的沥粉贴金云龙图案的巨柱，所贴金箔采用深浅两种颜色，使图案突出鲜明。宝座前两侧有四对陈设：宝象、甪端、仙鹤和香亭。宝象象征国家的安定和政权的巩固；甪端是传说中的吉祥动物；仙鹤象征长寿；香亭寓意江山稳固。宝座上方天花正中安置形若伞盖向上隆起的藻井。藻井正中雕有蟠卧的巨龙，龙头下探，口衔宝珠。

太和殿前有宽阔的平台，称为丹陛，俗称月台。月台上陈设日晷、嘉量各一，铜龟、铜鹤各一对，铜鼎18座。龟、鹤为长寿的象征。日晷是古代的计时器，嘉量是古代的标准量器，二者都是皇权的象征。殿下为高8.13米的三层汉白玉石雕基座，周围环以栏杆。栏杆下安有排水用的石雕龙头，每逢雨季，可呈现千龙吐水的奇观。

明清两朝24个皇帝都在太和殿举行盛大典礼，如皇帝登基即位、皇帝大婚、册立皇后、命将出征，此外每年万寿节、元旦、冬至三大节，皇帝在此接受文武官员的朝贺，并向王公大臣赐宴。清初，还曾在太和殿举行新进士的殿试，乾隆五十四年（1789 年）始，改在保和殿举行，“传胪”仍在太和殿举行。

太和殿是紫禁城内体量最大、等级最高的建筑物，建筑规制之高，装饰手法之精，堪列中国古代建筑之首。

（资料来源：故宫博物院官网。）

4. 古代建筑的等级

古代建筑的等级主要从屋顶、台基、面阔间数、斗拱、纹饰、柱色等方面来辨别。其中，屋顶的等级差别最为明显。

（1）屋顶等级按高低次序依次是重檐庑殿式、重檐歇山式、重檐攒尖式、单檐庑殿式、单檐歇山式、单檐攒尖式、悬山式、硬山式等。

（2）台基级别是级数多的高于级数少的，白玉台基高于其他材料的，有围栏的高于无围栏的。

（3）面阔间数的等级是间数越多级别越高，一般间数为奇数，“九五间”象征“帝王之尊”。

（4）有斗拱的高于无斗拱的，斗拱多的高于斗拱少的。纹饰是龙纹大于动物纹，动物纹大于其他纹。

（5）柱子色彩按照等级依次是金（黄）色、红色、黑色、其他色。金（黄）色是尊贵色彩，在五行学说中代表中央方位。自唐代始，明黄色被规定为皇室特用的色彩。

三、组群建筑景观讲解

古代组群建筑主要是宫廷建筑和宗教建筑中的道教、佛教建筑。这些建筑是中轴线对称布局，一般游览顺序是按中轴线的建筑物顺序游览，讲解方法通常是按游览顺序讲解。以下以宗教建筑为例。

（一）讲解欣赏建筑艺术

宗教建筑主要是道教的宫观建筑和佛教的寺庙建筑、石窟建筑、佛塔建筑。

1. 道教的宫观建筑

（1）道教宫观的起源。道教以成仙得道、返璞归真为宗旨，认为高山是神仙所居，于是上山采药、炼丹、修身养性，以求羽化成仙。因此，许多旅游风景区（点）都得益于道教的传播而名扬天下，如古代道教有修道成仙之说或传说神仙居住之地的十大洞天、三十六小洞天、七十二福地等胜景都在风光雄奇秀丽的名山之中，至今仍是人们所向往的旅游景点。

（2）道教宫观的布局。宫观是道教敬神祭仙、修身养性的场所。规模较大的称宫、观，规模小的则称道院。宫观的大小没有定制，但有相对固定的建筑格局。除少数地形特殊的情况以外，典型的宫观都仿照宫廷布局，在南北中轴线上摆放主要建筑，在东西两侧安置附属设施，形成前、中、后一进一进依次伸展，每一进整体配合又相对独立的营造格局。其形式也大都是高脊飞檐，正大侧小，红楼绿瓦，绕以松柏。有些宫观依山傍岩，借助山势，逐层而上，层层叠叠，参差有别，形成居高临下的气势。有些宫观建在皇城都市，与深院官衙为伴，与寺庙佛塔相傍，连片成垣，各显气派。有些宫观外观虽不起眼，但却可能受过皇封，得过敕命，或保留有前代祖师传戒修道的圣迹，享受祖庭的声誉，这些是游客游览观赏的重点。宫观建筑的基本布局依次是山门、灵官殿（或龙虎殿）、三清殿（或天尊殿、祖师殿）、纯阳殿（或重阳殿、老君殿）。

2. 佛教寺庙建筑

中国佛教寺庙的布局受宫廷建筑的影响，其特点是中轴对称，以院为单位平面展开。常见的建筑有三门殿、天王殿、钟楼、鼓楼、大雄宝殿、法堂、伽蓝殿、祖师殿、三圣殿、药师殿、观音殿、罗汉堂、戒坛殿、藏经楼、斋堂等。

3. 石窟建筑

石窟是开凿于山石、岩壁间的洞窟，是佛教建筑最古老的形式之一。中国著名的石窟有克孜尔千佛洞、敦煌莫高窟、麦积山石窟、云冈石窟、龙门石窟等。

4. 佛塔建筑

佛塔的风格因中国境内有汉地佛教、藏传佛教和云南上座部佛教之分而呈三大类——汉式塔、藏式塔（又称喇嘛塔）和缅寺塔。

按照其功能分一般有三种：一是真身舍利塔，以埋藏舍利子而得名；二是“法身舍利塔”，法即佛法，也即佛经，表明有佛经卷本藏于塔中；三是墓塔，是为修行高深、功德圆满的历代高僧修建的坟墓。

根据塔的空间建筑形象的不同，可将其分为楼阁式塔、密檐式塔、亭阁式塔、喇嘛塔、金刚宝座塔、花塔、傣族塔等。

5. 经幢建筑

经幢是刻有佛经、佛号或佛咒等内容的石柱或石碑，是一种带有宣传性和纪念性的佛教建筑物。经幢一般可分为幢座、幢身、幢顶三部分，分别雕刻逐级累建而成。幢身多为八面体，上雕陀罗尼经、咒或佛像等。幢座和幢顶一般雕饰花卉、云纹等图案以及菩萨、佛像。

（二）讲解欣赏宗教雕塑艺术

宗教雕塑主要是指庙观寺院和石窟中雕刻、塑造的神像、佛像及各种用金、石、玉、陶等雕刻成的器皿艺术品，是宗教艺术的集中体现。在各类宗教雕塑作品中，道教、佛教的造像是最有艺术表现力、最具吸引力和观赏性的景观。中国著名的佛像，最大的石刻佛像是四川的乐山大佛；最早的石刻佛像是江苏省连云港市孔望山上的摩崖石刻佛像，据专家考证，这批石刻佛像刻造于东汉时期，比敦煌石刻早 200 年；最大的木雕弥勒像是北京雍和宫供奉的檀木大佛，整尊佛像由一根完整的白檀香木雕制而成，是我国最大的一尊独木雕佛像；最高的青铜大佛是位于香港大屿山木鱼峰上的释迦牟尼坐像；最大的铸铜卧佛是北京海淀区卧佛寺的释迦牟尼涅槃像；最大的石刻卧佛是四川潼南区马龙山的石刻卧佛；最大的玉佛是上海静安寺的玉佛像。

（三）讲解欣赏宗教绘画艺术

宗教绘画大致可以分为两大类：壁画和帛画。宗教壁画是指在石窟的石壁或道观寺庙的墙壁上所作的画。一般有下列几种：一是某个宗教供奉对象的神佛本生画；二是神传、佛传故事画；三是因缘故事画；四是经变画；五是宗教感通故事画；六是宗教史迹故事画；七是尊像画。

帛画是画在布和丝织品上的画，起初多为墓中的殉葬品。现在能见到的汉地佛教帛画已不多。常见的藏传佛教的帛画是唐卡。

此外，在讲解宗教建筑时，还应结合宗教文化适当介绍宗教音乐、宗教文学、宗教经文、道观寺庙中供奉的对象和宗教礼仪等。

操作示例

武当山古建筑之旅导游讲解词

（经过一番寒暄后，导游员小李带领旅游团成员开始了武当山古建筑之旅。导游员小李口若悬河、滔滔不绝讲述，游客是眼耳并用，听得津津有味。）

紫霄大殿是武当山现存最有代表性的明代木结构建筑，建在三层崇台之上，各层均围以石雕栏杆，台基前正中及两侧均有踏道通向大殿。紫霄大殿面阔进深均为5间，是一个纯木结构建筑。大殿为重檐九脊歇山顶式，由36根杉木柱支撑，通高18.3米，面阔29.9米，通进深12米，面积358.3平方米。重檐屋顶用数百个斗拱将抬梁卯榫连接，十分坚固。前檐的18根柳筋斗拱是古代大木结构独特做法，不仅符合力学要求，而且使檐部装饰更加壮观。大殿由三层崇台衬托着，比例适度，外观协调。殿壁正面为四扇三角六弯棱花格心扇门，可开可合；上下檐部和内槽使用镏金斗拱，檐下斗拱使用旋子彩画，又有仙人、荷花木雕艺术陪衬，显得更加绚丽多彩。这些彩画描写了许多道教故事和民间神话传说。请看门上这副对联——“金殿重辉看鸟革翚飞气壮山河维社稷，帝容复整仰章龙凤姿光同日月炳乾坤”——既描述了紫霄宫修葺后的辉煌情景，又赞扬了人民用智慧的双手创造了这当代的最高艺术杰作，也反映了人民向往安居乐业的思想。

殿内天花藻井浮雕二龙戏珠图案，形态生动，矫健腾舞；两侧绘八卦图案，象征了道教“道生一、一生二、二生三、三生万物”的基本思想。凡额坊、斗拱、天花等处均绘有龙凤、日月、云雷、海天、鸟兽、花卉彩绘，墙壁上及梁坊间还绘有道教神仙故事和山水壁画58幅，或工笔或写意，色彩绚丽，形象逼真。大殿内地面用大青方砖铺砌，每块0.63米见方，光亮洁净。

殿内正中供奉的是明代泥塑彩绘贴金真武神像。像高4.8米，头戴冕旒，身着帝服，双手捧圭，端坐宝座，是武当山最大一座泥塑像。两旁立金童、玉女、赵天君、关天君、马天君、温天君、水火二将及天官仪仗，是我国明代铜铸镏金或彩绘艺术的珍品大展览。在大殿的西侧横放着一根约十米长的杉木，直径0.3米，传说是建紫霄殿时从远方飞来的，叫飞来杉，相传是明代遗物。因一端轻叩，另一端会有清脆悦耳之声，因此又叫响铃杉。由于叩打的人多了，杉的一端已被叩出了一个小坑。“紫霄听杉”是紫霄宫的一大景观。

下面我们出紫霄大殿，到殿后的高台上来看大殿屋顶。紫霄大殿为重檐歇山顶式，屋顶全部用孔雀蓝琉璃瓦，正脊、垂脊等以黄绿二色为主镂空雕花，装饰题材丰富多彩。上檐翼角为飞龙，下檐翼角为彩凤，脊中立一宝瓶，由紫霄大殿屋顶上的四个小孩——俗称“四大苦孩”——牵着，既增加了宝瓶的稳定性，又使屋面具有了灵动美感。四大苦孩相传是姜子牙的四个儿子。姜子牙封完神后，他的四个儿子也要求要封神，于是姜子牙便封他们为“神上神”，专干扶正紫霄大殿屋顶宝瓶的差事，无论酷暑严寒还是风雨雷电都在坚守岗位。百姓看他们风吹日晒的，就心痛地叫他们“四大苦孩”。

视野拓展

中国古代建筑主要特点

1. 结构方式以木构架为主

中国古代建筑承重结构主要是以木架构为主。木构梁柱系统初步完善是在春秋时期，并在这个时期被广泛应用；在汉代时它变得更加成熟起来。在木构结构中，除了被普遍使用的抬梁式外，还有井干式和穿斗式两种方式；如果维护结构与承重结构分开后，木架构将会完全承受整个建筑物重量；对于不同地区不同气候条件，可以根据需要来确定墙壁薄厚、房屋高低、门窗大小、位置以及在整个建筑过程中应该选取哪些材料；当地震来临时，由于木材的特有性质和构造节点有伸缩余地，即便墙面发生倒塌，整体屋子也不容易倒塌，这样能够有效地降低地震带来的损失。另外，古代我国木材资源较为丰富，取材比较方便，可以就近选择材料并进行制作。

2. 单体造型独特

中国古代单体建筑结构，主要分为屋基、屋身和屋顶三个部分。它的平面形式有很多，如长方形、六角形以及正方形等；平面形式选择与建筑物立体形象密切相关，如果采用了木构架结构，便能够灵活处理屋身问题；屋身各方面也可以根据用材和部位不同对其进行处理和修饰，如建筑门窗等，因为有了这些独特造型修饰，使得屋身形象更加丰富。

3. 中轴对称、方正严整的群体组合与布局

由于受儒学中正思想和中国古代黄河中游地理位置影响，一般情况下要求建筑必须朝南北向，但也存在少部分特殊情况。另外，对于建筑群布置也有一定要求，往往会规划一条纵轴线，而中心建筑都会分布安置在这条纵轴线上；然后按重要性依次向两边布置，最终形成一个对称的、长方形的院子。这样布置方法，不仅反映了中国古代社会中的礼教和

宗教制度，还能满足大家日常生活需要，如安全、向阳以及防寒等；如果一组庭院不够使用，那么可以在主要建筑后面继续延伸，扩建庭院。

4. 装修、装饰变化多样

我国古代十分重视建筑装修与装饰，使用到的构件都会进行相关美化，在选取构件色彩、形象等方面就能明显体现出来。对门、窗等这些进行外檐装饰，不仅是为了美观，还是为了将室内和室外空间进行区隔，所以它有很强的装饰性。通常会在门窗上添加一些花纹或色彩，进而用到很多有特色的艺术构件，如隔扇门、书橱、落地罩以及糊纱等；在这些物品上，还可以加上文字、字画等修饰物，提升室内整体风格、气质。在古代建筑中，占据最主要装饰地位的还是彩绘，彩绘可以使建筑更具特色。

5. 园林有意境

古代中国园林重在意境，当主要建筑物完成后，就是对整个庭院进行装饰；想要表达一种艺术境界，在园林中可依靠山水、花木等来体现。造景者把自然美升华成了艺术美，整个设计都代表着一种思想、一种情感，所以能够使观景人情感得到升华，在接触中产生不同以往的情感，这正是思想境界提高的外在体现。

〔资料来源：边睿婷．浅析中国古代建筑主要特点及其美学性格表现［J］．中国建筑装饰装修，2019（10）：108.〕

角色练习

【练习名称】

讲解一个自己游览过的或者是熟悉的古代建筑景观。

【练习要求】

（1）学生分组，各组独立完成讲解任务。

（2）讲解流畅，表述生动、准确。

【角色设置】

（1）教师担任旅行社计调人员，向各小组下发接团任务通知（单）。

（2）分组进行讲解，每组学生轮流，1 名学生当导游员，其他学生模拟游客。

【练习材料】

按通知（单）内容课前收集、整理拟讲解的古代建筑景观的相关资料。

【练习步骤】

（1）认真分析接团通知（单）的游览线路，详细了解拟讲景观的相关知识等。

（2）分组模拟讲解练习。

（3）学生分小组点评模拟讲解情况，教师统一评价讲解情况。

任务评价内容、要求等见表 6-4。

表 6–4 任务评价表

序号	任务内容	任务要求	等级	待改进技能	备注
1	收集整理拟讲解景观的相关资料	对拟讲的景观讲解表述准确、生动，富有趣味性			
2	运用相应的讲解方法流畅讲解	恰当运用相应的讲解方法，讲解内容点面兼顾、重点突出			

任务五 博物馆景观讲解服务

情境导入

某中职学校旅游服务与管理专业三年级学生小张在临近毕业时恰逢18周岁生日，同学们要求小张请客以示纪念。正值毕业之际，又逢成人之日，何不开展一项有意义的活动，既庆祝了生日又留下美好记忆呢？她结合所学专业知识，决定模拟一次导游活动，带领同学们游三里堆博物馆。她把这一想法告诉了老师和同学们，得到了他们的一致支持。于是小张开始了三里堆博物馆景观讲解的准备工作。

如何理解博物馆的内涵？博物馆景观的讲解方法有哪些呢？

任务描述

本任务要求学生了解博物馆景观的一般知识，熟练掌握博物馆景观讲解的常用方法。通过分组练习、角色轮换等方法，能够模拟讲解博物馆景观。

相关知识

一、博物馆景观的内涵

博物馆是征集、典藏、陈列和研究代表自然和人类文化遗产的实物的场所，并对有科学性、历史性或者艺术价值的物品进行分类，为公众提供知识、教育和欣赏的文化教育的机构、建筑物、地点或者社会公共机构。

博物馆景观是博物馆内典藏、陈列的代表自然和人类文化遗产的实物。

二、博物馆景观常用的讲解方法

博物馆景观讲解是以陈列为基础，运用科学的语言和其他辅助表达方式，将知识传递给观众的一种社会活动。每个博物馆的性质、内容、形式、规模都不尽相同，观众的职业、年龄、文化程度、参观目的、参观重点及对陈列内容的接受能力也各不相同。因此，对不同类型的博物馆应有不同的讲解方法；对不同类型的观众，要做不同的讲解，即使是同一种类型的观众，随着时间的推移，也不能总用一种方法一成不变地讲解。讲解内容上的深浅程度，侧重面、详略和取材角度，表达方式，语音语调，感情运用，都应该“因馆而异”，因人施讲。

（一）引导叙述式

导游讲解人员在引导观众参观的过程中按陈列顺序进行解释和说明，既可以前后贯通讲完整个陈列内容，也可以根据观众的要求，讲解陈列的某一部分。这种讲解方法气氛较为宽松，适宜于零散的观众，是各博物馆普遍采用的讲解方法。

（二）课堂教学式

这主要是接待利用博物馆作为第二课堂的学生。他们有组织、有计划地到博物馆参观学习，导游讲解人员应参照学校的授课进度进行讲解，讲解中穿插必要的提问。这种讲解方法教学气氛较浓。

（三）总介绍式

在观众参观前，先集中地、概括地介绍展览的主题思想和主要内容，使观众明了将要参观的是什么并对参观产生兴趣。这种方法适用于接待较大规模的团队。

（四）讨论式

适用于接待有目的地到博物馆参观且人数较少的专业工作者，导游讲解人员与观众边看边讲，不时进行交谈，气氛活跃，双方都有收获。

（五）边讲边操作式

在讲解过程中，向观众提供一些模型、复制品或模拟品，让观众“触摸”、操作一番，产生身临其境之感，加深对所讲、所看内容的理解，这种讲解方法在一些发达国家的博物馆采用较多。

以上几种讲解方法在实际讲解中并非独立存在，而是根据情况灵活穿插使用。或者互动讲解，导游和参观者双方相互探讨，形成良好互动的讲解方式。或者启发式讲解，导游在讲解过程中，引导参观者自动提问，自主思考，获得新知。或者是导游在讲解过程中多方诱导参观者发挥想象力，使参观者在自我想象中加深对展览的印象，获得知识的重构等。导游只有将这些方法贯穿到讲解中去，才能将自身积累的知识转化为参观者的知识，使双方形成情感的融合，获得身心的愉悦，共同收获知识、智力等方面的成果。

操作示例

三星堆博物馆导游讲解词

各位游客，大家好！

今天我带领大家参观位于四川广汉南兴镇的三星堆博物馆。我们的游览路线是序厅、一至六展厅。参观时请大家注意安全，带好随身物品。我们的集合时间是中午12点，地点是景区正门口。

三星堆博物馆于1992年8月奠基，1997年10月正式开放，主馆面积是7000多平方米。它是四川地区目前所知范围最大、延续时间最长、文化内涵最丰富的古城、古国、古蜀文化遗址，被誉为“世界第九大奇观”，就连当代学者余秋雨先生也说：中国的历史过于清晰，缺乏神秘感，所幸我们还有三星堆。

好了，现在我就给大家讲讲咱们眼前的这棵通天神树。想必大家都知道，北欧神话中的宇宙树，古埃及的天树，西印度的宇宙树，它们都体现了古人在精神方面的追求、信仰和崇拜，但都限于图腾崇拜，唯有咱们古蜀人把它造成这棵青铜实物——通天神树。它高3.95米，重达500多千克，是全世界体积最大的青铜制品。它由底座、树、龙三部分组成。底座呈穹隆形，象征着一座神山。古人认为山是离天最近的地方，在神山上矗立一棵能到达天堂的神树，表明神树具有通天的功能。

树分三层，每层三枝，共九枝，每个枝头都有一只鸟，由于树的顶部残缺，现已无法考证是否还有第十只鸟儿。鸟在上古时候是太阳的象征，相信大家都知道“金乌西坠，玉兔东升”这个成语吧！直至今日我们仍然以“金乌”来称呼太阳。所以神树上的鸟代表的是太阳。

请大家仔细看，这里还有一条龙附在树干上。它头朝下，尾朝上，马面形龙头虽接近底座，但仰首向上。龙自古被认为是能上天入地的神物，古籍记载中乘龙而行的神仙就是通过神树上天入地的，这再一次印证了神树具有通天地的魔力。这不禁让我们想起了古代神话宝库中，关于三棵神树的优美动听的传说：东海尽头的汤谷上长着一棵“扶桑”树，树上有十个太阳，“九日居下，一日居上”，每天太阳从东方的“扶桑”树上升起，落到西方的“若木”树上，十个太阳轮流将光明洒向大地。又据说在“都广之野”这个地方，有棵“建木”树，它恰好处在天地的正中央，一些神人通过这棵树上天入地，于是此树便成了“登天之梯”。而“都广”被证实就是今天的广汉。

三星堆青铜神树反映了古蜀人对太阳和太阳神的崇拜，生动地表达出古代蜀人认为神能通天的思想。通天神树和太阳神话的巧妙结合，也见证了古蜀先民神奇的想象力和高超的青铜工艺与造型艺术。

一棵树，仅仅是一个底座、九只鸟、一条龙就如此神秘，这让我们不得不佩服古蜀人的聪明和智慧。然而三星堆给我们留下了太多太多的谜。好了，就让我们进入下一个展厅去看一看大型纵目面具又是怎样的吧。

（资料来源：百度文库，有删减。）

视野拓展

2020 年度我国综合类博物馆排名（前十）

排名	名称	研究（分）	管理（分）	展览（分）	综合（分）
1	故宫博物院	96.65	96.23	96.15	96.34
2	中国国家博物馆	96.32	95.26	95.17	95.58
3	南京博物院	95.68	95.12	95.05	95.28
4	陕西历史博物馆	95.87	95.86	94.05	95.26
5	上海博物馆	95.35	94.98	95.23	95.19
6	首都博物馆	95.22	94.37	93.98	94.52
7	辽宁省博物馆	95.58	94.13	93.79	94.50
8	湖南省博物馆	95.15	94.26	93.89	94.43
9	湖北省博物馆	94.59	93.89	93.88	94.12
10	浙江省博物馆	94.29	93.55	93.05	93.60

〔资料来源：任江湖 . 2020 博物馆分类排行［J］. 互联网周刊，2021（04）.〕

角色练习

【练习名称】

讲解一个自己参观过的或者是熟悉的博物馆景观。

【练习要求】

（1）学生分组，各组独立完成讲解任务。

（2）讲解流畅，表述生动有趣，富有启发性。

【角色设置】

（1）教师担任旅行社计调人员，向各小组下发接团任务通知（单）。

（2）分组进行讲解，每组学生轮流，1 名当导游员，其他学生当游客。

【练习材料】

按通知（单）内容课前收集、准备某个博物馆景观的相关资料。

【练习步骤】

（1）认真分析接团通知（单）的游览内容，详细了解讲解对象的相关知识等。

（2）分组模拟讲解练习。

（3）学生分小组点评模拟讲解情况，教师统一评价讲解情况。

任务评价内容、要求等见表 6-5。

表 6-5 任务评价表

序号	任务内容	任务要求	等级	待改进技能	备注
1	分析整理拟讲解的博物馆景观相关知识	对拟讲的博物馆景观表述准确，讲解生动有趣，富有知识性			
2	熟练运用多种讲解方法讲解拟讲的博物馆景观	运用恰当的讲解方法，讲解点面结合、重点突出			

任务六 宗教文化景观讲解服务

宗教文化景观讲解

情境导入

十堰市某旅行社导游员小龚上周刚接待了一个来自四川的游览白马寺的旅游团。由于小龚在带团讲解中条理清晰、表述准确、重点突出、服务周到，四川某组团社本周又组织了一个旅游团来武当山，并点名要小龚做地陪。对此小龚既感到荣幸，又感受到压力。

接待参观宗教文化景观的旅游团，小龚应该讲哪些宗教文化景观知识呢？这次小龚又将怎样讲解武当山的宗教文化景观呢？

任务描述

本任务要求学生了解宗教文化景观的基本常识，掌握宗教文化景观的讲解方法，通过分组教学、角色轮换等方法，能够讲解、介绍一处宗教文化景观。

相关知识

一、宗教文化景观的内涵

宗教文化景观是指以宗教建筑为主体的景观环境，它包括宗教建筑景观、宗教活动景观和宗教艺术景观。

（一）宗教建筑景观

1. 佛教文化建筑景观

佛教建筑景观包括佛教寺院建筑和佛塔。佛教寺院建筑是佛教徒供奉佛像、僧众居住、修行和举行各种法事活动的地方，也是信徒进香朝拜、参加宗教活动的中心。

佛教在汉族、藏族、蒙古族地区和傣族地区传播过程中，逐渐形成了汉地佛教、藏传佛教（俗称喇嘛教）和云南上座部佛教三大系统。各地佛教寺院的建筑也分别吸收了本地、本民族的建筑风格，形成了各具特色的建筑形式。

（1）汉地佛教寺院的建置。明清时期以来，佛寺建筑格局已成定式，一般在中轴线上由南向北依次分布着山门殿、天王殿、大雄宝殿、法堂、藏经楼、毗卢阁、观音殿，其中，大雄宝殿是佛寺的主体建筑。东西两侧的配殿为钟楼与鼓楼、伽蓝殿与祖师堂、观音殿与药师殿对应布置。比较大的寺院一般还建有五百罗汉堂和佛塔等建筑。

（2）藏传佛教寺院的建置。藏传佛寺规模宏大，建筑宏伟，文物荟萃，金碧辉煌。藏传佛教寺院一般由札仓、拉康（佛寺）、囊欠（活佛公署）、印经院、藏经楼、灵塔殿、僧舍等组成。

（3）云南上座部佛教寺院的建置。云南上座部佛教寺庙主要由佛殿、藏经室、僧舍及佛塔四部分组成。

（4）殿堂中的佛像设置。天王殿正中供奉着弥勒佛像，东西两侧分塑四大天王像。大雄宝殿正中供奉佛教至高无上的本尊释迦牟尼佛像，有供一尊、三尊、五尊三种形式；大雄宝殿两侧多供奉十八罗汉。观音殿又称大悲殿，主要供奉佛教中救苦救难的观音菩萨像。

2. 道教文化建筑景观

道教活动场所一般称为道宫、道观。道教宫观一般由神殿、膳堂、宿舍、园林四部分组成。我国现存道教宫观建筑大多为明清时期所建，前有山门、华表、幡轩；山门以后正中部分是中庭，中庭是宫观建筑群的主体，分布在宫观的中轴线上，主要有三清殿、玉皇殿、灵官殿三大殿堂；三大正殿两侧有配殿，祀奉一般道教诸神。武当山古建筑群是我国最大的道教文化建筑群落，被列入世界文化遗产名录。

（二）宗教活动景观

佛寺中主要宗教活动有僧尼的日常行事、忏法和法会以及佛教节日活动等。寺院内重要的佛事活动有水陆法会、焰口施食、斋醮和放生等。

道教节日主要是纪念道家神仙的诞辰，如农历正月初九为玉皇大帝圣诞，农历正月十五为上元节，农历二月十五为太上老君圣诞，农历三月初三为王母娘娘圣诞，等等。每逢节日，各宫观内都要举行隆重斋醮，盛大的节日则要举行庙会活动。

（三）宗教艺术景观

宗教艺术景观主要包括宗教雕塑艺术、宗教壁画艺术、佛教石窟艺术、宗教摩崖造像艺术等。

佛教塑像名目繁多，分别有四大天王、弥勒菩萨、韦驮菩萨、释迦牟尼佛、三身佛、三世佛、观音菩萨、罗汉等塑像。佛教壁画按其内容可分为尊像画、佛教史迹画、佛教故事画、经变画、反映传统故事的画及其他内容的画共六类。佛教石窟寺大约始于公元3世纪，公元5至8世纪是中国石窟寺发展的最鼎盛时期。敦煌莫高窟、云冈石窟、龙门石窟和麦积山石窟为中国佛教四大石窟。

佛教摩崖造像在我国南方地区较多，如重庆大足石刻、四川乐山大佛、浙江飞来峰造像和栖霞千佛岩等。而道教现存的摩崖造像却不多，其中著名的有福建泉州清源山的老君岩。

道教宫观中的塑像，主要有玉皇大帝、王母娘娘、道教三尊、三官、老子李耳、八仙、四大神将、张道陵、王重阳、丘处机等。

二、宗教文化景观的讲解方法

（一）宗教文化景观讲解容易出现的问题

首先，在带团过程中导游没有对宗教基础知识做铺垫介绍，而是直接讲解文化景观。对宗教知识不了解的游客听完这样的讲解仍一头雾水，从而失去了游览兴趣。

其次，众口一词，对同一宗教分布在不同地域的景观讲解雷同。游客来自五湖四海，如果游客听到的讲解词大同小异，没有新意，也就失去了旅游的意义。

再次，讲解过程中，抓不住重点，或对一些宗教知识的理解存在偏差，讲解中存在错误。

最后，有意歪曲、删改一些宗教知识，或断章取义，掺杂封建迷信思想蒙蔽游客。例如，劝游客花钱烧高香，与一些不法分子串通以算命、测字等手段骗取游客钱财等。

（二）宗教文化景观的讲解方法

1. 精彩引入，激发游客游览兴趣

在前往宗教文化景观的路上，特别是在旅游车到达景点前的20~30分钟内，要有一段精彩的引入讲解词作为铺垫，以激发游客的游览兴趣。讲解的内容根据具体的宗教文化景观的特点来确定。例如，讲解峨眉山的万年寺，可以在游览以前先以讲故事的形式，告诉游客万年寺是怎样由普通寺庙升格为皇家寺庙并获明神宗朱翊钧亲自题额“圣寿万年寺”的，以突出即将参观的万寿寺与一般寺庙的区别，引起游客的游览兴趣。

2. 介绍宗教基础知识的铺垫必不可少

绝大部分游客对宗教基本知识知之不全，所以在到达宗教文化景观前，要向游客普及相应宗教基本常识，这样可以减少导游在具体景观内的讲解量，节约游览时间，也可以让游客更好地理解导游在景观内的讲解内容，更好地了解景点。这一部分讲解内容可以放在引入讲解词的前面，作为途中导游词的一部分，在内容不多的情况下也可以与引入讲解词融合在一起。向游客介绍相应宗教基本知识的内容可繁可简，依据游客的已有知识和兴趣爱好而定。其内容主要包括某一宗教的创立，基本教义，主要支系、宗派，宗教礼仪及信徒称谓等。同时要向游客强调参观宗教文化景观时的注意事项等。

3. 熟悉寺院的建筑布局，选择正确的游览路线

我国的四大宗教中，佛教、道教建筑特别讲究建筑布局。主要殿堂一般都是建于寺院的南北中轴线上，附属设施安置在东西两侧，从而组成完整的建筑体系。对于普通的参观旅游团队，其游览路线一般为沿寺院的中轴线自南向北依次参观山门殿、天王殿、大雄宝殿、法堂、藏经楼。然后有选择性地参观历史文化价值较高的配殿如观音殿、药师殿、罗汉堂等。

有时特别是旅游旺季，为了避免游客过于集中而发生安全事故，导游可以带领游客从寺院的侧门进入以避开人流。因为这样可以节省游览时间，提高效率，保证游客的安全，达到更好的参观游览效果。

4. 熟练掌握相关的景观及宗教文化知识，用精练、准确、生动的语言讲解

到达具体的宗教文化景观后的讲解内容应包含：景观的历史沿革，建筑特色，寺院中轴线上主要建筑及配殿中所供奉的神、佛的来历及其宗教含义等。导游的讲解内容要视游客的知识水平而定，不能过于烦琐深奥，而应力求精练准确生动，易于游客理解接受。例如，讲解乐山凌云寺大雄宝殿中的三身佛——报身佛、法身佛、应身佛的宗教含义可概括为：佛有三身。身，不仅指容颜体貌，又有“积聚”的内涵，也就是指由觉悟和积聚功德而成就的佛体。报身是智慧积聚，积聚所有智慧于一身，智慧终究圆满，妄想迷惑彻底断除，就是圆满报身；法身是说以佛法成身，体现了佛法本身，也就是把佛所说的真理、佛法加以人格化而成的真理佛；应身佛中的应身是表示随缘教化，随类化现，超度世间芸芸众生而显的佛身，特指释迦牟尼的生身。这样深入浅出介绍，更易于游客了解佛教文化知识，提高游览兴趣。

5. 突出重点，着重讲解历史价值和文化价值较高的殿堂、雕塑及珍贵文物

每一座有影响的宗教文化景观，往往都有着悠久的历史、独具特色的建筑和珍贵的文物。导游在带团讲解过程中应重点介绍这些殿堂、雕塑及珍贵文物。例如，游峨眉山万年寺，重点应讲解寺中修建于明代万历年间的无梁殿，以及殿内铸造于北宋太平兴国五年（公元 980 年）的重达 62 吨的普贤菩萨骑象铜像。这样会让游客对此留下深刻的印象。

6. 正确地引导游客进香礼佛

游览宗教文化景观的游客中总有一些人信佛信道，在游览时他们想要进香礼佛，有时却不知该如何做，导游应给予正确的引导。例如，游览佛殿时，应告知游客应注意的礼仪和礼佛程序。比如，上香以一炷为宜，如燃三炷，则第一支插中间，第二支插左边，第三支插右边。点燃香后，不能用口吹熄，应以手扇之，持香应齐眉，用左手插香，香须插正。在佛殿礼佛时，佛教徒都有一定的礼拜方法和程序，佛教将其称为“头面接足礼”，礼佛都是至少三拜，多则以三的倍数逐渐增加，如六拜、九拜、十二拜等。游客亲身参与，会极大地增加旅游的乐趣并从中学到更多的宗教文化知识。

操作示例

白马寺导游讲解词

白马寺初创于东汉永平十一年（公元 68 年），是佛教传入中国后，由官府正式创建的第一座寺院，是南亚次大陆的佛教在辽阔的中华大地赖以繁荣发展的第一座菩提道场，故历来被佛教界称为“释源”和“祖庭”。“释源”即佛教之发源地，“祖庭”即祖师之庭院。它对佛教在中国的传播和发展，对促进中外思想文化交流和发展各国人民的友谊，起了重要作用。1961 年，国务院公布白马寺为第一批全国重点文物保护单位之一。1983 年，国务院又公布白马寺为全国汉传佛教重点寺院。2001 年 6 月 2 日，白马寺又被国家旅游局定为国家 4A 级旅游景点。

白马寺于东汉创建，董卓火烧洛阳时第一次被毁，其后屡经兴衰毁建，到武则天时，由住持薛怀义大兴土木，达到了鼎盛时期。随后又毁建不断，1972 年为迎接柬埔寨西哈努克亲王，经周总理批示对其进行了大规模重修。

现存白马寺坐北朝南，为一长方形的院落，总面积 6 万平方米左右。门前有宽阔的广场。寺内的主要建筑都分布在由南向北的中轴线上。前后有五座大殿，依次为天王殿、大雄殿、千佛殿、接引殿、毗卢阁，东西两侧分别有钟楼、鼓楼，斋堂、客堂，禅堂、祖堂，藏经阁、法宝阁等附属建筑，左右对称，布局规整。山门前的这两匹石马，通高 1.8 米，身长 2.2 米，形象温驯，雕工圆润。大家可能会问，这两匹马是否和白马寺的创建历史有关呢?

关于白马寺的创建，最流行的一种说法即“白马驮经”说。有关佛籍记载，东汉永平七年（公元 64 年）的一天晚上，汉明帝刘庄（刘秀之子）夜宿南宫，梦见一个身高丈六、头顶放光的金人自西方而来，在殿庭飞绕。第二天早上，汉明帝召集大臣，把这个梦告诉大臣们，博士傅毅启奏道：臣听说，西方有神，人们称其为佛，就像您梦到的那样。汉明帝听罢，信以为真，于是就派大臣蔡音、秦景等十余人出使西域拜求佛经、佛法。蔡音等人于公元 65 年告别帝都，踏上了“西天取经”的万里征途。在大月氏国（今阿富汗境至中亚一带），遇到印度高僧摄摩腾、竺法兰，见到了佛经和释迦牟尼佛白毡像，诚恳邀请二位高僧东赴中国弘法布教。永平十年（公元 67 年），二位印度高僧应邀和东汉使者一道，用白马驮载佛经、佛像返国都洛阳。汉明帝见到佛经、佛像，十分高兴，对二位高僧极为礼重，亲自予以接待，并安排他们在当时负责外交事务的官署鸿胪寺暂住。公元 68 年，汉明帝敕令在洛阳西雍门外三里御道北兴建僧院。为纪念白马驮经之事，因此取名“白马寺”。“寺”字即源于鸿胪寺之“寺”字。再后来“寺”便成了中国寺院的一种泛称。

（资料来源：https：//www.douban.com/note/183384485/.）

视野拓展

雍和宫简介

五朝古都北京，到处都散落着旧都遗迹，在北二环东北角内侧，就并列着三组规模庞大的古建筑群。西面那组，覆盖着标志中国封建社会最高等级的黄色琉璃瓦，基高殿大，规制整齐，那是元、明、清三朝中央最高学府国子监和祭祀孔夫子的场所孔庙。东面那组，灰瓦红墙，格局严谨，则为元、明、清三朝京师“八大寺院”之一的柏林寺。在两者之间，坐落着另一组与之风格迥异、巍峨壮观的古建筑群，在一片土灰基色之中，格外凸显其辉煌庄严的皇家气势，这里就是清代朝廷首寺——雍和宫。

历史上，雍和宫经历过三个阶段：最早为清世宗胤禛作贝勒和亲王时期的府邸、清高宗弘历降生和成长之地，是雍正、乾隆两代帝王的“在潜之居”。中段升格清帝行宫。最终改为皇家寺院。王府始建于康熙三十三年（1694年），“府晋为宫”是在雍正三年（1725年），“改宫为寺”正值大清定都北京百年的乾隆九年（1744年）。

雍和宫建筑布局完整，规制合乎梵宇伽蓝。寺院前端矗立牌坊，昭泰门前铺设辇道，显尽皇家敕建气势。前部的七座建筑：昭泰门、钟楼、鼓楼、雍和门、雍和宫、讲经殿、密宗殿，呈现中国佛教寺院“七堂伽蓝”式标准布局。后部各殿逐级升高，象征佛陀世界的庄严吉祥。而大经堂法轮殿顶的“一大四小”五座藏式天窗，深含佛教“须弥山”被四大部洲簇拥环绕的寓意。讲经殿、密宗殿、时轮殿和药师殿“四大扎仓”的设立，标志着雍和宫是座藏传佛教的完整学府。最高建筑万佛阁及楼内耸立着的巨大“迈达拉佛”，寓意着“当来下生佛”与“兜率天宫”的圣境景象。寺院中路最重要的御制碑文《喇嘛说》，则将政府参与宗教事务管理的基本国策昭示天下，也奠定了雍和宫京都“首位皇家御用寺院”以及清政府“管理藏传佛教事务中心”的地位。

中华人民共和国成立后，雍和宫焕发了新的生机和活力。1950—1952年间，国家两次拨巨款对雍和宫进行全面修缮。1952—1954年间，毛泽东、刘少奇、周恩来、朱德等党和国家领导人亲临雍和宫视察，对僧人生活、寺院管理给予极大关怀。1961年3月，雍和宫被国务院列入第一批全国重点文物保护单位；1981年2月作为宗教活动场所对社会开放；1983年被国务院确定为汉族地区佛教全国重点寺院；1995年雍和宫藏传佛教艺术博物馆挂牌成立。如今的雍和宫，融宗教活动场所、博物馆和旅游景点于一体，每天吸引着大量来自世界各地的游客信众。

对社会开放30多年来，雍和宫认真贯彻落实党和国家的民族与宗教政策，努力加强场所建设，在僧团管理、制度建设、寺风寺貌、文物保护、服务社会等方面做了积极探索和努力，谱写了传播佛教文化、展示中国宗教形象的崭新篇章，为民族团结、宗教和睦、社会和谐做出了应有贡献。

（资料来源：雍和宫官网。）

角色练习

【练习名称】

讲解一个自己游览过的或者是熟悉的宗教文化景观。

【练习要求】

（1）学生分组，各组独立完成讲解任务。

（2）讲解流畅，表述生动准确，富有趣味性。

【角色设置】

（1）教师担任旅行社计调人员，向各小组下发接团任务通知（单）。

（2）分组进行讲解，每组学生轮流，1名当导游员，其他学生当游客。

【练习材料】

按通知（单）内容课前收集、整理拟讲解的宗教文化景观的相关资料。

【练习步骤】

（1）认真分析接团通知（单）的内容，认真分析整理拟讲解宗教文化景观的相关知识。

（2）分组模拟讲解练习。

（3）学生分小组评价模拟讲解情况，教师统一评价讲解情况。

任务评价内容、要求等见表 6-6。

表 6-6　任务评价表

序号	任务内容	任务要求	等级	待改进技能	备注
1	掌握拟讲解的宗教文化景观的相关知识	表述准确，讲解生动，富有知识性和趣味性			
2	生动、准确、流畅、有趣地讲解相应的宗教文化景观	恰当运用相应的讲解方法，讲解点面结合而又突出重点			

任务七　节庆民俗景观讲解服务

情境导入

一天，宜昌秭归旅行社导游员小李接到了旅行社电话，让他第二天接一个观看端午节龙舟竞赛的散客团。接到任务后，小李开始了接团讲解的准备工作。

端午龙舟比赛属于节庆民俗景观。节庆民俗有哪些内涵？用什么样的方法讲解比较合适？导游员小李该如何讲解龙舟竞赛呢？

任务描述

本任务要求学生了解节庆民俗景观的一般知识，熟练掌握节庆民俗景观常用的讲解方法。通过分组教学、角色轮换等方法，模拟讲解节庆民俗景观。

相关知识

一、节庆民俗景观概述

（一）什么是节庆民俗

节庆活动是在不同国家、不同民族、不同区域长期的生产、生活实践中产生的一种特定的社会现象，是在特定时期举办的、具有鲜明地方特色和群众基础的大型文化活动。它是该国家、民族或区域历史、经济及文化现象的综合体现。民俗是民间民众的生活风俗的统称，也泛指一个国家、民族、区域中聚居的民众所创造、共享、传承的风俗生活习惯。它是在普通人民群众的生产生活过程中形成的一系列物质的、精神的文化现象，具有普遍性、传承性和变异性。

节庆一般要通过民俗活动来体现，民俗一般又通过节庆活动来展现它的存在价值，展现它的传承。正因为如此，大多数节庆活动都有着丰富的历史、经济和文化内涵。节庆民俗景观往往是在节庆活动期间才会进行立体的、生动的展现，否则只是一个静态的展示。例如，端午节比赛的龙舟，只有在端午节比赛活动中才能让人直观地感受到它的活力、风采与象征意义，在不比赛的时日它仅是一个物象。有的节庆民俗景观只有在节庆期间借助民俗活动才会有丰满的形象，在平时往往就是一个传说、一个故事。

（二）节庆民俗的种类

我国地域辽阔，民族众多，节庆种类很多。按性质可分为单一性和综合性节庆民俗；按内容可分为祭祀节庆民俗、纪念节庆民俗、庆贺节庆民俗、社交游乐节庆民俗等；按时代可分为传统节庆民俗和现代节庆民俗。

二、节庆民俗景观的讲解方法

（1）介绍节庆民俗的来历、产生背景。

（2）讲解节庆民俗活动的内容、表现形式、活动规则。

（3）重点讲解节庆民俗景观的亮点、欣赏点、寓意等。

（4）一般来说，对节庆民俗景观的讲解应在去观看节庆民俗景观的路上完成，在观看结束返回的路上再予以回顾与补充。

操作示例

端午节龙舟赛讲解词

各位朋友，大家好！我是本团的导游小李，叫我李导好了。大家来自四面八方，为了一个共同的目标来到秭归，观看我们的端午节龙舟比赛。俗话说，十里不同风，百里不同俗。都过端午节，但习俗有所不同。在我们秭归过端午节，最突出的特点就是要举行龙舟比赛。

提起端午节龙舟赛，作为秭归人的我感到很骄傲。秭归属宜昌市管辖。宜昌是龙舟赛的发祥地之一，被国家体育总局社会体育指导中心、中国龙舟协会授予“中国龙舟名城”称号，秭归县被授予“中国龙舟之乡”称号。

说起龙舟比赛，这里面有着很深的历史渊源。赛龙舟作为端午节的一个传统活动项目，又叫龙舟竞渡，是我国一项历史悠久的水上竞技活动，在南方十分流行，早在原始社会末期就成为古越族人祭水神或龙神的一种祭祀活动。《东周列国志》记载，春秋战国时期，楚国伟大诗人屈原五月初五投汨罗江而亡，许多人划船追赶拯救，丢粽子喂鱼以保护屈原的身体，之后每年五月初五划龙舟成为一种纪念习俗，表达人们对伟大爱国诗人屈原的无限缅怀。南朝人宗懔《荆楚岁时记》记载："五月五竞渡，俗谓屈原投汨罗日，伤其死，故命舟楫以拯之，至今为俗。"如今的龙舟赛，除了弘扬屈原的爱国主义精神，还引进了竞赛管理模式，加入了团结拼搏、积极向上的文化内涵，更富有时代意义。

端午节分大端午和小端午，当年宜昌大小端午节都要举行划龙舟比赛。小端午节是农历五月初五，初三、初四和初五三天，划无龙头和龙尾的龙舟，等到五月十二，把龙头和龙尾装上后，十三、十四是预赛，十五大端午正式竞赛。开赛当日，船上的号子声、锣鼓声、铳声震耳欲聋；两岸人山人海，呐喊的，放鞭炮的，声势浩大。

好了，观看龙舟比赛的地点到了，大家注意安全。说到这里，我要补充一点。为了传承龙舟打造工艺和传颂屈原故里的龙舟文化，宜昌市龙舟非物质文化遗产传承人郑祥龙研制出了微型龙舟，定名"屈原龙船"，很受欢迎。

（在看完比赛返回的路上，导游小李组织了互动活动。让游客各自介绍了家乡的端午节习俗，并回答了游客的一些问题，还唱了一段《招魂曲》。）

视野拓展

节庆民俗活动的作用

节庆民俗活动一般有以下三个方面的作用：

一、吸引旅游者，促进旅游业的发展

举办一些节庆民俗活动，可以吸引不同年龄段的游客观摩甚至参与其中。特别是对自然景观和人文景观都贫乏的地区来说，通过举办节庆民俗活动，将之作为动态的旅游资源，代替传统的自然和人文景观，从而吸引旅游者，带动区域经济、社会的发展。如河南温县是我国太极拳的发源地，从1993年起，这里每年举行国际太极拳年会，就吸引了众多的国内外游客。

二、提高设施的利用率，产生较大的经济效益

举办现代节庆、比赛节会等节庆民俗活动往往都要建一些场馆、设施等。节会活动结束后，为最大限度提高接待设施的利用率，在旅游淡季有组织、有计划地举行一些文化体育比赛项目，可以吸引海内外游客前来参与体育比赛活动，带来良好的商机，产生良好的经济效益。例如，2016年在巴西举办了第31届夏季奥运会，巴西旅游部公布的报告称当年到巴西旅游的人数达到660万人次，创历史最高纪录。外国游客还为巴西带来了62亿美元的收入。

三、发挥教化作用

我国的传统节庆民俗活动都有着丰厚文化内涵，保留着中华民族独特的文化记忆，其中也有许多道德习俗通过节日保留下来，至今对人们发挥着教化作用。

我国传统社会是农业社会，农村人口占整体人口的绝大多数，由于各方面条件的限制，在传统农业社会除了少数人可以获取官方的各种文化信息外，大多数人都不可能接受

学校的道德教育，而是通过习俗来达到与社会的同步化。特别值得注意的是，传统节日在传播道德风尚方面可以产生极大的影响，从而帮助无法接受正常学校教育活动的人们形成世代相传的良好道德习惯，使得社会保持正常秩序与和谐状态。

角色练习

【练习名称】

讲解一个自己观看过的或者是熟悉的节庆民俗景观。

【练习要求】

（1）学生分组，各组独立完成讲解任务。

（2）讲解流畅，表述生动有趣。

【角色设置】

（1）教师担任旅行社计调人员，向各小组下发接团任务通知（单）。

（2）分组进行讲解，每组学生轮流，1 名当导游员，其他学生当游客。

【练习材料】

按通知（单）内容课前收集、准备某个节庆民俗景观的相关资料。

【练习步骤】

（1）认真分析接团通知（单）的内容，收集并掌握拟讲解的节庆民俗景观的相关知识等。

（2）分组模拟讲解练习。

（3）学生分小组评价模拟讲解情况，教师统一评价讲解情况。

任务评价内容、要求等见表 6-7。

表 6-7　任务评价表

序号	任务内容	任务要求	等级	待改进技能	备注
1	掌握拟讲解的节庆民俗景观的相关知识	对拟讲解的节庆民俗景观表述准确，讲解生动有趣，条理清晰			
2	熟练运用各种方法讲解拟讲的节庆民俗景观	恰当运用相应的讲解方法，讲解点、面结合且重点突出			

任务八　红色旅游景观讲解服务

红色旅游景观讲解

情境导入

导游员小赵接到旅行社电话，让他一天后接一个来自安徽的大别山红色旅游团。接到任务后，小赵开始了接团讲解的准备工作。

什么是红色旅游？红色旅游该怎样讲解？小赵要讲大别山的哪些红色旅游景观呢？

任务描述

本任务要求学生了解红色旅游景观的基本知识，掌握红色旅游景观的讲解服务技巧；通过角色轮换、模拟练习等方法，能够模拟讲解一处红色旅游景观。

相关知识

一、红色旅游景观的内涵

（一）什么是红色旅游

红色旅游主要是指以中国共产党领导人民在革命和战争时期建树丰功伟绩所形成的纪念地、标志物为载体，以其所承载的革命历史、革命事迹和革命精神为内涵，组织接待旅游者开展缅怀学习、参观游览的主题性旅游活动。

红色旅游是把红色人文景观和绿色自然景观结合起来，把革命传统教育与促进旅游产业发展结合起来的一种新型的主题旅游形式。其打造的红色旅游线路和经典景区，既可以让游客观光赏景，也可以让游客了解革命历史，增长革命斗争知识，学习革命斗争精神。红色旅游有助于培育新的时代精神，并使之成为一种文化。

为了更好地发挥爱国主义教育基地的作用，在“十二五”规划期间，中共中央决定将红色旅游内容进行拓展，将 1840 年以来 180 多年间的中国近现代历史时期，在中国大地上发生的中国人民反对外来侵略、奋勇抗争、自强不息、艰苦奋斗，充分显示中华民族精神的重大事件、重大活动和重要人物事迹的历史文化遗存，有选择地纳入红色旅游范围，以利于传承中华民族先进文化和优良传统。

（二）红色旅游景观分类

按红色旅游景观的形态和内涵，红色旅游资源可分为 8 个基本类型。

（1）中国共产党召开的重要会议会址。如中国共产党一大会址、遵义会议会址、瓦窑堡会议会址、西柏坡中共中央七届二中全会会址等。

（2）中国共产党各级重要机构曾经的所在地旧址。如八一南昌起义总指挥部旧址、红岩八路军办事处旧址等。

（3）中国共产党的领袖、杰出政治家、军事家、思想家、文学家、革命烈士等杰出人物的故居、纪念堂及先进模范集体的形成地。如毛泽东故居、朱德故居、周恩来故居、邓小平故居，中华人民共和国成立后著名的先进集体如河南新乡七里营刘庄等。

（4）革命战争或重大事件的发生地。如井冈山革命根据地、西安事变旧址等。

（5）革命烈士陵园。如南京雨花台烈士陵园、重庆歌乐山革命烈士陵园等。

（6）为共产党培养过人才的著名学校。如黄埔军校、北京大学的“红楼”等。

（7）为纪念与中国共产党有关的事件建立的各类综合性或专题性纪念馆、博物馆、展览馆。如中国人民抗日战争纪念馆等。

（8）中国共产党领导下建设的具有特定时代背景的标志性的建筑工程。如红旗渠、三门峡水利工程枢纽等。

当然，这样的分类只是相对而言的，现实中不同类型的红色旅游资源往往是结合在一起的。如中国共产党重要机构所在地常常和名人的旧居同属于一地的建筑物等。

二、红色旅游景观的特点

（一）具有鲜明的政治内涵

受近代以来中国历史走向的影响，红色旅游资源的内容和主题集中在中华民族奋起反抗外敌入侵、争取民族独立，实现国家富强和中华民族伟大复兴的主线上，是围绕着中国革命、建设和改革开放，实现中华民族伟大复兴的历史主线而展开的。中共一大会址、井冈山革命根据地、延安革命根据地、中国人民抗日战争纪念馆、重庆歌乐山革命烈士陵园和人民英雄纪念碑等史迹，是以中国共产党领导的革命斗争史实为主要内容的。中华人民共和国成立后形成的南京长江大桥、林县红旗渠、雷锋纪念馆、铁人王进喜纪念馆、孔繁森纪念馆等以新中国创业史、发展史为主要内容的史迹，同样也展示了中国共产党领导各族人民建设新中国、建设中国特色社会主义的壮丽篇章。红色旅游资源的纪念、教育和旅游开发价值都是建立在鲜明的政治内涵的基础之上的。

（二）具有丰富的精神内涵

民族精神是一个民族赖以生存和发展的精神支柱。中国共产党在长期的革命、建设和改革开放过程中，孕育了许多具有不同时代特征的革命精神。例如，在新民主主义革命时期形成的井冈山精神、古田会议精神、长征精神、延安精神等；在社会主义建设时期形成的抗美援朝精神、大庆精神、焦裕禄精神等。在中华人民共和国成立前形成的革命精神中，井冈山精神、长征精神、延安精神是其中的突出精神代表。例如，长征精神的主要内涵是乐于吃苦、不惧艰难的革命乐观主义，勇于战斗、无坚不摧的革命英雄主义，重于求实、独立自主的创新胆略，善于团结、顾全大局的集体主义。其最显著的特点是革命英雄主义精神。这些革命精神不是孤立存在的，红色资源和红色旅游资源，跨越时空，实实在在地展示着这些精神形成的时代背景和内容。红色旅游资源也因为是革命精神的承载客体而具有了深刻的精神内涵。

（三）具有深厚的文化内涵

中国共产党领导各族人民进行革命、建设和改革开放的历史，是5000年华夏文明史的延续。红色旅游资源是中国共产党传承和发展中华民族文化的真实写照。中国古代文化中包含的“刚健有为、自强不息”的民族精神，“先天下之忧而忧，后天下之乐而乐”“天下兴亡，匹夫有责”的民族品质，富贵不能淫、贫贱不能移、威武不能屈的民族气概以及舍生取义的理想人格和“仁者爱人”的博爱情怀等，都在红色旅游资源所承载的文化内涵中得到传承和升华。红色旅游资源博大精深的文化底蕴，体现了中国共产党人对中华民族精神的继承和发展；红色旅游资源，是优秀传统文化精神在共产党人身上体现的历史实证。

（四）具有分布的广泛性及区域性

我国红色旅游资源分布既具有广泛性特点，同时又具有区域性特点。中华民族及中国共产党领导的革命斗争活动，在不同的历史发展阶段，其重心位于不同的地区，因而其历史遗迹也就表现出比较明显的地区性特征。例如，中国共产党建立初期，主要活动集中在北京、上海、天津、长沙、武汉等少数几个大城市中，所以在这些城市里保留了比较多的纪念旧址。解放战争时期，中国共产党领导的人民解放军及地下党组织、游击队，在我国东北、华北、华东、华中地区与国民党展开大规模较量，然后乘胜进军并解放西南、西北和华南地区，在各地留下了该时期的大量革命遗址和纪念地。

三、红色旅游景观的讲解方法

（一）要尊重史实，不要隐瞒历史

对历史人物、历史事件的讲解要尊重客观史实。讲解过程中，不得把道听途说的、没有事实根据的事讲给游客。在尊重史实这方面，就是要尊重历史事实和真实数据。

（二）要以情动人，不要冷若冰霜

每一处红色景观都包含着可歌可泣的人和事，我们的讲解人员要认真学习史料，科学运用讲解艺术，让观众受到切实的感动。能动之以情是讲解的最高境界。例如，参观山东聊城孔繁森纪念馆的讲解，首先是讲解人员对孔繁森的事迹熟悉，他们自己被感动了，之后通过程序化讲解、重点讲解、语音语调的变化等使观众潸然泪下。

（三）要有趣味性，不要生硬灌输

革命先烈事迹是悲壮的，但作为生活中的人，同样是有情趣的。因此，讲解人员如何通过讲解让观众增加兴趣，加深印象，是一个要不断深入学习的过程。比如，讲解人员在邓小平旧居，讲刘伯承给邓小平儿子胖胖起名朴方的由来，还有邓小平教刘华清数银圆的故事。这些都能激发观众的兴趣。

（四）要寓教于乐，不要生搬硬套

“延安精神展”在北京展出时，讲解人员当众唱起陕北歌谣信天游，引来一片掌声。“红旗渠精神展”的讲解员也是声情并茂地唱起“劈开太行山，漳河穿山来……”，同样引来一片掌声。

（五）要与时俱进，不要故步自封

红色景观中都蕴藏有不少文物，也有一些声光电技术。导游要抓住时机，灵活巧妙地把讲解和实物观瞻结合起来。在平津战役纪念馆，讲解人员会因势利导，引导观众观看大型多维展示馆，以全面地了解平津战役的战斗场面。此外，在前往景区的路上，如果在旅游车上能播放一些与景区有关的史料片，将有助于形成良好的旅游氛围。这就要求讲解员要时时学习新的技术手段，及时掌握技术手段的使用办法。

操作示例

大别山红色旅游景观导游讲解词

游客朋友们，大家好！首先自我介绍一下，我是罗田旅行社导游员小赵，欢迎朋友们来大别山红色旅游地。大别山，位于鄂、豫、皖三省边界，南接长江，北向豫皖。

在外地，说到罗田，可能会有人说不知道，但说到大别山，大家可能都知道。这是由于包括我们罗田在内的大别山人民在中国共产党的领导下，英勇奋斗，前赴后继，以巨大的流血牺牲，赢得了"大别山红旗不倒"的历史地位，为建立新中国做出了重要贡献。特别是1947年，刘邓大军千里跃进大别山，一举扭转国内革命斗争局面，揭开解放战争我军由战略防御转向战略大反攻的序幕。

各位"亲友"，大家这次的旅游是红色旅游，那能否说说大别山地区有哪些红色旅游景观呢？……好，我把大家说的红色景观汇总一下，在我们罗田主要有胜利烈士陵园、李梯云烈士墓、吴光浩烈士纪念碑、"五二九"烈士殉难纪念处、胜利老街、野六纵司令部旧址、鄂豫皖南线剿匪指挥部旧址、肖方故居、红一军指挥部旧址、店员工会旧址、金凤楼、五垸、六垸、场部、卧龙岗等。同时我也把这次红色旅游的日程安排讲一下……

我首先给大家介绍刘邓大军千里跃进大别山和刘邓大军在罗田战斗活动情况。这得从大别山的战略地位说起。

大别山位于鄂、豫、皖三省边界地区，南接长江可威逼宁汉，北向豫皖可俯瞰中原，战略地位十分重要。早在党的创立和土地革命战争时期，这里就成为创立党组织较早、受党的影响较深、工农运动高涨的地区。大革命失败后，鄂豫皖三省党组织根据"八七会议"所确定的实行土地革命和武装反抗国民党反动派的总方针，在探索走农村包围城市、武装夺取政权的革命道路过程中，相继把武装起义的重点放在敌人统治薄弱的大别山区，不约而同地提出了实行大别山工农武装割据的战略构想。随着这个战略构想付诸实施，大别山相继爆发了黄麻起义、商城起义和六霍起义，形成了大别山工农武装割据的新局面。

1947年9月4日，刘邓大军进至滕家堡，就是现在的胜利镇。这是刘邓大军首次进入罗田。刘邓大军在大别山活动期间，罗田既是前线，又是大军后方。9月、10月间，刘邓大军在大别山开展游击战，辗转于麻城、英山、浠水、立煌（金寨）、蕲春、罗田等地……

好了，刘邓大军在罗田的情况介绍我们暂告一段落，下面我们进行第二项活动内容——学唱一首红军歌。

在大别山老区，流传着很多革命歌曲，像出自红安的《八月桂花遍地开》，很多人都会唱。在我们罗田也有不少，下面我给大家唱一遍，请大家选学一首……

……

今天的红色旅游即将结束，我与各位"亲友"一起唱了红军歌、走了红军路，一路重温先烈们的革命情怀，真正地接受了一次革命传统教育的洗礼。

好了，感谢各位“亲友”对我工作的支持与配合。最后祝“亲友们”身体健康，工作顺利，万事如意！谢谢！

视野拓展

国家发展红色旅游的总体布局

（一）围绕八方面内容发展红色旅游

（1）反映新民主主义革命时期建党建军等重大事件，展现中国共产党和人民军队创建初期的奋斗历程。

（2）反映中国共产党在土地革命战争时期建立革命根据地、创建红色政权的革命活动。

（3）反映红军长征的艰难历程和不屈不挠、英勇顽强的大无畏革命精神。

（4）反映中国共产党带领人民抗日救国、拯救民族危难的光辉历史。

（5）反映解放战争时期的重大战役、重要事件和地下工作，展现中国人民为争取自由解放、夺取全国胜利、建立人民共和国的奋斗历程。

（6）反映全国各族人民在中国共产党的领导下，建立爱国统一战线，同心同德、同仇敌忾的团结奋斗精神。

（7）反映老一辈无产阶级革命家的成长历程和丰功伟绩，以及他们的伟大人格、崇高精神和革命事迹。

（8）反映各个历史时期在全国具有重大影响的革命烈士的主要事迹，彰显他们为争取民族独立、人民解放而不怕牺牲、英勇奋斗的崇高理想和坚定信念。

（二）组织规划三十条“红色旅游精品线路”

根据连点成线、连线成面的旅游规划要求，规划建设30条“红色旅游精品线路”。主要规划原则是：

（1）红色旅游资源集中，便于客源地和中心城市连接，形成旅游的网络节点。

（2）内部景区（点）之间交通连接顺畅，或者经过改造、部分路段建设后能够满足旅游需求。

（3）便于连接“红色旅游经典景区”，形成支撑重点红色旅游区的骨干框架。

（4）便于与丰富的自然生态旅游、历史文化旅游、民族风情旅游等结合，形成吸引力强的复合型旅游线路。

（三）重点建设100个“红色旅游经典景区”

建设100个左右内涵丰富、品牌突出、特色鲜明、具有一定规模和较高管理服务水准的“红色旅游经典景区”。基本要求是：

（1）以全国爱国主义教育示范基地为重点，包括对广大群众具有典型教育意义的重要革命历史文化遗址，革命领袖故居、旧居、活动地以及重大战役、战斗遗址，具有重大影响的革命烈士事迹发生地等。

（2）景区已基本具备外部通达条件，或其外部交通建设可以列入景区建设规划。

（3）通过建设和完善，景区年接待规模应达到10万人次以上。

（4）景区拥有丰富的自然、人文旅游资源，可形成有较强吸引力的综合旅游景区。

（资料来源：新华网。）

角色练习

【练习名称】

练习讲解一两处参观过或熟悉的红色旅游景观。

【练习要求】

（1）学生分组，各组独立完成讲解任务。

（2）讲解流畅，表述准确、生动，有激情。

【角色设置】

（1）教师担任旅行社计调人员，向各小组下发接团任务通知（单）。

（2）分组进行讲解，每组学生轮流，1名当导游员，其他学生当游客。

【练习材料】

按通知（单）内容课前收集、整理拟讲解的红色旅游景观相关资料。

【练习步骤】

（1）认真分析接团通知（单）的内容，认真整理拟讲解红色旅游景观的相关知识等。

（2）分组模拟讲解练习。

（3）学生分小组评价模拟讲解情况，教师统一评价讲解情况。

任务评价内容、要求等见表6–8。

表6–8　任务评价表

序号	任务内容	任务要求	等级	待改进技能	备注
1	收集、分析拟讲解的红色旅游景观的资料	整理收集景观知识，写出导游讲解提纲或讲解词			
2	运用多种方法，熟练讲解红色旅游景观	运用恰当的讲解方法，讲解流畅，表述准确、生动，有激情，有条理			

课后练习

1. 简述山岳景观的内涵与分类。

2. 山岳景观具有哪些美学特征？

3. 简述水体景观的内涵与类型。
4. 水体景观导游讲解有哪些基本方法?
5. 简述动植物景观的特点。
6. 中国古代建筑有哪些类别?
7. 简述中国古代建筑的构造特点。
8. 博物馆导游讲解有哪些常用方法?
9. 简述宗教文化景观的讲解方法。
10. 什么是节庆民俗?
11. 简述红色旅游景观的类别。
12. 红色旅游景观导游讲解有哪些方法?

项目七 餐饮、购物、娱乐方面的服务

项目概览

餐饮、购物、娱乐是旅游团的重要活动，也是旅游者的重要需求。在旅游过程中游客的需求千差万别，游客在餐饮、购物、娱乐环节的特殊要求也会很多，从而对导游的工作提出了挑战。在教师准备情境材料的基础上，学生通过角色扮演、讲解训练、小组讨论、相互纠错等方法，掌握导游在餐饮、购物、娱乐服务等方面的处理方法。

任务导读

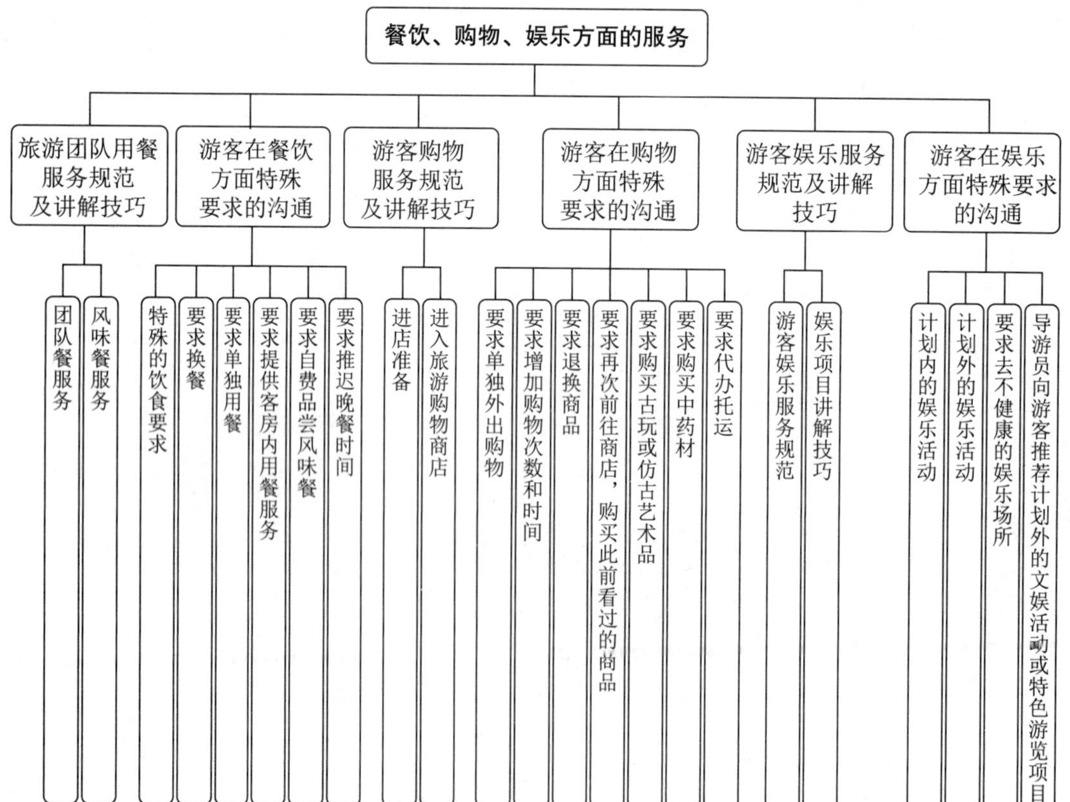

学习目标

（1）了解导游在餐饮、购物、娱乐服务中的作用。

（2）掌握导游餐饮、购物、娱乐服务的主要内容。

（3）能够处理游客在餐饮、购物、娱乐方面的特殊要求。

任务一　旅游团队用餐服务规范及讲解技巧

情境导入

导游员小李带一个新加坡团入住酒店，协助领队办理完入住手续后，小李与游客约好30分钟后在二楼餐厅集中。小李应该如何带领游客用好第一餐呢?

任务描述

本任务要求学生熟悉团队餐和风味餐服务流程，并引导游客深入了解旅游地的饮食文化。主要是通过分组教学、角色扮演等方法，对如何落实游客用餐相关事宜进行模拟。

相关知识

一、团队餐服务

（一）提前落实相关事宜

地陪导游员要提前落实本团当天的用餐，对用餐地点、时间、人数、标准、形式及游客特殊要求等逐一核实、确认。

（二）引导游客进入餐厅

进入餐厅后，告知迎宾团队的团号、旅行社名称以及用餐人数等信息；引导游客进入用餐区域并介绍餐厅的有关设施，尤其是洗手间的位置。导游员要告知领队和司机用餐地点和出发时间，与游客说明具体的用餐时间。

（三）引导游客入座

事先了解游客用餐位置，游客就座后清点人数，告知游客用餐标准所含范围及自理项目。

（四）巡视团队用餐情况

在用餐过程中，导游员要巡视旅游团用餐情况1次至2次，解答游客在用餐中提出的问题，监督检查餐厅是否按照标准提供服务并解决出现的问题。

（五）餐后结账

用餐后，导游员应严格按照实际用餐人数、用餐标准、饮用酒水数量等如实填写餐饮费用结算单，与供餐单位结账。

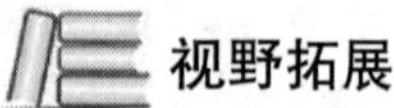

视野拓展

旅行社餐饮结算单

旅行社餐饮结算单见表 7-1。

表 7-1　旅行社餐饮结算单

No：152921

旅行社名称	江苏扬州 ×× 旅行社	国内部导游员签字			
团号	BQL—GS2015—03—22	团队人数	45 人	用餐标准	30 元 / 人
客人人数	42 大 3 小	餐费小计		老鹅	4 只 ×80 元
地方陪同	1 人	餐费小计	5 元	蟹黄汤包	4 笼 ×20 元
司机	1 人	餐费小计	5 元	小吃	
全陪	1 人	餐费小计	5 元	饺面	
领队		餐费小计		风味	
餐费合计：（42 人 ×30 元 / 人）+（3 人 ×15 元 / 人）+（3 人 ×5 元 / 人）+320+80 = 1720 元					

二、风味餐服务

团队风味餐的服务流程和团队正餐的服务流程大抵相似，但风味餐体现的是当地的饮食文化，因此在用餐前和用餐过程中要对风味餐进行重点讲解。风味餐的讲解主要包括风味餐的口味特点、具体做法及吃法上的讲究。

视野拓展

重庆火锅导游词

火锅是重庆最具代表性的美食，几乎每一个外来者都会品尝一下。火锅最早属于底层劳动人民很世俗的饮食方式。重庆属于丘陵地带，位于四川盆地中央，又有两江的环绕，气候常年异常潮湿，夏季闷热无比，而冬季又非常阴冷。过去在江边拉纤的船工为了补充因为重体力劳动所消耗的热能，抵御让人无法忍受的湿冷气候，就找到这样一种办法——火锅，用充满麻辣味的汤汁来现场烹制各种食物，并始终让汤保持滚烫，尽可能吸取最多的热量。

那时候的火锅汤料很简单，只是麻辣而已，菜品也多半是白菜和猪、牛或是鸡、鸭的下水，或者是泥鳅、鳝鱼一类在当时价格十分便宜的食材。白菜能很大程度地吸收辣味，动物下水可以加点油水，泥鳅、鳝鱼则是富含高蛋白的营养品。

重庆火锅真正进入餐馆，大概是在抗战开始前。那时候随着国民政府迁入，中国最发达地区的上海、南京一带的人口也大量涌入四川。他们带来了不一样的技术和文化思想，同时也入乡随俗，开始关注当地的饮食。于是火锅就开始进入餐馆，并且迅速流行起来，从口味到烹饪技巧以及菜品等许多方面都有很大改变。

吃火锅有很多讲究。吃第一口很重要，一定要记得蘸一下油，同时不要先吃素菜，特别是白菜，第一口就吃白菜会辣得你跳起来，因为蔬菜最“裹味”，吸收辣椒最彻底。牛肚要用筷子夹住在汤里烫，不能时间太长，基本上根据经验和自己的爱好来决定烫多久，一般认为 13 秒左右比较合适。当然不是所有菜都是烫一下就能吃，主要根据自己的口味和爱好，但是千万要注意卫生。

重庆火锅最大程度上代表了重庆人热情豪爽的民风，也是游客了解、接近这个魅力山城最好的方式。

（资料来源：宙斯．带团就是战斗［M］．北京：旅游教育出版社，2014.）

角色练习

【练习名称】

提前落实游客用餐相关事宜。

【练习要求】

能够熟练与餐厅沟通落实相关事宜。

【角色设置】

（1）教师作为餐厅服务人员，接听电话并与导游（学生）核对相关事宜。

（2）学生分组，各组先组内分角色进行练习，然后派代表与餐厅服务人员（教师）核对用餐相关事宜。

【练习材料】

接待计划单课前收集、准备。

【练习步骤】

（1）认真阅读接待计划单中关于游客用餐的相关要求（用餐地点、时间、人数、标准、形式及游客特殊要求等）。

（2）各组针对接待计划单中用餐要求逐一与餐厅服务人员进行核对。

（3）各组代表阐述核对用餐事宜的注意事项，教师统一评价讲解情况。

任务评价内容、要求等见表 7–2。

表 7–2 任务评价表

序号	任务内容	任务要求	等级	待改进技能	备注
1	回顾落实游客用餐事宜的要求	强化知识点			
2	电话沟通模拟	电话沟通游客用餐信息			
		信息记录完整、准确			
		礼貌沟通			

任务二　游客在餐饮方面特殊要求的沟通

情境导入

小李带领团队前往餐厅用餐，即将开餐时，团里的一位马先生提出他是穆斯林，要求餐厅为他提供清真食品。小李应该如何处理？

任务描述

本任务要求对于游客用餐过程中的突发问题，学生能够学会及时、正确地处理。主要是通过分组教学、角色扮演等方法，对游客用餐时提出的特殊饮食要求的处理方法进行模拟。

相关知识

一、特殊的饮食要求

由于宗教信仰、生活习惯、身体状况等原因，有些旅游者会提出饮食方面的特殊需求。例如，不吃荤，不吃油腻、辛辣食品，不吃猪肉或其他肉食，甚至不吃盐、糖和葱、姜、蒜等。

如果所提的特殊要求在接待计划中已写明，地接社在订餐时应予以落实，地陪应该及时予以确认。

如果是旅游者在用餐时临时提出特殊要求，地陪应立即与餐厅取得联系，尽量设法满足。如果有困难，地陪应该向旅游者进行解释并表示歉意。必要时可协助旅游者自行解决用餐问题。

二、要求换餐

有时旅游者由于口味习惯的不同或一时兴起，会提出换餐要求，如将中餐换成西餐，便餐换成风味餐等。

如果旅游者在用餐前三小时提出换餐要求，地陪导游员要通过地接社与餐厅联系换餐，尽量满足旅游者的要求，重新按旅游者要求落实用餐。换餐过程中出现餐费差价，要事先和旅游者说明费用自理。

如果旅游者在接近用餐时提出换餐，由于餐厅已做好准备，所以一般情况下难以满足旅游者的要求，这时导游员应做好解释工作并向旅游者表示歉意。根据情况导游员可以建议旅游者下一餐换餐。若旅游者仍坚持换餐，导游员可建议其单独用餐，但要说明在综合服务费不退的情况下餐费自理。

如果旅游者要求加菜、加饮料，导游员应根据实际情况来处理。如果确因餐饮数量不够，导游员应与餐厅交涉，令其按旅行社订餐标准提供餐饮。如果是旅游者的额外要求，则应在说明费用自理的情况下，协助餐厅满足旅游者的消费要求。

三、要求单独用餐

由于旅游团成员间的内部矛盾或其他原因，有时个别旅游者会要求单独用餐。此时，导游员首先要了解情况，在可能的情况下（比如用餐桌数在两桌以上）进行席位调整，尽量满足旅游者的要求。如果有困难，要耐心做好解释和劝解工作，也可以请领队出面调解。如果旅游者坚持要求单独用餐的话，导游员可提供协助，但要告知其综合服务费不退且餐费自理等前提条件。

四、要求提供客房内用餐服务

如果旅游者生病，导游员应主动联系餐厅服务员，请其将饭菜送到旅游者房间以示关心。如果是健康的旅游者希望在客房用餐，导游员应主动了解原因，提供力所能及的帮助，同时要告知旅游者客房送餐服务的费用由其自理。

五、要求自费品尝风味餐

旅游者要求自费品尝风味餐时，导游员应予以协助，推荐有关餐厅并帮助联系订餐。

若品尝风味餐的地点不在地接社指定的餐厅，要预先通过地接社退餐，且告知旅游者，原先餐饮安排的综合服务费不退；如果是在团队餐厅改用风味餐，旅游者则只需承担餐费差价。

六、要求推迟晚餐时间

旅游者如果因生活习惯或其他原因，要求推迟用餐时间，导游员应了解情况并与餐厅联系，适当推迟用餐时间。如有特殊情况不能予以满足时，要向旅游者做好解释工作并表示歉意。

操作示例

部分外国游客不习惯中餐，要求换成西餐

导游员小张接待了一个外国旅游团，在中国游览期间，有部分外国游客不习惯中餐的口味，在几顿中餐后要求改换成西餐。小张应该如何处理？

小张在处理时应考虑如下几方面：

（1）首先要看是否有充足的时间换餐。如果旅游团在用餐前3个小时提出换餐的要求，地陪应尽量与餐厅联系，但需事先向游客讲清楚，如能换妥差价由游客自付。

（2）询问餐厅能否提供相应服务。若计划中的供餐单位不具备供应西餐或风味餐的能力，应考虑换餐厅。

（3）如果是在接近用餐时间或到餐厅后提出换餐要求，应视情况而定：若该餐厅有该项服务，地陪应协助解决；如果情况复杂，餐厅又没有此项服务，一般不应接受此类要求，但应向游客做好解释工作。

（4）若游客仍坚持换餐，地陪可建议其到零点餐厅自己点菜或单独用餐，但地陪须告知游客费用自理且原餐费不退。

角色练习

【练习名称】

客人要求单独用餐时的沟通及处理方式。

【练习要求】

能够熟练与游客沟通并解决问题。

【角色设置】

（1）学生分组，组内成员扮演两种角色：导游和游客。

（2）教师对各组训练结果进行现场点评。

【练习步骤】

（1）各组分析游客提出单独用餐时的各种原因，并提出应对措施。

（2）各组分角色模拟。

（3）教师点评各组应对措施。

任务评价内容、要求等见表 7-3。

表 7-3 任务评价表

序号	任务内容	任务要求	等级	待改进技能	备注
1	回顾游客要求单独用餐时的应对措施	强化知识点			
2	分角色模拟	及时并合理地解决问题			
		礼貌沟通			

任务三 游客购物服务规范及讲解技巧

情境导入

地陪小李带领旅游团前往江苏徐州窑湾古镇游览，行程中有窑湾绿豆烧酒购物店的安排，小李应该做好哪些方面的准备？

任务描述

本任务要求学生掌握购物服务的基本流程，对于购物服务中经常发生的问题能正确应对。主要是通过分组教学、角色扮演等方法，向游客介绍旅游商品并进行模拟。

相关知识

一、进店准备

（一）知识准备

既然是购物促销，当然就应该了解商品知识。导游在平时应注意搜集、学习旅游商品的基本知识，包括其属性、鉴别方法等。导游还可以到旅游定点商店学习，向导购人员学习介绍商品的技能，观察游客的喜好，揣摩游客的购物心理，整理自己的购物导游词。

视野拓展

徐州特产——窑湾绿豆烧购物服务导游词

各位游客，此时我们正行走在徐州窑湾古镇最具特色的中宁街，这里也被人戏称为“闻香街”。据说来这儿的人都会习惯性地深吸一口，嗅到缕缕醇香，沁人心脾，循着醇香抬头看，一面酒旗映入眼帘，上书“窑湾绿豆烧”。这就是古镇第一香。让我们走进华棠酒坊来了解它的历史文化，探寻这香味的来源。

说起这绿豆烧，相传为明朝李时珍酿制的宫廷养生酒。其原料是大麦、高粱等五谷而并非绿豆，再配以 50 多味中药材加上蜂蜜酿制而成。药酒香甜爽口，具有舒筋活血、健胃养颜之功效，在当地有“常饮窑湾绿豆烧，不去求医病自消”的说法。据记载，1668 年山东郯城大地震中瘟疫肆虐，窑湾人慷慨解囊，将药酒配方赠予灾民，并帮助酿制，控制了疫情，挽救了无数生命。当年乾隆下江南时驻留古镇，饮后甘爽，因观酒色金黄若绿豆汤，更赐名“绿豆烧”，此后成为皇宫贡酒而名噪一时。

（资料来源：刘渊 . 2015 年江苏省职业院校导游大赛一等奖 .）

（二）物质准备

可以借助旅游商品的宣传资料、导游随身携带或穿戴的某些商品，进行铺垫。

（三）地点选择

导游选择的旅游购物商店必须是旅游行政管理部门挂牌的定点购物场所，因为这些定点购物商店在一定程度上意味着规范、可靠。导游还要提前了解旅游购物商店所处的位置。

（四）安排合适的进店时间

进店时间正确与否会直接影响购物效果，从心理学角度看，大多数游客旅游的首要目的是游览景点，所以绝不能将购物安排为每天的第一项活动。同样，也不能安排连续进店，否则会引起游客的反感。当游客筋疲力尽时不要安排购物。一般说来，购物应该安排在至少游览了一个大景点之后或者安排在午饭前后或晚饭之前。许多导游有意识地将上午和下午游览结束时间控制在离开餐还有 50 分钟的时候，此时既完成了景点游览任务，又离用餐时间有一段时间，应该是安排购物的最佳时间。

进入购物商店前，导游应向游客讲清在商店中停留的时间，并说明购物时的一些注意事项。

二、进入旅游购物商店

（一）实事求是，当好购物参谋

导游带领游客进入旅游商店后，会有商店的导购人员介绍相关商品。有些游客在购买之前会向导游咨询，对于这种情况，导游要注意摆正自己的位置和说话的角度。应就商品本身的情况做出客观说明，就事论事，实话实说。同时要引导游客自己观察，请游客自行选购，自主决定是否购买。

导游在购物时间即将结束时，要注意旅游团在购物商店逗留的时间，观察仍旧逗留在商店内的游客，并及时提醒游客加快购物速度。

（二）完成旅行社安排的购物签单任务

导游在离店前要到收银台索取加盖有定点商店公章的购物金额确认单，定点商店会根据购物单上所填的购物总额与旅行社结算佣金。导游要注意与最后一位游客同步上车，最多晚到两三分钟，再晚可能会引起游客的猜疑和误会。

视野拓展

《中华人民共和国旅游法》中关于购物的规定

第三十五条　旅行社不得以不合理的低价组织旅游活动，诱骗旅游者，并通过安排购物或者另行付费旅游项目获取回扣等不正当利益。

旅行社组织、接待旅游者，不得指定具体购物场所，不得安排另行付费旅游项目。但是，经双方协商一致或者旅游者要求，且不影响其他旅游者行程安排的除外。

发生违反前两款规定情形的，旅游者有权在旅游行程结束后三十日内，要求旅行社为其办理退货并先行垫付退货货款，或者退还另行付费旅游项目的费用。

第四十一条　导游和领队从事业务活动，应当佩戴导游证，遵守职业道德，尊重旅游者的风俗习惯和宗教信仰，应当向旅游者告知和解释旅游文明行为规范，引导旅游者健康、文明旅游，劝阻旅游者违反社会公德的行为。

导游和领队应当严格执行旅游行程安排，不得擅自变更旅游行程或者中止服务活动，不得向旅游者索取小费，不得诱导、欺骗、强迫或者变相强迫旅游者购物或者参加另行付费旅游项目。

角色练习

【练习名称】

向游客介绍旅游商品。

【练习要求】

能够熟练地向游客介绍旅游商品。

【角色设置】

（1）教师扮演游客，学生扮演导游。

（2）各组根据游客（教师）的特点向游客（教师）介绍一种旅游商品。

【练习材料】

旅游商品导游词（课前收集、准备）。

【练习步骤】

（1）各组对课前收集整理的介绍旅游商品的导游词进行讲解训练，注意语音、语调。

（2）各小组推选代表向游客（教师）介绍旅游商品。

（3）教师根据学生讲解选出最想购买的旅游商品，并说出原因。

（4）教师和学生代表对模拟过程进行评价。

任务评价内容、要求等见表 7-4。

表 7-4　任务评价表

序号	任务内容	任务要求	等级	待改进技能	备注
1	回顾导游带领游客购物前进行知识准备的内容	强化知识点			
2	模拟讲解	合理设计介绍旅游商品的导游词			
		讲解清楚、生动、具体			

任务四　游客在购物方面特殊要求的沟通

情境导入

地接导游员小孙接了一个 20 人的旅游团，在离开本地去机场的路上，一名游客请求小孙代买之前一直犹豫没有购买的一件艺术品。

游客可能出现的购物要求有哪些？如果你是小孙，该如何处理遇到的情况？

任务描述

本任务要求学生灵活处理游客在购物环节出现的各种状况。主要是通过分组教学、角色扮演、视频观摩等方法，对处理技巧进行模拟。

相关知识

旅游商品和纪念品的开发、生产和销售是发展旅游业的重要组成部分，是增加旅游收入的重要手段。游客在整个旅游过程中参与购物的积极性一般比较高，他们的购买目的有的是留作纪念，有的是馈赠亲友，有的是出于好奇心，有的是看中了物品的实用、实惠价值。相对于旅游的其他五个环节——食、住、行、游、娱来说，购物环节是比较敏感的环节。作为导游员，应该本着“合理而可能”的原则设法满足游客的要求。

一、要求单独外出购物

游客要求单独外出购物，地陪要予以协助并当好参谋，要了解购买物品种类，推荐商场，或提供多家商场并介绍其各自的特色，以供游客选择。为游客安排出租车并让其带上写有前往商场名称、地址、所住饭店名称等信息的中文便条，提醒游客不要晚归，注意安全。

旅游团离开旅游目的地的当天，应劝阻游客外出购物。

二、要求增加购物次数和时间

旅游团在一地的购物次数和时间在接待计划中有明确规定，地陪须遵照执行。如果游客希望购买更多的纪念品，要求增加购物次数和时间，地陪要与领队或全陪及游客商量，征得他们的同意后尽量满足游客的要求，例如利用自由活动时间或晚上时间安排游客购物。

三、要求退换商品

遇有游客要求退换所购商品时，导游员应积极协助，必要时陪同前往。导游员的正确做法是：

（一）积极协助退换

游客购物后发现是残次品、计价有误或对物品的颜色、式样等不满意，要求导游员帮助退换，导游员绝不能以“商品售出，概不退换”之类的话搪塞、推托，也不得以其他借口拒绝，而应积极协助，以维护当地旅游业和商业信誉。

（二）存有疑义时，导游可建议鉴定真伪

游客以“假货”为理由要求退货时，导游员可建议鉴定商品真伪。鉴定证明是假货，商店要承担一切责任；若鉴定是真，鉴定费用则由旅游者支付。但是，即使确定是真品

后，旅游者仍坚持退换，导游员应协助其退换。

四、要求再次前往商店，购买此前看过的商品

游客欲购买某一商品，出于“货比三家”的考虑，或由于其他原因当时没有购买。后来，游客经过考虑又决定购买，要求地陪帮助前往。对于这种情况，地陪应热情帮助。如有时间可陪同前往，车费由游客自理。若因故不能陪同前往可为游客写张中文便条，写清商店地址及欲购商品的名称，请其乘出租车前往。

游客货比三家，要求再次前往某商店购物

导游员小张接待了一个外国旅游团，游客史密斯对当地特产刺绣双面猫很感兴趣，出于“货比三家”的考虑，再加上对于商品价格、款式、颜色等犹豫不决，当时没有购买。回到酒店后，他再三考虑又决定购买，请求小张帮助。

对于这种情况，小张应热情帮助，如有时间可陪同前往，车费由游客自理；若小张因故不能陪同前往，可为游客史密斯写张中外文便条，写清商店地址及刺绣双面猫的名称，请其乘出租车自行前往。

五、要求购买古玩或仿古艺术品

旅游者要求购买古玩或仿古艺术品，导游员应予以重视并向他们讲清有关规定。

（一）劝阻游客在地摊购物

地陪在饭店或旅游车上要向游客讲明：欲购买古玩或仿古艺术品，应去正式的商场或文物商店，劝阻他们不要去地摊购买，以免上当受骗。

（二）建议游客保存发票和火漆印

游客在商店购买了古玩和仿古艺术品，导游员要建议他们保存好发票。物品上若有火漆印，则要告知游客在离境之前不要去掉火漆印，因为古玩和仿古艺术品中国海关凭正式发票和火漆印放行。若没有正式发票和火漆印，就会遇到麻烦。

（三）提醒游客到文物部门做鉴定

如有游客告诉导游员其获赠予或购得的物品为文物时，导游员一定要提醒其到文物部门对物品进行鉴定并取得鉴定证书。还应明确告知，对于上述物品中国海关凭鉴定证书放行，若无证书，一概不准出境。如果游客不听导游员的建议，不去文物部门做鉴定，导游员必须及时报告有关部门。

（四）阻止文物走私

导游员若发现个别游客有走私文物的可疑行为，必须及时报告有关部门。

操作示例

古画珍贵　不要托运

英国游客乔治夫妇在北京一文化商店购买了几幅书法作品，在办理托运手续时，乔治先生告诉地陪小高，这几幅书法作品中有一幅是朋友所赠，为明代一位著名画家所作。小高认为古画珍贵，不要托运，还是随身携带安全，乔治夫妇称赞小高考虑周到。

地陪小高提示安全方面处理比较到位，但后面处理有些不妥。书法作品可能是文物，应该询问乔治夫妇是否有文物部门的鉴定证书，若无，建议他们带书法作品去文物部门鉴定，并对其讲明海关凭文物部门的鉴定证明和许可出口证明查验放行，未经鉴定不准出境。乔治夫妇若不按地陪的建议去文物部门鉴定书法作品，应及时报告有关部门。若经鉴定此书法作品可以出境，地陪可建议他们随身携带或托运。

视野拓展

携带文物出境有什么规定?

出境文物禁限规定:（1）以 1949 年为主要标准线，凡 1949 年（含）以前生产、制作的具有一定历史、艺术、科学价值的文物，原则上禁止出境。其中 1911 年（含）前生产、制作的文物一律禁止出境。（2）少数民族文物以 1966 年为主要标准线：凡 1966 年（含）以前生产、制作的有代表性的少数民族文物禁止出境。（3）现存我国的外国文物、图书与我国的文物、图书一样的分类标准。（4）凡有损国家、民族利益，或者有可能引起不良社会影响的文物，不论年限，一律禁止出境。（5）其他文物如经文物进出境机构审核确实具有重大历史、艺术、科学价值的文物，应禁止出境。

海关审核出境文物手续：自 2009 年 7 月 1 日起，文物出境时，海关凭 2009 年版的文物出境许可证和火漆印章标识放行。文物复仿制品凭文物复仿制品证明和出境标识放行。（1）审核文物进出境审核鉴定机构资质：国家文物局授予全国 14 个“国家文物鉴定管理处”审核资质。（2）审核一式三联的 2009 年版文物出境许可证：包括“国家文物鉴定管理处”印章、文物照片与实物对比、开具的有效期限（3 个月内）。（3）审核各管理处钤盖的 2009 年版火漆印章：包括文物出境的宋体汉字、英文简称和各管理处编号。

参照法规依据:《文物保护法》、《文物保护法实施条例》、《文物出境审核标准》、《海关总署关于转发国家文物局有关文物进出境管理文件规定的通知》（署监发〔2009〕210 号）、《海关总署关于转发国家文物局〈关于启用国家文物局文物进出境审核专用章的函〉的通知》（署监发〔2009〕231 号）等。

（资料来源：福州海关官网。）

六、要求购买中药材

游客要求购买中药及中药材时，导游员应向其推荐正规药店或药材市场，以避免买到假药，上当受骗。对于入境游客，导游员还应告知中国海关对于中药出境的有关规定。

视野拓展

中华人民共和国海关对旅客携带和个人邮寄中药材、中成药出境的管理规定

（1990 年 6 月 26 日海关总署令第 12 号发布　自 1990 年 7 月 1 日起执行）

第一条　为了加强对中药材、中成药出境的管理，根据《中华人民共和国海关法》特制定本规定。

第二条　旅客携带中药材、中成药出境，前往港澳地区的，总值限人民币一百五十元，前往国外的，限人民币三百元。

第三条　个人邮寄中药材、中成药出境，寄往港澳地区的，总值限人民币一百元，寄往国外的，限人民币二百元。

第四条　进境旅客出境时携带用外汇购买的、数量合理的自用中药材、中成药，海关验凭盖有国家外汇管理局统一制发的“外汇购买专用章”的发货票放行。超出自用合理数量范围的，不准带出。

第五条　麝香不准携带或邮寄出境。

第六条　本规定自一九九〇年七月一日起执行。

（资料来源：中华人民共和国海关总署。）

七、要求代办托运

外汇商店一般设有托运业务，导游员应告诉购买大件物品的游客。若商店无托运业务，导游员要协助游客办理托运手续。游客欲购买某一商品，但当时无货，请导游员代为购买并托运，对游客的这类要求，导游员一般应婉拒。实在推托不掉时，导游员要请示领导，一旦接受了游客的委托，导游员应在领导指示下认真办理委托事宜：收取足够的钱款（余额在事后由旅行社退还委托者），发票、托运单及托运费收据寄给委托人，旅行社保存复印件，以备查验。

操作示例

游客请导游员代购文物复制品

旅游团中一位重要的游客很想购买一件文物复制品，但直到出境前仍未购到。经商议，他给导游员留下款项，请导游员代为购买。此时，导游员应该如何处理？

游客欲购买某一商品，但当时无货，请导游员代为购买并托运，对游客的这类要求，导游员一般应婉拒；实在推托不掉时，导游员要请示领导，一旦接受了游客的委托，导游员应在领导指示下认真办理委托事宜：收取足够的钱款（余额在事后由旅行社退还委托者），发票、托运单及托运费收据寄给委托人，旅行社保存复印件，以备查验。

角色练习

【练习名称】

游客在购物方面个别要求的沟通。

【练习要求】

熟悉游客在购物方面个别要求的内容并做出恰当处理。

【角色设置】

（1）教师和部分学生分别扮演旅游团成员和评价组成员，设置购物时出现的个别要求。

（2）学生分组，各组抽签完成游客在购物方面个别要求的处理。

【练习材料】

写有购物方面个别要求的纸条（课前准备）。

【练习步骤】

1. 了解游客在购物方面可能出现的情况

（1）要求单独外出购物。

（2）要求增加购物次数和时间。

（3）要求退换商品。

（4）要求再次前往商店，购买此前看过的商品。

（5）要求购买古玩或仿古艺术品。

（6）要求购买中药材。

（7）要求代办托运。

2. 各组针对购物个别要求设置处理方法和语言表达内容

（1）设置个别要求处理的剧本。

（2）按照剧本内容，各组模拟练习处理个别要求的情境。

3. 演示过程

各组成员按照抽签内容和剧本演示处理个别要求的过程。

4. 评价总结

教师和学生评价组对各组演示进行评价总结。任务评价内容、要求等见表 7-5。

表 7–5　任务评价表

序号	任务内容	任务要求	等级	待改进技能	备注
1	游客在购物方面的个别要求	了解游客在购物方面可能出现的状况			
2	游客在购物方面个别要求的处理	掌握游客要求单独外出购物的处理			
		掌握游客要求增加购物次数和时间的处理			
		掌握游客要求退换商品的处理			
		掌握游客要求再次前往商店，购买此前看过的商品的处理			
		掌握游客要求购买古玩或仿古艺术品的处理			
		掌握游客要求购买中药材的处理			
		掌握游客要求代办托运的处理			

任务五　游客娱乐服务规范及讲解技巧

情境导入

小李是一名地接导游员。一天晚上，小李所带的 20 人团按照旅游计划参加当地原住民的歌舞篝火晚会。

作为地接的小李应该如何做好游客的娱乐服务呢？

任务描述

本任务要求学生在模拟完成娱乐项目服务时，遵循一定的规范要求，讲解时学会运用合适的技巧。主要是通过角色扮演、视频观摩、问题研讨等方法，对相关规范和技巧加以掌握。

相关知识

一、游客娱乐服务规范

（一）介绍娱乐项目内容

介绍的地点可以在旅游车上，或选在进入娱乐场所前的空旷地带。介绍内容包括娱乐项目的名称、地点、主要活动、参与方式以及娱乐场所内其他可能收费或免费的项目等。

（二）介绍娱乐项目的参与时间、结束后的集合地点

开始和结束的时间要向游客交代清楚，结束后集合的地点也要事前讲明，避免出现散

场之后人员的走失。导游可以将自己的联系方式再次告诉大家，或是嘱咐好游客带好酒店的联系卡。

（三）提示安全及注意事项

一般娱乐场所人员较为复杂，在参加活动前，导游要提醒游客注意人身及物品安全，说明参加活动时的一些允许和禁止的行为。

（四）导游可根据旅游合同安排或实际情况需要决定是否陪同

对于计划内的娱乐活动，导游必须陪同。对于计划外的娱乐项目导游可根据情况，提供必要的帮助外，不必陪同。但是，如果娱乐项目能体现当地极具代表性的地方文化时，导游应尽量陪同。

（五）帮助游客解决遇到的问题

在游客参加娱乐活动时，如遇到一些问题，寻求导游的帮助时，导游要尽力解决。

视野拓展

世界三大娱乐公司

一、环球嘉年华娱乐公司

环球嘉年华娱乐公司由欧洲游乐园经营家族——史蒂文家族创立，环球嘉年华的前身是欧美狂欢节，环球嘉年华娱乐公司借助“嘉年华”这个壳，填充进更多游乐的内容，把它变成了一个具有现代内容的“马戏团”，巡演于世界的各个角落。

二、迪士尼乐园

迪士尼大家庭目前已有六个世界顶级的游乐目的地，其中奥兰多迪士尼乐园位于美国佛罗里达州中部，是世界上最大的综合游乐场。在这里游客可以去经历“海底两万里”，也可以去体验“明天的世界”，或者去“拓荒之地”和“自由广场”，重温当年各国移民在新大陆拓荒的种种情景。另外五个迪士尼乐园是美国加州迪士尼乐园，日本东京迪士尼乐园，法国巴黎迪士尼乐园，中国香港迪士尼乐园和上海迪士尼乐园。

三、环球影城

环球影城又叫“环球片场”，是世界上最大的电影、电视制片厂和以电影题材为主的主题公园，位于美国洛杉矶的好莱坞附近。

二、娱乐项目讲解技巧

（一）讲清娱乐项目的产生背景

游客乐于参加的娱乐项目一般为日常工作学习接触不到或是参与较少的项目，是他们不太熟悉又感兴趣的活动。对于娱乐项目产生的背景介绍要依据游客的需要进行。如欧美人观看京剧的话，京剧产生的大致过程就要向游客说清楚，一些特点也要讲清楚，这样他们在观看时才能理解，才能体会京剧的魅力。

（二）抓住游客感兴趣的地方讲解，吸引游客积极参与

导游在讲解娱乐项目时，要善于抓住游客感兴趣的地方，用描述的语言吸引游客积极参与。兴趣是旅游活动顺利进行的最好引导者。如果大多数游客对某个娱乐项目不感兴趣的话，长时间下来这项旅游活动也会失去观众、失去市场。

（三）尽量宣传娱乐项目的文化性

一些娱乐项目的产生往往有一定的背景，体现了一定历史特点，彰显当地独特的地域文化。导游的讲解不能只停留在娱乐项目的创设上，而要进行深层次的挖掘，将文化内涵灌输给游客，有内涵、有文化品位的娱乐项目，才能获得长久的生命力。

（四）积极回答游客提出的问题

对于游客提出的关于娱乐项目的各种问题，导游要有预见性，要做好相关的功课，及时全面地做好解答。即使有些游客提出的问题不适宜，作为导游，也要耐心回答，不能因为游客提出的问题不适宜或是不在解说服务范围内而置之不理。

（五）讲明相关法律规定和地方风俗注意事项

我国各地的娱乐项目往往对外国游客或外地游客具有吸引力，外国游客、外地游客往往有着较大的好奇心、参与心理。同时，一些游客因为不熟悉我国或当地的民风民俗而触犯了当地的民俗禁忌。所以，作为导游特别是地接导游，一定要向游客讲清楚旅游目的地的民风民俗的注意事项。

操作示例

傣族泼水节

中国的傣族是有着悠久文化传统的少数民族，人口近百万人，大部分人居住在云南南部的西双版纳傣族自治州，西部的德宏傣族景颇族自治州及耿马、孟连等自治县，其他则散居于云南各地。傣族历史悠久，傣语属汉藏语系壮傣语族傣语言。傣族信奉佛教，但原始宗教活动亦较普遍，如祭祀寨神、寨鬼、农业祭祀、狩猎祭祀、灵物崇拜等。

傣族泼水节又名“宋干节”，阿昌族、德昂族、布朗族、佤族等民族也过泼水节。柬埔寨、泰国、缅甸、老挝等国也过泼水节。泼水节源于印度，随着佛教在傣族地区影响的加深，泼水节成为一种民族习俗流传下来，至今已数百年。

建议：全陪主要是从宏观上介绍泼水节的概况，建议游客听从当地导游的安排，注意尊重当地风俗礼仪。地陪的任务主要是介绍泼水节的参与方式、方法，提醒游客活动过程中各环节的注意事项，以及物品、人身安全保障等。

角色练习

【练习名称】

游客娱乐服务规范和娱乐项目讲解技巧。

【练习要求】

熟悉娱乐服务规范和训练娱乐项目讲解技巧。

【角色设置】

（1）教师和部分学生分别扮演旅游团成员。

（2）将剩余学生分为四组，其中两组对娱乐规范进行讲解，两组对讲解技巧进行展示。

【练习材料】

准备旅游娱乐项目的导游词（至少两篇）。

【练习步骤】

1. 熟悉游客娱乐服务规范

（1）介绍娱乐项目内容。

（2）介绍娱乐项目的参与时间、结束后的集合地点。

（3）提示安全及注意事项。

（4）导游可根据旅游合同安排或实际情况需要决定是否陪同。

（5）帮助游客解决遇到的问题。

2. 熟悉娱乐项目讲解技巧

（1）讲清娱乐项目的产生背景。

（2）抓住游客感兴趣的地方讲解，吸引游客积极参与。

（3）尽量宣传娱乐项目的文化性。

（4）积极回答游客提出的问题。

（5）讲明相关法律规定和地方风俗注意事项。

3. 讲解介绍

各组根据导游词内容向旅游团讲解介绍。

4. 评价总结

教师和学生评价组对各组展示进行评价总结。任务评价内容、要求等见表 7–6。

表 7–6　任务评价表

序号	任务内容	任务要求	等级	待改进技能	备注
1	熟悉游客娱乐服务规范	按照规范为游客提供优质服务			
2	熟悉娱乐项目讲解技巧	熟练运用讲解技巧，形成特色			

任务六　游客在娱乐方面特殊要求的沟通

情境导入

小刘是北京某旅行社的一名地接导游员，按照旅游接待计划安排，为一来自美国的12人团提供服务，在整个活动中没有安排观看京剧演出的项目。在自由活动时，团中的几个人要求观看中国国粹——京剧。

如果你是小刘，该如何处理上面出现的情况？

任务描述

本任务要求学生灵活处理游客在娱乐环节出现的各种情况。主要是通过分组教学、角色扮演、视频观摩等方法，对处理过程进行模拟。

相关知识

对于娱乐活动，游客各有所好，不应强求统一。对于他们在娱乐活动方面提出的要求，导游员应本着“合理而可能”的原则，视具体情况妥善处理。

一、计划内的娱乐活动

旅游团在一地的娱乐活动一般在旅游协议中有明文规定。凡是计划内的娱乐活动，地陪应按照接待社的安排执行，准时带团前往参加。如果游客提出修改，可视具体情况，合理处理。

（一）全团提出更换娱乐活动要求

旅游团要求更换娱乐活动，地陪应与旅行社有关部门联系，尽可能调换。但在办妥之前，不要轻易许诺。若无法调换，地陪要向游客解释，实事求是地说明不能满足要求的原因，请其谅解。

（二）少数游客提出更换娱乐活动要求

少数游客要求更换娱乐活动，导游员可予以协助，联系购票，但应说明费用（门票费、车费）自理，原活动票款不退。

（三）分路参加娱乐活动

如果游客商定分路参加娱乐活动，地陪应尽可能提供方便。例如，两处活动地点在同一路线，而且时间相差无几，地陪要与司机商量，将一部分人送到一活动地点后再送另一部分人。若不顺路，旅游车应保证先送游客去计划内的活动场所，但地陪应协助提出要求的另一方安排车辆，并事先说明车费自理。

二、计划外的娱乐活动

游客要求自费参加娱乐活动，地陪可以参照下面的服务程序操作。

（一）请接待旅行社预订

游客要求去大型娱乐场所或情况复杂的场所，地陪最好与旅行社有关部门联系，请其报价，然后将费用（门票费、车费、服务费）逐一向游客解释。游客认可后，请接待旅行社预订，地陪陪同前往。事后，地陪将钱款交给旅行社，将收据交与游客。

（二）自行协助解决

地陪也可按旅行社的统一标准帮助游客联系购票，并安排车辆。提醒游客带好饭店卡片，不要分散活动，不要晚归，注意安全。还要讲清一切费用由游客自理。

操作示例

游客要求参加篝火晚会

一旅游团一天早上到达旅游目的地城市，按计划上午游览景点，下午自由活动，晚上观看文艺演出，次日乘早班飞机离开。抵达当天，适逢当地举行民族节庆活动，晚上的篝火晚会上有歌舞等精彩文艺节目。部分旅游者要求下午去观赏民族节庆活动，晚上放弃计划中的文艺演出而参加篝火晚会，并希望地陪派车接送。

导游员的处理方法：满足部分旅游者的要求，并提醒旅游者尊重当地民族的风俗习惯。下午自由活动时这部分旅游者去观赏民族节庆活动，地陪协助安排车辆，费用旅游者自理；晚餐后篝火晚会的地点和计划中的文艺演出地在同一线路上，且时间基本相同，于是满足了他们车送的要求。但旅游者要自己回饭店，地陪提醒他们记住回来路线、饭店名称及电话号码；提醒旅游者最好不要分散活动，注意安全；提醒他们不要太晚回饭店，更不能通宵逗留，以免耽误第二天早晨的航班。

导游员正确处理了旅游者的要求。但处理这样的要求，还要注意两点：如果篝火晚会与计划中的演出不在同一线路上，导游员应为他们安排车辆，费用由旅游者支付；如果可能，地陪和全陪分别陪同他们活动。

三、要求去不健康的娱乐场所

若有游客提出去不健康的娱乐场所，导游员要严肃对待，正确处理。

（1）不得向游客提供不健康娱乐场所的任何信息，不得引领任何人去不健康的娱乐场所。

（2）断然拒绝此类要求，并明确告知这类要求不符合中国的法律法规、伦理道德，这类活动是不允许的。

（3）劝阻个别游客前往不健康的娱乐场所，并告诫他们，若一意孤行，一切后果自负。

（4）游客若在饭店客房内聚众赌博，导游员不得参与。导游员一旦发现此类活动，必须立即报告有关部门严肃处理。

四、导游员向游客推荐计划外的文娱活动或特色游览项目

（1）确保当天计划内游览项目已全部按标准完成。

（2）通过导游员的宣传和推荐，游客自愿参加。

（3）导游员宣传推荐的内容务必真实、准确，费用问题一定要事先说清楚。

（4）对于不参加计划外游览项目的游客，要做好妥善安排，可根据情况和游客的要求将其送回酒店或安排自由活动，不可以让其在旅游车中坐等或使其觉得受到冷遇。

视野拓展

四大贵族运动

网球、保龄球、高尔夫球、斯诺克被誉为“四大贵族运动”。

网球发源于英国，比赛过程非常注重比赛双方的礼节，不管是球具、衣着、判决、技巧，都有比较多的讲究。早期，对一个球员的优劣评判甚至包括他的击球姿势、体形、仪态等。除了“运动竞技”以外的一切要求，网球都高于其他运动。所以，网球是英国社会里所谓贵族运动。

保龄是“Bowling”的音译，这种在木板球道上用球滚击木瓶的室内体育运动在中国有了一个吉祥的名字——保龄球运动。保龄球的历史最早可以上溯到距今 7200 年前。1920 年，英国考古学家在埃及的墓道发现了 9 个石瓶及 1 个石球，这个游戏的玩法是用球投向石瓶，将石瓶击倒，这与现代保龄球的用具与玩法十分相似。因此，保龄球运动被誉为人类历史上最古老的运动之一。

高尔夫是一种起源于苏格兰牧羊人的运动，如果论“身份”，其不如网球“高贵”。早在 1997 年，深圳大学就成立了高尔夫学院，并开设高尔夫相关专业。接着，暨南大学、北京林业大学、同济大学、广州大学也开设了高尔夫专业。而且深圳大学的高尔夫学院自创立起就保持着年年就业率 100% 的数字。

斯诺克（Snooker）是一种落袋式台球运动。此项运动使用的球桌长 3569 毫米、宽 1778 毫米，台面四角以及两长边中心位置各有一个球洞，使用的球为 1 个白球、15 个红球和 6 个彩球（黄、绿、棕、蓝、粉红、黑），共 22 个球。击球顺序为一个红球、一个彩球直到红球落袋，然后以黄、绿、棕、蓝、粉红、黑的顺序逐个击球，最后以得分高者为胜。斯诺克盛行于英国、爱尔兰、加拿大、澳大利亚和印度等国家及中国香港特别行政区。十几年来，斯诺克运动在东亚也得到推广和普及，目前泰国和中国等国都有优秀选手涌现。

角色练习

【练习名称】

游客在娱乐方面特殊要求的沟通。

【练习要求】

熟悉游客在娱乐方面特殊要求的内容并做出恰当处理。

【角色设置】

（1）教师和部分学生作为旅游团成员和评价组成员，设置娱乐时出现的特殊要求。

（2）学生分组，各组抽签完成游客在购物方面特殊要求的处理。

【练习材料】

写有娱乐方面特殊要求的纸条（课前准备）。

【练习步骤】

1. 了解游客娱乐方面的特殊要求有哪些

（1）计划内的娱乐活动。

（2）计划外的娱乐活动。

（3）要求去不健康的娱乐场所。

（4）导游员向游客推荐计划外的文娱活动或特色游览项目。

2. 各组针对娱乐个别要求设置处理方法和语言表达内容

（1）设置个别要求处理的剧本。

（2）按照剧本内容，各组模拟练习处理个别要求的情境。

3. 演示处理过程

各组成员按照抽签内容和剧本演示处理个别要求的过程。

4. 评价总结

教师和学生评价组对各组展示进行评价总结。任务评价内容、要求等见表 7–7。

表 7–7　任务评价表

序号	任务内容	任务要求	等级	待改进技能	备注
1	熟知游客旅游计划内的娱乐活动的处理	能灵活处理游客提出的计划内的娱乐活动方面的个别要求			
2	熟知旅游计划外的娱乐活动的处理	能灵活处理游客提出的计划外的娱乐活动方面的个别要求			
3	熟知游客要求去不健康的娱乐场所的处理	能及时妥善地处理游客要求去不健康的娱乐场所的问题			
4	熟知导游员向游客推荐计划外的文娱活动或特色游览项目的要点	掌握推荐计划外游览项目的注意事项			

课后练习

1. 简述导游的团队餐饮服务规范。
2. 游客在用餐前 3 小时提出换餐，导游应该如何处理?
3. 若有游客要求单独用餐，导游应该如何处理?
4. 若有游客要求在客房内用餐，导游应该如何处理?
5. 全团提出自费品尝风味餐，导游应该如何处理?
6. 若有游客要求单独外出购物，导游应该如何处理?
7. 当游客要求退换所购商品时，导游应该如何处理?
8. 若游客要购买古玩或仿古艺术品，导游应该如何处理?
9. 娱乐项目的讲解技巧包括哪些内容?
10. 当少数游客提出更换娱乐活动的要求时，导游应该如何处理?

项目八 送站服务

项目概览

要想保证旅游团活动的顺利开始和完满结束，就必须注重行程中的每一个环节，而旅游团的送站服务，则是旅游团行程获得圆满结局的重要环节，因此，导游员不能有丝毫的懈怠。在教师分发工作任务书的基础上，学生通过自主收集资料、角色扮演、技能训练、小组讨论等方法，培养职业意识、基本操作技能和专业能力。

任务导读

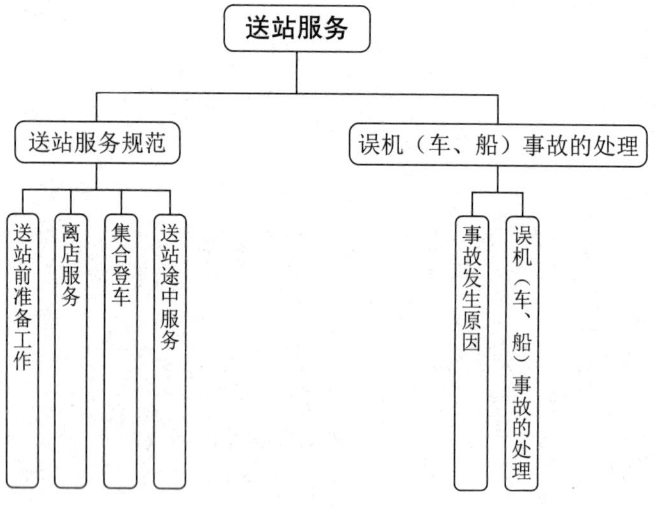

学习目标

（1）掌握送站前的准备工作。

（2）熟悉落实送站事宜。

（3）送站工作的模拟训练。

（4）突发事件的处理。

任务一 送站服务规范

情境导入

导游员小李为期三天的地接任务马上就要完成了，明天就要送旅游团离开了。

请问，导游员小李送站前的准备工作包括哪些？这些准备工作对于团队行程有何影响？

任务描述

本任务要求学生熟练掌握送站服务的工作。主要是通过情境模拟、角色扮演等方法，对送站工作进行模拟。

相关知识

导游带领旅游团参观完所有景点后，接下来的工作便是送站了。送站服务既是把接待工作推向高潮的环节，也是对前段服务工作不足的一种补救，因此导游不能有丝毫的懈怠。

一、送站前准备工作

（一）核实交通票据

旅游团离开的前一天，导游应再次核实团队离开的交通票据，包括飞机票或火车票、船票，以及航班号（火车车次、轮船船次）和起飞（开车、起航）时间。

（二）商定时间

地陪应与司机商定出发时间（因为司机比较熟悉路况），然后根据出发时间同领队、全陪商议确定叫早、出行李及早餐时间，注意必须留出充裕的时间到机场（车站、码头）。

（三）通知客人

选择恰当的时机和场所，比如在餐厅的包间或回饭店途中的旅行车上等客人集中的场合，通知客人第二天叫早、出行李、早餐及出发时间，并提醒客人尽早与饭店结清有关个人消费账目（如洗衣费、长途电话费、饮料费等）。

（四）通知饭店

地陪应把叫早、用餐及出行李时间通知饭店的有关部门，并尽量提前结清账目或签单，以免第二天由于自己结账影响团队出发。

（五）及时归还证件

导游要检查自己是否保留有客人的物品、证件，如果有要及时归还给客人。另外，导游对游客的有些承诺、委托没有办到的，要及时向客人讲明。

二、离店服务

（一）交接、确认行李

离开饭店时，导游首先与行李员约定时间，进行行李交接，然后与全陪、领队共同确认托运行李总数，并检查行李是否无损。

（二）办理退房

通常情况下，退房时间是中午12点以前。导游收齐房卡后，集合客人上车，接着统一办理退房手续，如果有客人损坏了房间用品或设备，导游应协助饭店妥善处理赔款事宜。

三、集合登车

上车后，要询问游客是否有物品遗留在酒店，并提醒游客再次检查证件、钱物，确认无误后方可离开。

操作示例

天气原因，航班被取消

2019年7月的一天，北京导游员小王负责送一个20人的旅游团离站，到达机场后，由于天气原因，航班不能按时起飞，推迟到晚上。但晚上10点航空公司宣布取消当日航班。游客情绪低落，大吵大闹，十分不满，小王应如何处理？

导游员小王可以按下面流程进行处理：

（1）及时向游客说明情况，全力稳定游客情绪。

（2）立即落实第二天最早的航班班次，并安排行李等事项。

（3）及时解决游客的食宿问题。

（4）通知游客第二天叫早、早餐、出行李及发车时间。

（5）提醒旅行社计调部门及时通知行程下一站。

四、送站途中服务

导游办理完送站前的准备工作后，在送站途中应做好以下服务工作。

（一）总结回顾

在几天的旅游活动中，游客的审美需求得到了满足，并留下了美好的回忆。但是可能由于时间匆忙，行程较紧，游客对个别景点印象并不十分深刻，甚至还留有疑问。这时，导游就要利用送行途中的时间，对前面的行程进行简短的总结回顾，以加深游客的印象。在总结回顾的讲解中，应突出比较经典、有特色的旅游景点和旅行过程中的趣事。

1. 总结特色景点

在回顾过程中，导游要抓住景点的特色和大多数游客的兴趣，进行强调讲解和回顾，使游客加深印象。

比如，在总结游览武汉归元寺的时候，可以这样讲：“大家是否还记得归元寺的对联？那副对联没有标点符号，需要大家自己断句。”这必然会引起游客的思考，接着回忆归元寺的旅游情景，这个时候导游再带游客一起回忆对联“见了便做做了便放下了了有何不了，慧生于觉觉生于自在生生还是无生”。

2. 重提旅行趣事

在送团途中，导游可以将团队旅游中发生的趣事重提，引起大家的共鸣，使游客留下美好的回忆。

视野拓展

旅游者在旅游过程中不同阶段的心理

一、旅游准备阶段的心理

旅游者在旅游准备阶段的心理是复杂而活跃的。主要表现为向往与盼望、好奇与激动交织在一起，容易形成一种兴奋高潮，但有经验的旅游者比初游者要显得沉着些。比如，选择哪里为旅游目的地？是热点还是冷点？是长线还是短线？

二、途中阶段的心理

旅游者在途中阶段的心理需求是安全、迅速、舒适、方便。无论哪种形式出游的旅游者，都把安全放在第一位，饮食、住宿，特别是卫生，时时处处小心，还要防被窃、防被骗。旅游者都希望旅行社、导游、司机等各方面配合好，能够保证他们旅途愉快，安全往返。

三、游览阶段的心理

在游览开始时，旅游者的心情十分兴奋和激动。因为他们的愿望立刻就要实现了，此时旅游者共同的心理需求是在欣赏山水景观和名胜古迹时，能获得美的享受，增长知识，开阔眼界，陶冶情操，从而得到精神上的满足，并且耗时和花费合理。

四、结束阶段的心理

旅游者在旅游结束阶段的心理需求是对全过程进行比较、分析、综合、判断和回忆。将自己所付出的代价和所得到的服务进行比较后，如果旅游者认为所付出的代价是值得的，就会比较满意，对该国或该地区留下良好的印象。

（二）致欢送词

欢送词和欢迎词首尾相接、遥相呼应，致欢送词是接待工作中的一个重要环节。

五、离站工作

（一）提前到达交通港

地陪应确保团队在规定时间到达机场（车站、码头），具体时间要求是：出境航班应提前三个小时到达机场，国内航班应提前两个小时；火车、轮船应提前一个小时。

操作示例

送机前不宜安排自由活动

2019 年 3 月的一天，武汉的导游员小肖接待一个德国旅游团。离鄂那天上午，按原计划游览完汉口江滩后，全团准备前往机场。这时，游客们提出还要乘坐武汉的地铁并想逛一逛附近的江汉路步行街。小肖一开始没有同意，但游客们一再恳求，领队也说可以缩短逛商店的时间。小肖想，逛完江汉路步行街再让大家坐一坐地铁也未尝不可，于是便同意了游客的要求。当小肖带着客人乘了四站的地铁返回时，猛然想起旅游车还停在江汉路，赶忙打电话通知司机。待司机闻讯赶来时，时间又耽误了不少。当旅游团赶到机场时，该航班已经停办登机手续了。

送团的导游员小肖的做法是不正确的，因为机场一般离市区较远，路上交通情况不可控因素很多，在离站送机前为了确保游客能准时到达机场，一般不要安排自由活动或者时间不好控制的室外活动，以避免误机事件的发生。

（二）办理离站手续

1. 国内航班

（1）带团进入机场大厅，移交交通票据。

（2）协助全陪（领队）办理机场建设费和登机牌及行李托运手续。

（3）送至安检处，与客人告别。

2. 国际航班

（1）地陪、全陪、领队一起与行李员交接行李，清点核实后协助游客拿取自己的行李。

（2）地陪向领队或游客介绍办理出境的手续。

（3）等待游客进入隔离区后，地陪方可离开。

3. 车站、码头

提前抵达车站、码头，带领游客找到车厢或客舱。将交通票据交给全陪（或领队）。车、船启动后地陪方可离开。

视野拓展

人际知觉特点

一、第一印象

第一印象是指首次接触时所留下的印象。第一印象较为鲜明牢固，而且对以后的人际知觉起到指导性作用。

二、晕轮效应

晕轮，是指月光周围有时候出现的朦胧晕圈。晕轮效应是指由对方的某种特征推及对方的总体特征，就像月晕一样，由于光环的虚幻印象，使人看不清对方的真实面目。晕轮效应和第一印象尽管表现方式不同，其实质都是一样的，都是人际知觉中的错觉。晕轮效应常使人产生美化对方的作用。

三、心理定式

心理定式是指人在认识特定对象时心理上的准备状态。心理定式是在对知觉对象产生认识之前，就已经将对方的某些“先入为主”存在于自己的意识之中，使认知者在认识时不由自主地处于一种有准备的心理状态。

四、刻板印象

刻板印象是对事物或人物呆板而没有变通的印象。一方面刻板印象有助于人们对某一类人的特征进行粗略估计；另一方面，它又阻碍人们形成正确的人际知觉。

五、投射效应

人们在对他人形成印象时，有一种强烈的投射倾向——就是假定对方和自己有相同之处，通俗地说就是“以己推人”。如果我们假定别人与自我相似则很容易判断别人，但判断的结果并不一定正确。投射效应会使我们对其他人的知觉产生失真，是一种认知心理偏差。

六、末轮效应

末轮效应是相对于首轮效应而言的，强调服务结尾的完美和完善，即要“功德圆满”。其主要内容是：在人际交往之中，人们所留给交往对象的最后印象也是非常重要的。在许多情况下，它往往是一个单位或某个人所留给交往对象的整体印象的重要组成部分。有时，它甚至直接决定着该单位或个人的整体形象是否完美，以及完美的整体形象能否继续得以维持。末轮效应理论的核心思想，是要求人们在塑造单位或个人的整体形象时，必须有始有终，始终如一。

（资料来源：国家旅游局人教司．旅游心理学［M］.4 版．北京：旅游教育出版社，2012.）

角色练习

【练习名称】

送站服务规范。

【练习要求】

模拟送站服务。

【角色设置】

（1）教师扮演计调人员，安排同学扮演送团的导游。

（2）学生分组，各组独立完成送站工作。

【练习材料】

送站计划单（课前收集、准备）。

【练习步骤】

1. 阅读送站资料，做好准备工作

认真阅读送站计划的有关资料，详细地了解该旅游团的旅游过程和游客反馈意见，以弥补旅游服务过程中的不足。

（1）组团人员情况：人数、性别、姓名、职业、宗教信仰。

（2）了解旅游全程游览情况，归纳、整理游客意见。

（3）了解离站所乘交通工具情况。

（4）掌握交通票据情况。

（5）查看该团去下一站的交通票据是否按计划订妥，有无变更及更改后的落实情况。

2. 办理离店手续

（1）交运行李。

（2）办理退房手续。

3. 送站过程模拟

（1）集合登车。

（2）送站途中：回顾行程，致欢送词。

（3）办理离站手续。

4. 评价总结

小组互评，归纳总结，选出最佳小组和最佳导游，教师点评。任务评价内容、要求等见表 8–1。

表 8–1　任务评价表

序号	任务内容	任务要求	等级	待改进技能	备注
1	送站的准备工作	认识重要性			
		认真分析接待计划			
		程序符合规范			

续表

序号	任务内容	任务要求	等级	待改进技能	备注
2	送站途中服务	模拟讲解			
3	送站服务	国际航班			
		国内航班			
		火车、轮船			

任务二 误机（车、船）事故的处理

情境导入

导游员小李急匆匆地把团队带到了机场，航班却已经起飞了。

请问，旅游团误机的原因有哪些？导游员应如何处理？

任务描述

本任务要求学生熟练掌握送站过程中突发状况（比如误机、误船、误车）出现时导游员的应对措施。主要是通过情境模拟、角色扮演等方法，对特殊情况进行模拟。

相关知识

误机（车、船）事故是指因为某些原因造成旅游团没有乘规定的航班或车次、船次离开本站而导致暂时滞留。

一、事故发生原因

（一）导游员的责任

由于导游员工作上的差错和不负责任造成的，如安排日程不当或过紧，没能按时抵达机场（车站、码头）；没有认真核实票据，将时间或地点记错。

（二）游客的责任或意外原因

游客走失，或不听从安排，没准时集合，或由意外的原因如交通事故、天气变化、自然灾害等造成的。

操作示例

旅游团误机了

导游员小王接待了来自加拿大的一个16人团队。团队9月20日乘SH2333航班9：00

抵W市，在W市按计划游览了一天后，按计划乘坐9月21日WU5342航班9：15离开W市去G市。该团地陪安排的离开饭店的时间是8：00。由于团里几位客人在结账时耽误了时间，直到8：20车才离开饭店，由于正值交通高峰时段，团队于9：16才抵达机场，这时飞机已滑入跑道准备起飞。导游员立即与机场有关方面协商搭乘时间最近的航班离港。

误机带来的后果严重。杜绝此类事故的发生关键在预防。导游员应该做到以下几点：

（1）认真核实机票的班次、日期、时间及在哪个机场。

（2）如果票据未落实，接团期间应与接待社相关人员保持联系。

（3）离开当天不要安排旅游团到地域复杂、偏远的景点参观，不要安排自由活动。

（4）要留有充足的时间去机场，要考虑到交通堵塞或突发事件等因素。

（5）乘坐国内航班要提前两个小时到达机场，乘坐国际航班出境要提前三个小时到达机场。

二、误机（车、船）事故的处理

（一）将造成误机（车、船）事故时应采取的应急措施

旅游团正在去往机场（车站、码头）途中，将造成误机（车、船）事故时，导游员应采取如下应急措施：与机场（车站、码头）取得联系，请求等候，讲明旅游团的名称、人数、现在何处、大约何时能够抵达机场（车站、码头）。如取得同意，导游员要立即组织游客尽快赶赴机场（车站、码头），同时向旅行社汇报情况，请求帮助协调。同时还需要向各个有关部门、有关人员（如海关、交通车队、行李员、旅游车司机等）讲清游客误机情况和补救办法，并说明请求协助的事项。

（二）已造成事故的处理办法

（1）导游员应立即向旅行社领导及有关部门报告并请求协助。

（2）地陪和旅行社尽快与机场（车站、码头）联系，争取让游客乘坐最近班次的交通工具离开本站，或改乘其他交通工具前往下一站。

（3）稳定旅游团成员的情绪，安排好滞留期间的食宿、游览等事宜。

（4）及时通知下一站，对日程做相应的调整。

（5）向旅游团成员赔礼道歉。

（6）写出事故报告，查清事故的原因和责任，责任者应承担经济损失并受相应的处分。

操作示例

游客延误时间　未能赶上火车

地陪导游员小王接待一个来自A市的20人旅游团。按计划游览完H市的景点后，该

团将乘18：45的火车赴S市。部分游客认为下午时间比较充足，离火车开车还有较长时间，希望小王能安排一个热闹的地方自由活动。于是小王在16：30将旅游团带到市中心广场，要求游客在一小时后集合上车。游客们自由活动后，在规定的时间内，只有12人返回，待最后8位游客返回时，已是18：10了。旅游车赶到火车站时，火车早已离站。

此次事故属于误车事故。

已经形成误车事故，应采取的处理方法如下：

（1）导游员应立即向旅行社领导及有关部门报告，并请求协助。

（2）导游员和旅行社尽快与车站联系，争取让游客乘最近班次的交通工具离开本站，或采取包车或改乘其他交通工具，前往下一站。

（3）稳定旅游者的情绪，安排好在当地滞留期间的食宿、游览等事宜。

（4）及时通知下一站，对日程做相应的调整。

（5）向旅游者赔礼道歉。

（6）写出事故报告，查清事故的原因和责任，责任者应承担经济损失并受相应的处分。

角色练习

【练习名称】

突发事件的处理。

【练习要求】

针对突发事件进行模拟演练。

【角色设置】

一位同学扮演送团导游，其他同学扮演游客。

【练习材料】

收集旅游团误机资料。

【练习步骤】

1. 由于堵车，导致误机

在送团过程中，由于堵车，导致误机。

2. 送团导游处理误机事故

（1）导游员应立即向旅行社领导及有关部门报告并请求协助。

（2）地陪和旅行社尽快与机场（车站、码头）联系，争取让游客乘坐最近班次的交通工具离开本站或改乘其他交通工具前往下一站。

（3）稳定旅游团成员的情绪，安排好滞留期间的食宿、游览等事宜。

（4）及时通知下一站，对日程做相应的调整。

（5）向旅游团成员赔礼道歉。

（6）写出事故报告，查清事故的原因和责任，责任者应承担经济损失并受相应的处分。

3. 各组代表评价处理过程

各组代表评价送团导游的处理是否合适，处理过程中有无不足之处，提出需要改进的地方。

任务评价内容、要求等见表 8-2。

表 8-2　任务评价表

序号	任务内容	任务要求	等级	待改进技能	备注
1	了解误机（车、船）事故的原因	加强了解			
2	处理误机（车、船）事故	了解本次误机（车、船）的原因			
		处理对策			

视野拓展

导游员应具备的心理素质

导游服务的复杂性和特殊性，决定了导游员要全面培养自己的心理素质，导游员的良好心理素质是导游活动成功的重要保证。

一、敏锐的观察能力和感知能力

导游讲解“贵在灵活、妙在变化”，而灵活变化的依据是导游员通过观察得到的信息。成功的导游服务可归纳为 16 个字：注意观察，察言观色，随机应变，灵活掌握。导游员要善于通过不同方式自觉观察并发现旅游者的心理变化和需求，及时调整导游讲解的详略、深浅和快慢，使其更具针对性，这样才能将大部分旅游者吸引在导游员身边，导游活动才有可能成功。

二、冷静的思维能力和准确的判断能力

导游员在带团过程中，需要冷静思考各种各样的问题并且准确判断，采取有效措施，正确处理。当遇到险情时，更要求导游员沉着冷静、果断处理，这样往往能化险为夷，避免事故的发生。出现问题后，如果措施果断，处理合情、合理、合法，会减少损失和不利影响。

事实证明，导游员处事沉着果断会提高威信，明智地、合情合理地解决问题让游客信服，能使双方同心协力共同完成旅游活动。

三、较强的自控能力

导游员较强的自控能力主要体现在善于控制自己的情绪，不会放纵自己，具有理性的心理品质。导游员应时刻明白自己的角色是“服务员”，自己的任务是为游客提供服务。

导游员与旅游者、入境旅游团领队及其他人员交往时，应既不骄矜又不胆怯，始终沉着自然、不卑不亢。

旅游活动中，导游员与旅游者及其他人员之间出现矛盾、发生纠纷是常有的事，对此，导游员不能感情用事，要以理服人，并且理明则让，避免发生正面冲突。

（资料来源：根据网络资料进行改写。）

课后练习

1. 送团前的业务准备工作有哪些？
2. 集中交运行李时有哪些要求？
3. 送站途中的讲解服务包含哪些内容？
4. 简述国内航班和国际航班的离站手续。

项目九 善后工作

项目概览

游客离开旅游团返回后，并不意味着导游员工作的结束，做好善后工作才能让本次带团服务更圆满，并为下次带团积累经验。学生回顾带团程序，总结整理带团过程中用到的物品、票证，通过角色扮演、技能训练、小组讨论等方法，提高对善后工作的认识，学会处理问题的方法，养成总结反思的职业习惯。

任务导读

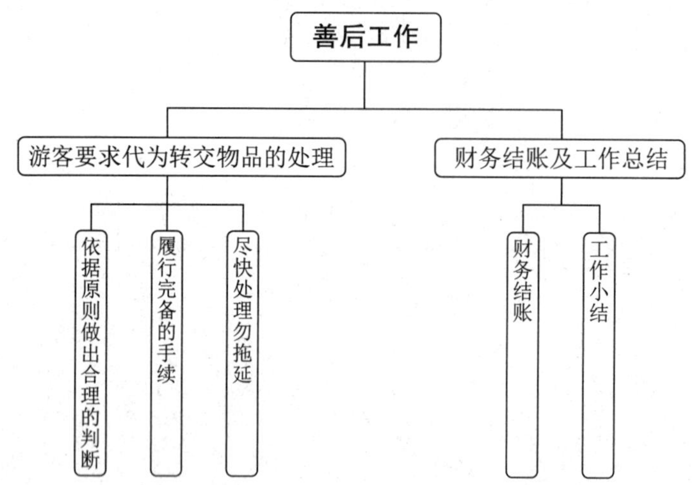

学习目标

（1）会处理游客要求代为转交物品的问题。

（2）财务结账无疏漏。

（3）了解带团工作小结的重要性，通过练习能写好带团工作小结。

任务一　游客要求代为转交物品的处理

情境导入

成为正式导游不久的晓丽对工作充满热情，受到游客们的好评。今天是晓丽所带韩国旅游团在北京游览的最后一天，一位游客金女士找到晓丽，希望晓丽帮忙将一个包装精美的盒子交给自己在北京某公司工作的朋友，并对晓丽说："我与朋友很久没见面了，特意从家乡带来了重要的礼物，本来想亲自交给她的，但碰巧她这几日出差不在北京，只好请你帮我将礼物交给她了。"

如果你是晓丽，你会如何处理？

任务描述

本任务要求学生会处理游客请导游代为转交物品的要求。主要是通过案例分析、角色扮演等方法，对如何处理游客请导游代为转交物品的问题进行分析和模拟练习。

相关知识

一、依据原则做出合理的判断

（1）一般情况下，建议旅游者亲自送交或选择专业公司邮寄、快递，导游可积极协助游客办理，提供必要的帮助。

（2）下列情况应婉言拒绝：

①游客要求将物品转交给外国驻华使领馆及其工作人员。

②所转交的物品为贵重物品、重要资料、食品等。

二、履行完备的手续

（1）如果游客确有困难或时间紧张等，导游可满足游客要求，代为转交物品，但必须履行完备的手续。

（2）问清转交物品为何物。若转交物品为食品应婉拒。应税物品应提醒游客纳税，物品要当面清点，并请游客填写委托书，签字确认。委托书样本见表 9-1。

表 9-1　委托书样本

委托书

委托人:(姓名)(身份证件号码)(联系电话)(详细通信地址)
被委托人:(姓名)(身份证件号码)(联系电话)
由于本人(　　　　　　)原因，不能亲自将下列物品交给(收件人姓名、地址和联系方式)，特委托(　　　　　　)作为我的代理人。物品清单如下：

物品名称	单位	数量

委托人签字：
年　月　日

被委托人签字：
年　月　日

三、尽快处理勿拖延

答应游客的事情要尽快处理，不能拖拉，因特殊原因不能送达，应马上联系委托人。收件人收到物品后，应请其开具收据，将收据交由旅行社保管，并及时通知委托人。

操作示例

游客托付的礼物未能及时转交

韩国游客宋女士请导游员小王将一份包装精美的礼物转交给自己的朋友。看到游客没能见到朋友的失落和对自己的信任，小王毫不犹豫地答应了宋女士的要求。几天后宋女士打电话到旅行社询问礼物是否已经转交，由于正值旅游旺季，小王一直有带团工作，礼物没能及时转交到宋女士朋友的手中。为此旅行社领导严肃批评了小王。

由于种种原因游客要求旅行社或导游员帮其转递物品，一般情况下，导游员应建议游客将物品或信件亲手交给或邮寄给收件部门或收件人，若确有困难，可予以协助。转递物品和信件，尤其是转递重要物品和信件，或向外国驻华使、领馆转递物品和信件，手续要完备。

(1)必须问清所托转递物品为何物。若是应税物品，应促其纳税。若转递物品是食品，应婉言拒绝，请其自行处理。

(2)请游客写委托书，注明物品名称、数量，并当面点清、签字，留下详细通信地址及电话。

(3)将物品或信件交给收件人后，请收件人写收条并签字盖章。

(4)将委托书和收条一并交旅行社保管，以备后用。

(5)若是转递给外国驻华使、领馆及其工作人员的物品或信件，原则上不能接收。在推托不了的情况下，导游员应详细了解情况并向旅行社领导请示，经请示同意后将物品和信件交旅行社有关部门，由其转递。

角色练习

【练习名称】

游客要求代为转交物品的处理。

【练习要求】

能妥善处理游客要求代为转交物品的问题。

【角色设置】

学生分组，小组编号，选出组长。

【练习材料】

教师准备不同难度的练习题目及相应道具。

【练习步骤】

（1）组长到教师处抽取练习题目。

①游客要求转交食品。

②游客要求转交密封的盒子。

③游客要求转交的物品为名表、首饰等贵重物品。

（2）小组讨论、分析所抽到的题目，并进行角色分配，准备所用道具，分角色模拟处理问题的过程。

（3）增加难度。小组从旅游者角度设计题目，组员扮演游客，指定小组组员担任导游。

（4）教师点评。

任务评价内容、要求等见表 9-2。

表 9-2 任务评价表

序号	任务内容	任务要求	等级	待改进技能	备注
1	合理判断游客诉求	能独立分析游客要求代为转交物品的问题能否满足，并清楚地向游客表达			
2	帮助游客转交物品的处理步骤、方法	详细地了解该旅游者要求转交的物品为何物			
		物品交接手续完备			
		接收人收到物品后的处理			

任务二 财务结账及工作总结

情境导入

小蒋带团返回旅行社后，虽然非常劳累，但仍坚持将本次团队的各类票据、钱款一一整理，按照旅行社的要求填写了报账单，连同发团前从旅行社领取的物品一并上交有关部门。

任务描述

本任务要求学生会正确填写有关财务结算表格，会写带团工作小结。主要是通过角色扮演、模拟练习等方法，使学生熟悉财务结算及工作总结。

相关知识

一、财务结账

带团过程中导游员要保存好各类票证，送走旅游团后在规定的时间，根据旅行社的具体要求填写好有关财务结算单，将钱款、票证和表格等有关资料一起上报财务，结清本次带团费用。

报账单、报账费用明细表样本见表 9–3、表 9–4。

表 9–3 报账单

报账日期： 年 月 日

团队名称			团号		人数	
车型车号			地陪		全陪	
线路			行程起止日期		起	止
支出项目	宾馆名称	单价	数量	金额	现付	签单
房费						
餐费	用餐酒店	餐标	人数	金额	现付	签单

续表

<table>
<tr><td rowspan="5">景点</td><td>景点名称</td><td>单价</td><td>数量</td><td>金额</td><td>现付</td><td>签单</td></tr>
<tr><td></td><td></td><td></td><td></td><td></td><td></td></tr>
<tr><td></td><td></td><td></td><td></td><td></td><td></td></tr>
<tr><td></td><td></td><td></td><td></td><td></td><td></td></tr>
<tr><td></td><td></td><td></td><td></td><td></td><td></td></tr>
<tr><td rowspan="4">交通</td><td>支出名称</td><td>金额</td><td>支出名称</td><td>金额</td><td>支出名称</td><td>金额</td></tr>
<tr><td>车费</td><td></td><td>路桥费</td><td></td><td>司贴</td><td></td></tr>
<tr><td>航班</td><td></td><td>车次</td><td></td><td>轮船</td><td></td></tr>
<tr><td>停车费</td><td></td><td>其他</td><td></td><td></td><td></td></tr>
<tr><td>其他</td><td colspan="6"></td></tr>
<tr><td rowspan="2">合计</td><td>预支款</td><td></td><td>导游代收</td><td></td><td>导游已付</td><td></td></tr>
<tr><td>票据种类</td><td></td><td>票据张数</td><td></td><td>票据金额</td><td></td></tr>
<tr><td colspan="7">以上报账情况保证属实（请导游如实填写，字迹清晰工整）</td></tr>
<tr><td>签字</td><td>导游</td><td></td><td>计调</td><td></td><td>出纳</td><td></td></tr>
</table>

表 9–4　报账费用明细表

××国际旅行社　费用明细表（现金）

合同编号：　　　　　　　　　　　　导游：　　　　　　　　　　　　单位：元

<table>
<tr><td>团号</td><td colspan="2"></td><td rowspan="2">旅游单位</td><td rowspan="2"></td><td rowspan="2">旅游行程</td><td rowspan="2"></td></tr>
<tr><td>时间</td><td colspan="2">年　月　日至　年　月　日</td></tr>
<tr><td colspan="2" rowspan="2">计划人数</td><td>成人</td><td></td><td rowspan="2">实际人数</td><td>成人</td><td></td></tr>
<tr><td>小孩</td><td></td><td>小孩</td><td></td></tr>
<tr><td colspan="2">已领款项</td><td></td><td>费用合计</td><td></td><td>余额</td><td></td></tr>
<tr><td>项目</td><td>票据种类</td><td>票据张数</td><td>金额</td><td rowspan="6">备注</td><td colspan="2"></td></tr>
<tr><td>1</td><td>发票</td><td></td><td></td><td colspan="2"></td></tr>
<tr><td>2</td><td></td><td></td><td></td><td colspan="2"></td></tr>
<tr><td>3</td><td></td><td></td><td></td><td colspan="2"></td></tr>
<tr><td>4</td><td></td><td></td><td></td><td colspan="2"></td></tr>
<tr><td>5</td><td></td><td></td><td></td><td colspan="2"></td></tr>
</table>

制单：　　　　　　　　　　　　填表：

二、工作小结

带团工作小结是导游带完一次旅游团的自我总结，是必要的后续性工作。带团工作小结不仅仅是将旅游中发生的重大事故等写成书面材料向旅行社汇报，也是信息的收集整理。通过带团工作小结，旅行社可以知道这条线路走得如何、带团任务完成得如何、是否具有更大的推荐价值，对导游来说是一种总结和反思，对迅速提升导游的素质有极大的帮助。

带团工作小结包括带团情况记录和导游对带团情况的分析总结两部分。带团情况记录要客观真实地将此次的游览时间、游览景点、游客情况、交通工具、主要事件等记录下来，对主要事件的记录要清晰简练、重点突出。分析总结要写出导游的真实感受及对问题处理的反省、思考。不同的游客、不同的旅游产品分析总结也应有所不同，比如夕阳红团，可着重思考活动安排是否劳逸得当，游客对安全问题是否满意，讲解方法能否符合老年人的认知需求等。

角色练习

【练习名称】

财务结账及工作小结。

【练习要求】

（1）每组设计填写一份财务报账单。

（2）综合前面章节的模拟练习，每组写一份带团工作小结。

【角色设置】

学生分组，小组合作完成。教师为计调人员。

【练习材料】

接待计划、情境材料。

【练习步骤】

（1）学生分组。

（2）教师选取一条旅游线路。

（3）小组讨论设计并填写财务报账单（可选择本章中的报账单样本，也可以自行设计报账单格式）。

（4）根据教师提供的情境，小组讨论，完成一份带团工作小结。

（5）各小组派代表对本组报账单和带团工作小结做解释说明，教师、其他组成员给予分析、评价。

任务评价内容、要求等见表 9-5。

表 9-5　任务评价表

序号	任务内容	任务要求	等级	待改进技能	备注
1	财务结账	熟悉结账手续，会填写财务报账单			
2	理解工作小结的重要性	提升认识			
3	会写带团工作小结	真实地记录带团情况			
		能针对不同的旅游产品、不同的游客做分析总结			

课后练习

1. 游客要求转交食品，导游应该如何处理?
2. 游客要求转交密封的盒子，导游应该如何处理?
3. 游客要求转交的物品为名表、首饰等贵重物品，导游应该如何处理?
4. 认真做好带团工作小结有何意义?

项目十 出境旅游领队工作

项目概览

随着人们旅游意识的增强和收入的增加，越来越多的游客选择出境旅游。然而，近年来多次曝光的“中国游客不文明现象”引起了人们对出境旅游领队工作的关注。在本项目的教学中，主要通过分组教学、案例分析、角色扮演等方法，使学生对出境旅游领队工作加强认识并进行任务模拟。

任务导读

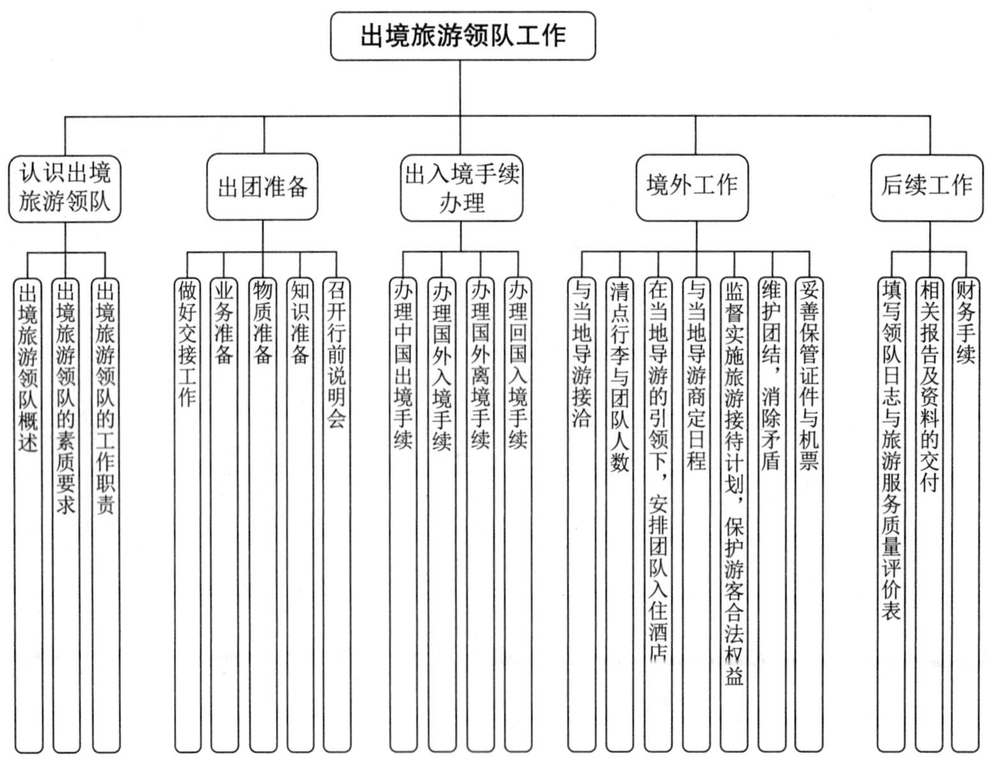

学习目标

（1）掌握出境旅游领队相关概念与规定。

（2）能够做好出团前的准备工作。

（3）熟悉出入境手续的办理程序。

（4）熟悉境外工作的内容及注意事项。

（5）掌握后续工作的处理流程及要求。

任务一　认识出境旅游领队

情境导入

小李是一名旅游专业的中职毕业生，他的目标是成为一名专业的出境旅游领队。请你帮小李规划一下，他需要具备哪些条件才能实现目标?

任务描述

本任务要求学生掌握出境旅游领队的概念、素质要求、工作职责。通过分组活动对出境旅游领队工作加强认识。

相关知识

一、出境旅游领队概述

（一）出境旅游领队的概念

出境旅游领队简称领队。在境外，旅行社对领队有“Tour Leader”“Tour Escort”“Tour Conductor”“Tour Manager”等多种称呼。在日本的旅行社，领队被称为“随员”。

对领队的不同称呼，其实可以显示出人们对领队功能认识上的不同点。“Tour Leader”和“Tour Manager”，倾向于领队对旅游团的责任；“Tour Escort”“Tour Conductor”和“随员”，则倾向于领队的服务功能。虽然各国的领队名称不同，但他们所从事和承担的工作却大致一样。

《旅行社出境旅游服务规范》（GB/T31386-2015）中对领队的定义为：依法取得从业资格，受组团社委派，全权代表组团社带领旅游团出境旅游，监督境外旅行社和导游人员等执行旅游计划，并为旅游者提供出入境等相关服务的工作人员。

我国领队受国家旅游行政管理部门批准可以经营出境旅游业务的旅行社的委派，全权代表该旅行社带领旅游团在境外从事旅游活动。领队带领国内游客出国游览，在机场及飞机上为游客提供各种帮助，并与目的地国地接导游配合，完成游览任务，监督接待服务质量等。

（二）资格的取得

在出境旅游比较发达的国家，通常对领队资格不做具体规定，一般是由旅行社自行选派人员。在出境旅游刚起步的国家或地区，由于专业领队队伍尚未形成，政府主管部门对领队任职资格往往会做出很多规定，有的甚至还要进行资格考核。

在我国关于领队证的取得有明确规定。

《中华人民共和国旅游法》第39条：从事领队业务，应当取得导游证，具有相应的学历、语言能力和旅游从业经历，并与委派其从事领队业务的取得出境旅游业务经营许可的旅行社订立劳动合同。

2016年11月7日，第十二届全国人民代表大会常务委员会第二十四次会议通过《全国人民代表大会常务委员会关于修改〈中华人民共和国对外贸易法〉等十二部法律的决定》，就取消“领队证核发”许可对《中华人民共和国旅游法》第三十九条、第四十一条、第九十六条和第九十八条至第一百〇三条的相关规定做了修改。2016年12月12日依据国家旅游局发布的第42号令修改的《旅行社条例实施细则》，进一步明确领队管理由资格准入制改为备案管理制，旅游主管部门不再对领队从业进行行政审批。

2017年8月14日发布的《国家旅游局办公室关于领队管理工作有关事宜的通知》对领队管理事宜做了明确规定：

1. 关于领队人员学历、语言能力、从业经历条件的认定

（1）大专以上学历。包括普通高校、成考、自考及国家承认的其他形式的具有大专及以上的同等学力。

（2）语言能力。符合下列情形之一：①通过外语语种导游资格考试；②取得国家级发证机构颁发的或国际认证的、出境旅游目的地国家（地区）对应语种语言水平测试的相应等级证书。

（3）从业经历。符合下列情形之一：①两年以上旅行社业务经营经历；②两年以上旅行社管理经历；③两年以上导游从业经历。

2. 关于边境旅游领队、赴台旅游领队的条件

（1）边境旅游领队。从事边境旅游领队业务的人员，应取得导游证，并与委派其从事领队业务的、取得边境旅游业务经营许可的旅行社订立劳动合同，学历、语言、从业经历等条件由边境地区省、自治区结合本地实际另行规定。

（2）赴台旅游领队。从事大陆居民赴台湾地区旅游领队业务的人员，应符合《大陆居民赴台湾地区旅游管理办法》规定的要求，暂不实施在线备案。

3. 关于领队备案、取消备案流程

（1）与出境社、边境社签订劳动合同并通过“全国旅游监管服务平台”完成换发电子导游证的导游，登录自己的平台账号上传本人的学历证书、语言等级证书及劳动合同的扫

描件。（语言等级证书备案功能将于 8 月 31 日启用）

（2）出境社、边境社登录“全国旅游监管服务平台”使用“领队备案管理”功能，将符合条件的导游备案为领队。（边境旅游领队备案功能将于 8 月 31 日启用）

（3）出境社、边境社取消领队备案的，可登录“全国旅游监管服务平台”使用“取消备案”功能取消领队备案。

二、出境旅游领队的素质要求

（一）良好的思想品德

1. 热爱祖国

出境旅游领队在出境旅游活动中，除了要尊重所在国的法律和风俗习惯外，还要维护祖国和民族的尊严。因此，要求出境旅游领队具有高度的爱国精神，在任何环境中都不要忘记自己的祖国，并经常提醒团员处处维护国家的尊严。

2. 道德修养

良好的道德修养也是出境旅游领队所应具备的基本素质。出境旅游领队在工作中与各种人打交道，有诱惑，也会受威胁。因此，出境旅游领队必须自己端正品行，维护旅游者的合法权益，这样才能树立起榜样，增强旅游团的凝聚力，顺利完成旅游行程。

3. 敬业精神

出境旅游领队上团期间，面对的事务繁杂而又琐碎，但又都不能疏忽，否则就有可能造成难以预料的损失。这就要求出境旅游领队要有高度的责任心，热爱本职工作，事情无论大小，都要不厌其烦。出境旅游领队是一项特殊的服务性工作，没有很强的敬业精神是做不好的。

4. 遵纪守法

出境旅游领队带团出境旅游，某种程度上也属于涉外工作。外事无小事，出境旅游领队不但自己要遵守法律和外事纪律，严守国家机密，而且要提醒和要求游客做到；不但要遵守我国的法律，还要熟悉和遵守所在国的法律。

（二）良好的业务素质

1. 语言能力

外语水平是衡量出境旅游领队业务能力的重要方面。团队在境外参观游览，虽然有当地的中文导游讲解，但许多情况下需要出境旅游领队出面协调和处理，外语能力差就不能胜任这项工作。

2. 知识结构

出境旅游领队所从事的是一项知识密集性工作，必须了解目的地国家的地理概况、历史、政治经济、社会文化知识和交通情况，还要熟悉主要城市和旅游景区、景点的基本情况及有关法律知识。

3. 旅行常识

出境旅游领队还要具备生活、安全、卫生和外汇、海关、通信等各个方面的知识。

（三）较强的工作能力

1. 组织能力

旅游团队是一个临时组成的团体，出境旅游领队必须具备较强的组织能力。在出入海关时，出境旅游领队要保证每一位团员顺利通过；在到达目的地后，出境旅游领队要及时与地接社导游接洽，安排好客人入住、就餐。

2. 应变能力

在境外旅游可能会遇到各类问题，如安全事故、交通延误、证件或行李丢失、滞留不归等。因为远在异国他乡，所以对出境旅游领队处理突发事件的能力提出了更高的要求。

（四）身心健康

1. 身体健康

境外旅游一般行程天数较长，旅行距离跨度大，需要倒时差，琐事较多，这对出境旅游领队的体能要求较高，没有健康的体魄是不行的。

2. 思想健康

世界各国的法律与社会背景不同，在一些旅游地存在着黄、赌、毒等，出境旅游领队必须思想健康，洁身自好，并能够引导游客抵制各种侵蚀。

（五）较高的政策水平

出境旅游领队要具备较高的政策水平，特别是从事一线涉外工作，要能够从我国的国情出发，正确理解、执行国家关于出境旅游管理的方针政策，熟悉我国的对外开放政策、外交政策以及关于祖国统一的政策，具有独立执行政策和宣讲政策的能力。

三、出境旅游领队的工作职责

出境旅游领队是经国家旅游行政主管部门批准组织出境旅游的旅行社的代表，是出境旅游团的领导者和代言人。因此，出境旅游领队在团结旅游团全体成员、组织旅客完成旅游计划方面起着全陪、地陪往往难以达到的作用。其主要职责如下。

（一）全程服务、旅途向导

出境旅游领队在出发前应向旅游团介绍旅游目的地国家或地区的概况及注意事项，例如，旅游目的地的法律法规、风土人情及风俗习惯等；陪同旅游团游客全程参观游览活动，积极为旅游者提供旅游行程中的相关服务。

（二）落实旅游合同

代表组团社监督和配合旅游目的地国家（地区）的全陪、地陪全面落实旅游合同，安排好旅游计划，组织好旅游活动。

（三）组织与团结工作

关心游客，做好旅游团的组织工作，维护旅游团内部的团结，调动游客的积极性，保证旅游活动顺利进行。

（四）协调联络、维护权益

出境旅游领队应负责与接待社共同实施旅游行程计划，协助处理旅游行程中的突发事件、纠纷及其他问题。出境旅游领队还要自觉维护国家利益和民族尊严，并提醒旅游者抵制任何有损国家利益和民族尊严的言行。

角色练习

【练习名称】

认识出境旅游领队知识竞赛。

【练习要求】

掌握出境旅游领队的概念、素质、职责。

【角色设置】

对学生进行分组，各组之间进行知识竞赛。

【练习材料】

课前准备若干关于出境旅游领队概念、素质、职责的题目。

【练习步骤】

（1）常规概念抢答：

①出境旅游领队的概念。

②出境旅游领队应具备的素质。

③出境旅游领队的职责。

（2）自述对于出境旅游领队工作的理解。

课前收集资料，组内交流，推选小组代表阐述对出境旅游领队工作的理解。

（3）教师对各组展示进行评价总结。

（4）完成出境旅游领队认识任务评价表（见表 10-1）。

表 10-1　出境旅游领队认识任务评价表

序号	任务内容	任务要求	等级	待改进技能	备注
1	认识出境旅游领队工作	出境旅游领队的概念			
		出境旅游领队应具备的素质			
		出境旅游领队的职责			
2	阐述对出境旅游领队工作的认识	能够正确理解出境旅游领队工作			
		对出境旅游领队工作有自己的理解			

任务二　出团准备

情境导入

领队小王接到旅行社电话，让他接一个意大利、瑞士、法国10日游的出境旅游团，随后小王来到旅行社领取了接待计划。

请问，小王在出发前要做好哪些准备工作？

任务描述

本任务要求学生能够掌握领队与旅行社之间的交接工作，熟悉领队出团前的业务准备、物质准备、知识准备、行前说明会。主要通过分组教学、角色扮演等方法对准备工作进行模拟。

相关知识

一、做好交接工作

旅行社负责旅游团队的后勤操作人员称为“OP”（operater，意为操作员）。出境旅游团队的组团社与领队之间的工作交接，主要是在OP与领队之间展开。OP与领队之间交接的配合是团队在境外行程顺利的重要保证。

（一）听取OP介绍团队计划并接收出团资料

OP对领队介绍的资料包括以下内容。

（1）团队构成的大致情况。

（2）团内重点成员的情况。

（3）团队的完整行程。

（4）团队的特殊安排和特别要求。

（5）行前说明会的相关安排。

OP向领队移交的资料包括团队名单表、旅游证件、旅游签证、交通票据、接待计划、联络通信信息。

（二）领队与OP的配合

1. 工作配合默契

OP与领队之间的交接要清楚明了，无论是出团前OP向领队交接工作，还是出团后领队向OP交接工作，都应尽量一次性完成。

2. 联络顺畅

团队在整个运行过程中，OP 与领队之间的联络，需保持 24 小时的畅通。发生任何重大事件，领队都应在第一时间向 OP 汇报。对团队的任何变更信息，OP 都应及时告知领队。

3. 协调一致

OP 与领队之间，彼此要充分信任，工作要协调一致。OP 向领队交接时，除与领队无关的团队价格、利润等涉及企业秘密的内容外，要向领队传达关于团队尽量多的有效信息，以方便领队带团时心中有数。领队向 OP 进行交接汇报时，不能遗漏旅行团内发生的主要事情，以便 OP 能对一些问题进行有效处理。

二、业务准备

（一）认真做好四核对

（1）护照与机票核对，包括中英文姓名等。

（2）机票与行程核对，包括国际段和国内段行程、日期、航班、间隔时间等。

（3）机票与名单表核对，各项一一对应，核对实际出境旅游人数与团队名单表是否一致；了解旅游团成员的姓名、性别、职业、年龄、联系地址和旅游团中的重点游客、需要特殊照顾的对象及特殊要求等情况，并根据这些信息制订相应的工作计划。

（4）护照内容核对，核对内容包括姓名中英文、性别、出生日期、出生地点、护照签发日期、护照签发地点、签发机关、护照有效期、护照号、护照签证有效期，签证水印和签字以及签证是否与前往国相符等。

（二）熟悉团队行程

领队必须尽早熟悉旅游团的整个行程安排，以便更好地为团队服务，并协调好各地的接待社之间的关系。如果旅游团方面出现人数变动、提出新的要求等情况，应尽早通知接待社。

三、物质准备

（1）护照、机票、已办妥手续的团队名单表。

（2）团队计划、自费项目表。

（3）国内外重要联系电话。

（4）客人房间分配表。

（5）航班时刻表。

（6）游客胸牌、行李标签。

（7）旅行社社旗、社牌、名片。

（8）客人问卷表、领队日志簿。

（9）旅行包（核对该团是否提供）。

（10）各国入出境卡、海关申报卡。

（11）团费。

四、知识准备

（1）了解目的地国家有关资料（风俗习惯、礼仪，以及与中国建交情况）。

（2）了解目的地国家有关法律、法规（如交通规则、退税规定）。

（3）准备回答客人对目的地景点提出的相关问题。

（4）关注时事新闻，特别是有关自然灾害的信息。

视野拓展

国外旅游消费怎样退税

目前，全球超过 50 个国家和地区实行了购物退税政策。在欧盟、澳大利亚、日本、韩国和新加坡等，除了商家打折促销，当地政府也提供 5%~20% 购物退税政策，让跨境旅客可以享受额外的消费优惠，在付款的地方看到“Tax–Free shopping”的标志，就意味着在境外的消费是可以享受到退税政策的。

到目前为止，境外购物一共有四种退税方法，第一种是退现金，第二种是退支票，第三种是退回购物结算时使用的信用卡内，第四种是退回支付宝账户。

（1）现金退税：其优点是马上可以获得退税，在有消费退税优惠的国家，在支持购物退税的商户消费后均可办理；缺点是手续比较烦琐，往往要排长队等待、准备资料、零钱兑换等，而且选择其他国家货币需要收取较高的货币转换手续费。

（2）支票退税：优点是前期比较方便，消费者在出境机场填好单据寄回有关地点后，海关人员会将支票邮寄至消费者所留下的地址。但后期缺点较多，除耗时外，消费者还得多花寄支票的邮资。待消费者收到支票之后，还必须拿到银行去存。各种邮资、手续费扣下来，真正拿到的金额实际上不多。

（3）信用卡退税：退税方法中最简便的就是退回信用卡，不过，如果选择信用卡退税，游客提交的信用卡必须是国际信用卡，比如有 VISA、MASTER CARD 标志的信用卡。缺点是追查麻烦，即使办理了信用卡退税还是会担心这笔钱退不到账上。因为无论何种情况，若退税公司未收到盖章的退税表格（哪怕是因为邮寄遗失），退税公司都有权从您的信用卡中扣除此笔税款，而且用国际标准信用卡退税时，退税币种为刷卡时使用的货币，刷的是美元即退还美元。这笔款项将打入信用卡账户内，如果需要在国内使用这笔钱，转换成人民币将产生 1%~2% 的货币转换费。

（4）支付宝退税：消费者在欧洲等地购物消费，可以用支付宝办理退税，退税金最快 10 个工作日到账支付宝，并且支持支付宝钱包实时查看到账情况。

使用支付宝退税服务，优点是比较方便，消费者只需在印有“Alipay”选项标识的退税单上填好绑定支付宝的手机、护照号和中文名拼音等必要信息；离境前把退税单交给海关检查盖章，并投递到机场指定的信箱，就可以坐等退税到账支付宝账户。最快10个工作日后，退税金会自动兑换为人民币汇到消费者的支付宝账户，并且有到账信息通知。缺点是覆盖范围还比较少，目前法国、英国、德国、意大利的环球蓝联的退税合作商户已支持支付宝海外退税服务。

〔资料来源：谭萍．国外旅游消费怎样退税［J］．旅游世界：旅友，2015（01）：19．有改写。〕

五、召开行前说明会

在办理好有关护照、签证、交通票据等出入境手续后，领队要召集游客举行一次行前说明会。在说明会上将有关事项告知每位游客，并与游客接触、互相熟悉。

（一）行前说明会上需要注意的问题

（1）要体现领队的精神风貌。

（2）要以礼貌语言亮相。

（3）着重强调时间（尤其是出发时间）。

（4）记录每位游客的手机号码。

（5）将自己的手机号码告知游客。

（二）行前说明会的内容

（1）向旅游者说明出境旅游的有关注意事项，以及外汇兑换、退税等事宜。

（2）向游客分发出境旅游行程表和团队标志胸牌。

（3）向游客宣讲目的地国和地区的相关法律法规知识和风俗习惯。

（4）向游客详细说明各种由于不可抗力及不可控制因素导致组团社不能（完全）履行约定的情况，以取得游客的谅解。

（5）强调安全高于一切。遵守境外游览规则和交通规则，贵重物品随身携带。

（6）提醒游客注意个人的行为规范，文明礼貌，入乡随俗，维护国家尊严。对以往中国游客出境旅游的不文明习惯进行点评。

（7）向游客详细解读出境旅游行程表。

（8）对游客提出团结互助、支持领队工作的期望。

（9）购物方面，为客人着想。如有自费项目，要向游客讲明，让游客行前做到心中有数，明明白白消费。

（三）行前说明会要落实的事宜

（1）确认经过解读及修改过的最终团队出境旅游行程表。

（2）确认团队分房表。

（3）确认国内段返程机票是否已订或是否交款。

（4）确认是否有单项服务等特殊要求。

（5）确认是否有伊斯兰教教民或素食者。

（四）行前说明会补救

（1）对因故未能前来参加行前说明会的游客，领队或OP应记录下来，做好补救工作。

（2）记住要将应发给游客的物品带给游客。

（3）未能出席行前说明会的游客的团队标志胸牌和太阳帽等物品，应该由领队出发时带到集合地点。

（4）如果是集体团队出发，可以在去机场的路上或者到达机场之后，选择适当的地点集中客人，传达行前说明会的重要内容。

视野拓展

泰国曼谷芭堤雅行前说明会

各位游客，大家好！感谢大家参加这次出境旅游活动。今天我们在此召开一次行前说明会。希望大家能够支持我们的工作。

首先我给大家介绍下泰国的基本情况。泰国位于东南亚中南半岛中部，东临柬埔寨，西部和西北部接缅甸，东北临老挝，南接马来西亚，全国面积为514 000平方千米，海岸线长2600多千米。泰国人将国家的疆域比作大象的头部，北部代表“象冠”，东北地方代表“象耳”，暹罗湾代表“象口”，而南方的长条带代表“象鼻”。

泰国旧称暹罗，后改为“泰”，主要取其“自由”之意。泰国被世人称为“微笑的国土”。泰国拥有无数令人赞叹的名胜，有独特的文化和持续相传的风俗习惯。

东南亚国家天气炎热，全年平均气温在24℃~35℃，多蚊虫，回酒店后，请开空调，不要开窗。

泰国的时间比中国的时间慢1小时，到泰国后，请注意调整好时间。

泰语是泰国官方语言，英语只在酒店内通用。泰国人习惯“合十礼”（即合掌躬首互向对方致礼），合十时常互致问候“萨瓦迪卡”（泰语“您好”的意思）。别人向你合十问候时，你也要合十回敬，否则失礼。抚摸对方头颅或挥手越过别人头顶，被视为有侮蔑之意，是禁止的动作。泰国人认为右手高贵，给别人递东西时都要用右手，以示敬意，因为左手被认为不洁。

下面介绍泰国出入境规定。

请注意各国海关关于出入境的规定，请大家认真阅读我们下发的资料。

泰国的酒店总体水平还不错，但酒店通常不提供牙刷、牙膏、梳子和拖鞋，主要是考虑环保因素，因此游客最好自备一套，既省事又卫生。

泰国人主食大米，由于常年炎热，习惯饮用冰茶。

下面讲讲安全问题。

（1）人身安全：行走时要注意交通安全，过马路要走人行横道。泰国车辆均为靠左行驶，与我国相反。玩各种机动游戏，要视自己身体情况选择。游泳时，请团友相互照顾。不要一个人单独活动，夜晚尽量不要外出，不要与陌生人交往，如外出请通知导游或领队，最好集体活动。客人独自离团，超过 24 小时，我们会报警，以脱团处理。

（2）财产安全：个人的钱款和贵重物品要随身携带或存放在酒店保险箱内，不要放在旅游车上或托运的行李里及房间内。如有遗失，后果自负。

（3）证件安全：护照是我们在境外唯一有效的身份证明，丢失护照将是最大的麻烦，要到我国在当地的使领馆办理临时证件，一切费用自理。

（4）在国外期间须集体活动，遵守集合时间，配合领队和当地导游的工作，不得擅自离队，个人单独活动要打招呼。请务必随身携带我社发给大家的行程表及紧急联系电话。

最后希望大家在旅途中能配合我们的工作，我们将诚挚地为大家服务，希望大家此次旅途愉快，谢谢！

（资料来源：依据多篇网络资料改写。）

角色练习

【练习名称】

领队的出团准备工作。

【练习要求】

熟悉领队的出团准备工作并能够模拟过程。

【角色设置】

全班分为 4 组，各组选出学生担任领队（1 名）、旅行社 OP（1 名），其余学生担任游客。

【练习材料】

准备 4 份出境旅游的行程计划。

【练习步骤】

（1）认真熟悉接待计划，就相关问题与 OP 进行交接。

（2）各组按接待计划的内容做好准备工作，并在全班进行展示。

①业务准备。

②物质准备。

③知识准备。

④小组代表上台交流，介绍各组准备工作是如何完成的。

（3）模拟召开行前说明会。

（4）教师对各组展示进行评价总结。

（5）完成领队准备工作任务评价表（见表 10-2）。

表 10-2 领队准备工作任务评价表

序号	任务内容	任务要求	等级	待改进技能	备注
1	交接工作	听取 OP 介绍团队计划并接收出团资料			
		与 OP 的配合			
2	准备工作	业务准备			
		物质准备			
		知识准备			
3	行前说明会	内容充实			
		表述清晰，重点突出			

任务三 出入境手续办理

情境导入

有游客反映："自己出境时随身携带的物品，为何复入境时还要交税？"

思考：

1. 为何会发生上述这种情况？

2. 作为领队，如何在带团过程中避免上述情况的发生？

任务描述

本任务要求学生掌握中国出境手续、国外入境手续、国外离境手续、回国入境手续的办理。通过分组练习、情境模拟等方法模拟办理过程。

相关知识

在出境前，领队应向游客先简要介绍有关的出入境知识，以便使团队出入境时更加有序。

一、办理中国出境手续

（一）清点人数并告知注意事项

（1）提前到达集合地点并准时集合，清点人数。

（2）领队精神饱满，举社旗带领全团进入出境大厅，在指定地点集合清点人数。

（3）查看电子屏幕上的出发航班信息，确认办理登机手续及托运行李的柜台号。

（4）团员到齐后，告知客人托运行李的有关注意事项，如贵重物品、护照、现金、信用卡、相机、金银珠宝首饰、手机、笔记本电脑等随身携带，切勿放入托运行李中。打火机等易爆物品禁止托运及随身携带。刀、剪刀等尖锐物品禁止随身携带。

（二）办理出关手续

（1）领队应事先收齐全团游客的物品申报单，持全团集体签证（无集体签证时先收齐全团的护照）、领队护照、国际机票（车票、船票），到海关处交付检查。海关检查后，须在申报单上盖章，机票上盖上检查标记。

（2）领队持有海关检查标记的国际机票，到行李托运处办理行李过秤托运手续，领取行李牌、登机牌。

（3）协助游客填写出境登记卡。填好后将卡片夹在各自的护照里。领队办理好托运行李手续后，将登机牌发到游客手中，全团游客便可到出境口准备办理最后一道手续——边防检查站检查。

（4）统一办完行李托运后，清点人数，提醒客人查看行李标签，有转机的，查看两段飞行地点，以防拿不到托运行李；告知客人手拿护照或通行证、登机牌，宣布登机门号、登机时间。

（5）过关时持团队签证的客人按顺序排好队，依次通过，持个人签证的客人可走其他通道。

视野拓展

中国公民出入境证件申请表

护照条码　　港澳证件条码　　赴台证件条码

中国公民出入境证件申请表

（请用黑色签字笔或钢笔书写，并在相应选项内打“√”）：

姓名		拼音姓		拼音名		
身份证号码						正面免冠半身彩色照片大小：40mm×30mm
性别		民族		出生日期		
出生地		户口所在地				
本人联系电话		紧急情况联系人及电话				
普通护照	□首次申领 □补发 □换发 □失效重新申领 □加注					
	加注内容 □曾用名加注（曾用名： ） □姓名加注（姓　名： ） □曾持护照加注（曾持护照号码： ）					

续表

<table>
<tr><td rowspan="5">往来港澳通行证和签注</td><td colspan="7">□申请通行证：□首次申领 □补发 □换发 □失效重新申领 □申请签注</td></tr>
<tr><td>签注种类</td><td>团队旅游（L）</td><td>个人旅游（G）</td><td>商务（S）</td><td>探亲（T）</td><td>其他（Q）</td><td>逗留（D）</td></tr>
<tr><td>往来香港签注</td><td>□3个月一次
□3个月二次
□1年一次
□1年二次</td><td>□3个月一次
□3个月二次
□1年一次
□1年二次
□1年多次</td><td>□3个月一次
□3个月多次
□1年多次</td><td>□3个月一次
□3个月多次
□1年多次</td><td>□3个月一次
□3个月二次
□3个月多次</td><td>多次有效</td></tr>
<tr><td>往来澳门签注</td><td>□3个月一次
□1年一次</td><td>□3个月一次
□1年一次</td><td>□3个月一次
□3个月多次
□1年多次</td><td>□3个月一次
□3个月多次
□1年多次</td><td>□3个月一次
□3个月二次
□3个月多次</td><td>多次有效</td></tr>
<tr><td>仅探亲类签注填写</td><td colspan="6">港澳亲属姓名______，性别______，港澳身份证号码__________________，旅行证件号码__________________，与申请人关系______。</td></tr>
<tr><td rowspan="2">往来台湾通行证和签注</td><td colspan="7">□申请通行证：□首次申领 □补发 □换发 □失效重新申领 □申请签注 □加注</td></tr>
<tr><td colspan="7">申请事由和签注种类：
□团队旅游（□3个月一次 □多次有效） □探亲（□6个月一次 □多次有效）
□经贸交流（□6个月一次 □多次有效） □应邀（□6个月一次 □多次有效）
□个人旅游 □定居 □居留 □就学 □乘务 □其他</td></tr>
<tr><td>取证方式</td><td colspan="7">□前往公安机关出入境管理部门领取 □邮寄送达</td></tr>
<tr><td rowspan="2">邮寄地址</td><td colspan="4" rowspan="2"></td><td>邮编</td><td>收件人</td><td>联系电话</td></tr>
<tr><td></td><td></td><td></td></tr>
<tr><td>监护人意见或委托他人办证</td><td colspan="7">本人系申请人的______，□同意申请人办理出入境证件/□受申请人的委托代为办理出入境证件。
□监护人/□被委托人 签名： 年 月 日</td></tr>
<tr><td>申请人声明</td><td colspan="7">本人谨此声明：
此申请表所填内容真实正确无误，所提交的申请材料真实有效，如存在虚假情形，本人愿意承担法律责任。
申请人签名：
年 月 日</td></tr>
<tr><td>电子往来港澳通行证持证人免登记使用港澳地区自助查验通道声明</td><td colspan="7">本人谨此声明：
持证人希望免登记使用港澳地区自助查验通道，同意香港入境事务处、澳门治安警察局在口岸查验工作中读取持证人电子往来港澳通行证中的指纹模板信息。
□持证人/□监护人 签名： 年 月 日</td></tr>
<tr><td colspan="8">以下栏目由公安机关出入境管理部门填写</td></tr>
<tr><td rowspan="3">指纹采集情况</td><td>采集指位</td><td colspan="6">右手：□拇指 □食指 □中指 □环指 □小指
左手：□拇指 □食指 □中指 □环指 □小指</td></tr>
<tr><td colspan="4">采集人签名： 年 月 日</td><td colspan="3">复核人签名： 年 月 日</td></tr>
<tr><td colspan="7">无法正常采集指纹的原因：□无法采集拇指指纹 □指纹缺失、损坏 □其他</td></tr>
</table>

续表

受理意见	受理人签名： 年 月 日	普通护照： □同意 □不同意 往来港澳通行证和签注： □同意 □不同意 往来台湾通行证和签注： □同意 □不同意 审核人签名或签章： 年 月 日
审批签发意见	普通护照： □同意 □不同意 往来港澳通行证和签注： □同意 □不同意 往来台湾通行证和签注： □同意 □不同意 审批人签名或签章： 年 月 日	

公安部出入境管理局监制（监督电话 010-66266400）

二、办理国外入境手续

（1）到达旅游目的地后，办理有关入境手续，通常称“过三关”，即卫生检疫、证件查验、海关检查。

（2）入境的 E/D 卡（E——Embarkation：入境，D——Disembarkation：出境；E/D 卡就是出入境卡，到不同国家都需要填写的卡，在入境时海关会收一部分，出境时再收回另外一部分）及申报单应事先填妥。

（3）带团出机场时，从入境边检开始，再接着取行李至海关检查，按顺序办理。

（4）领队先于团员通过移民关卡，应回头照顾团员，并请已过关的团员协助提取行李。

（5）海关要求检查行李时，请游客立即开箱接受检查，同时告诫团员切勿离队，因为国外机场庞大，环境复杂，离散后不易寻找。

（6）当海关检查完毕（即出关），与当地接待人员联络，并将行李交其负责，然后带团员登车清点人数。至此，国外的入境手续办理才算完成。

（7）如果在公路上通过国界，则应将游客证件收齐，游客坐在车上不动，请求海关人员到车上检查。

视野拓展

中国护照的“含金量”上升

近年来，出国游持续升温，普通护照免签或落地签的国家和地区数量越来越受到关注。据 2020 年 1 月外交部领事司发布的消息，对华免签、落地签的国家和地区已达 72 个，中国护照的“含金量”不断提升。

一、互免签证（15 个国家）

互免签证：由两个国家或地区缔结协定达成互免签证，不会轻易变更。

（1）可停留不超过 30 天：塞舌尔、巴哈马、斐济、格林纳达、汤加、塞尔维亚、巴巴多斯、阿联酋、白俄罗斯、卡塔尔。

（2）可停留不超过 60 天：毛里求斯。

（3）可停留不超过 90 天：圣马力诺、亚美尼亚。

（4）每 180 天可停留不超过 90 天：波黑。

（5）1 年内可累计停留不超过 90 天：厄瓜多尔。

二、单方面给予免签（18 个国家和地区）

单方面免签：是单方面的，可以随时被修改、调整，甚至取消。

1. 亚洲（4 个）：印度尼西亚、乌兹别克斯坦、韩国济州岛等地、阿曼（印度尼西亚同时是单方面允许中国公民免签入境国家及单方面允许中国公民落地签国家）。

2. 非洲（3 个）：摩洛哥、法属留尼汪、突尼斯。

3. 美洲（7 个）：安提瓜和巴布达、海地、南乔治亚和南桑威奇群岛（英国海外领地）、圣基茨和尼维斯、特克斯和凯科斯群岛（英国海外领地）、牙买加、多米尼克。

4. 大洋洲（3 个）：美属北马里亚纳群岛（塞班岛等）、萨摩亚、法属波利尼西亚。

三、单方面给予落地签（40 个国家和地区）

落地签：指一国签证机关在本国的入境口岸向入境的外国人颁发的签证。落地签证通常是单边的，易出现政策变化。落地签较为方便，有的只需提供普通护照和往返机票即可，有的还免签证费，但有的有附加条件。

1. 亚洲（19 个）：阿塞拜疆、巴林、东帝汶、印度尼西亚、老挝、黎巴嫩、马尔代夫、缅甸、尼泊尔、斯里兰卡、泰国、土库曼斯坦、文莱、伊朗、马来西亚、约旦、越南、柬埔寨、孟加拉国。

2. 非洲（16 个）：埃及、多哥、佛得角、加蓬、科摩罗、科特迪瓦、卢旺达、马拉维、马达加斯加、毛里塔尼亚、圣多美和普林西比、坦桑尼亚、乌干达、贝宁、津巴布韦、圣赫勒拿（英国海外领地）。

3. 美洲（1 个）：圭亚那。

4. 大洋洲（4 个）：帕劳、图瓦卢、瓦努阿图、巴布亚新几内亚。

（资料来源：根据中国领事服务网资料整理。）

三、办理国外离境手续

（1）办理国外离境手续与在中国出境时基本相同，通常都是先办登机手续，再过边检海关。在即将结束旅游目的地活动时，领队应与全陪、地陪一起落实出境的票证，如机票、车票、船票等。

（2）过关前，领队应告诉客人航班号、登机门号、登机时间，叮嘱客人一定要在约定时间前赶到登机口。

（3）过关时，游客手中应持有护照、该国移民局所要求的出境卡和登机牌。

（4）持团队签证或落地签证的游客，领队应要求他们按名单顺序排队，依次审核出关。

四、办理回国入境手续

（1）领队应告诉游客遵守中国边检及海关规定，不得携带违禁品和管制品入境，也不得携带未经检疫的水果入境。

（2）凡在名单表上的游客，须按名单表上的顺序排队。持团体签证的客人按名单表的顺序依次到边检处审查护照，领队将名单表交边检官审验盖章。

（3）持个人签证（未上名单表）的客人，自行持护照入关。

（4）出境时游客经过申报的旅行自用物品，如照相机、摄像机、个人电脑等，游客复带入境时应出示出境时填写的申报单。

视野拓展

中国籍旅客带进物品限量表

（《中华人民共和国海关对中国籍旅客进出境行李物品的管理规定》，1996 年 8 月 15 日实施）

类别	品　种	限　量
第一类物品	衣料、衣着、鞋、帽、工艺美术品和价值人民币 1000 元以下（含 1000 元）的其他生活用品	自用合理数量范围内免税，其中价值人民币 800 元以上、1000 元以下的物品每种限一件
第二类物品	烟草制品 酒精饮料	（1）香港、澳门地区居民及因私往来香港、澳门地区的内地居民，免税香烟 200 支，或雪茄 50 支，或烟丝 250 克；免税 12 度以上酒精饮料限 1 瓶（0.75 升以下） （2）其他旅客，免税香烟 400 支，或雪茄 100 支，或烟丝 500 克；免税 12 度以上酒精饮料限 2 瓶（1.5 升以下）
第三类物品	价值人民币 1000 元以上、5000 元以下（含 5000 元）的生活用品	（1）驻境外的外交机构人员、我出国留学人员和访问学者、赴外劳务人员和援外人员，连续在外每满 180 天（其中留学人员和访问学者物品验放时间从注册入学之日起算至毕业结业之日止），远洋船员在外每满 120 天，任选其中 1 件免税 （2）其他旅客每公历年度内进境可任选其中 1 件征税

注：

（1）本表所称进境物品价值以海关审定的完税价格为准；

（2）超出本表所列最高限值的物品，另按有关规定办理；

（3）根据规定可免税带进的第三类物品，同一品种物品公历年度内不得重复；

（4）对不满 16 周岁者，海关只放行其旅途需用的第一类物品；

（5）本表不适用于短期内多次来往香港、澳门地区旅客和经常进出境人员以及边境地区居民。

角色练习

【练习名称】

出入境手续模拟。

【练习要求】

熟悉出入境程序并能够模拟。

【角色设置】

将学生分成4组，各组选出领队、机场工作人员、地接导游，其余学生扮演游客。

【练习材料】

关于中国出境、国外入境、国外离境、回国入境的情境材料。各组抽签完成。

【练习步骤】

（1）小组代表抽取任务。

（2）各组针对该项任务进行讨论并模拟。

①小组讨论，熟悉程序。

②设计情节。

③模拟处理过程。

（3）教师对各组展示进行评价总结。

（4）完成出入境手续办理任务评价（见表10-3）。

表10-3 出入境手续办理任务评价表

序号	任务内容	任务要求	等级	待改进技能	备注
1	中国出境手续	程序完整			
		表演合理			
2	国外入境手续	程序完整			
		表演合理			
3	国外离境手续	程序完整			
		表演合理			
4	回国入境手续	程序完整			
		表演合理			

任务四　境外工作

情境导入

陈先生参加某国际旅行社组织的五晚六天泰国游，在签订旅游合同后即按约支付了全额团费。合同约定的住宿标准为三星级酒店，个人消费及自费活动费用由旅游者自理。行前说明会上旅行社告知：在泰国的自费项目旅行社及导游不强迫，旅游者自愿参加。但在泰国期间，地接社导游却强迫旅游者参加自费活动，由于组团社未按规定委派领队，导致旅游者与导游交涉时处于极端被动状态，引起了旅游者的强烈不满。

任务描述

本任务要求学生掌握领队境外工作的具体职责及工作方法。通过案例分析、情境模拟让学生掌握领队境外工作流程。

相关知识

《旅行社出境旅游服务规范》（GB/T 31386—2015）中“旅行游览服务”一节，对领队的具体要求是：

领队应按组团社与旅游者所签的旅游合同约定的内容和标准为旅游者提供符合 GB/T 15971—2010 要求的旅游行程接待服务，并督促接待社及其导游按约定履行旅游合同。

入住饭店时，领队应向当地导游提供团队住宿分房方案，并协助导游办好入店手续。在旅游途中，领队应：

（1）积极协助当地导游为旅游者提供必要的帮助和服务。

（2）劝谕引导旅游者遵守当地的法律法规，尊重当地风俗习惯。

（3）随时注意团队安全。

旅游行程结束时，应通过向旅游者发放并回收《游客旅游服务评价表》征询旅游者对旅游行程服务的意见，并代表组团社致欢送词。

一、与当地导游接洽

旅游团出发前，领队应与当地导游联系，了解相关信息。旅游团抵达目的地之后，领队应立即与当地接待社的导游接洽。

二、清点行李与团队人数

领队应与当地导游一起，清点行李件数，核查团队人数。

三、在当地导游的引领下，安排团队入住酒店

（1）负责办理入住手续并分配房间、分发钥匙。

（2）分钥匙前告知游客领队的房号及房间电话号码，宣布集合时间和叫早时间、早餐时间、出发时间。

（3）进房间后，领队应向客人询问房间情况，协助客人解决有关问题。

（4）如由行李生送行李，应检查行李是否已送到客人房间。

四、与当地导游商定日程

（1）领队应尽力配合当地导游的工作，领队也应始终记住自己所担负的“督促接待社及其导游员按约定履行旅游合同”的责任。

（2）领队必须就行程表当中所涉及的住宿、用餐、购物、观看演出等诸多细项与导游进行沟通。导游有时会对行程提出调整的建议，如对整体计划无大碍，领队应同意，并在原有的计划表中记录。

（3）领队需要将所带团队的特殊性向导游介绍。例如，在境外旅游时，如何满足全团游客餐饮口味上的需求。

（4）当地导游推荐自费项目时，要征求全体旅游团成员的意见。

视野拓展

法国最负盛名的菜肴

法国各地历史、地理环境和地方物产各不相同，所以各地的烹调风格同样千姿百态。中国有八大菜系，法国各地也有自己的代表性菜肴。

1. 中部地区——勃艮第菜肴

该地盛产红、白葡萄酒，牛肉、田螺和鸡也相当著名。著名菜肴包括勃艮第牛肉、焗田螺及红酒鸡等。

2. 北部和东部——阿尔萨斯菜肴

该地盛产白葡萄酒、桃红酒，还是世界著名的鹅肝产区。著名菜肴有罗伦士塔、阿尔萨斯酸菜炖肉、青口贝配薯条和洛林挞。

3. 西北部地区——诺曼底菜肴

该地盛产海鲜（如牡蛎）、干酪、奶油及苹果白兰地。驰名菜肴有暖苹果塔配雪葩。

4. 南部地中海地区

该地区出产法国最好的橄榄油、海鲜、番茄及香料等。著名菜式有马赛鱼汤、蔬菜杂烩和豆焖肉。马赛鱼汤有超过2500年的历史，蔬菜杂烩主要原料是番茄、节瓜、洋葱、茄子、甜椒，搭配普罗旺斯的香料和上等的橄榄油，是下饭的不二之选。豆焖肉主要食材是肉类（猪肉、油封鸭肉或鹅肉）以及白豆，味道浓郁，食材丰盛。

5. 东北部——洛林火腿馅饼

以法国原地区名洛林命名的咸派——洛林火腿馅饼算得上是馅饼中的经典！以鸡蛋和牛奶或奶油为基底，加入奶酪、肉、海鲜、蔬菜等食材制得。可加热食用或者冷吃，口感十分丰富，是一款理想美味的前菜！

6. 东部

法国奶酪不仅品种繁多而且品质优良，是法国东部菜肴不可或缺的原料。尤为著名的菜肴是奶酪火锅、奶酪板烧。奶酪火锅以奶酪为汤底，“涮”的食材可以是火腿、面包、蔬菜等。奶酪板烧则是把融化的奶酪倒在土豆、火腿或者一些蔬菜上。法国人在冬天尤为宠爱这两道美食。

7. 东南部

该地最著名的是马铃薯饼和奶油焗马铃薯。马铃薯饼是将切片的马铃薯混合黄油、猪肉、洋葱，然后用奶酪烘烤而成。奶油焗马铃薯是把切得超薄的马铃薯薄片浸在鲜奶油中，低温烤焗到熟软。

8. 西南部

巴斯克炖鸡。软烂的鸡肉搭配酸酸甜甜的番茄汤汁是法国人在天气转凉时心心念念的美食。

尽管法国人的思想和行为已相当前卫，但法国传统而古典的美食艺术并未被遗弃，相反一直在发扬光大。法国人将“吃”视为人生一大乐事，他们认为：美食不仅是一种享受，更是一种艺术。法国人对饮食生活的高追求，成为法餐发展的直接动力。

〔资料来源：朱志红．法国的饮食文化［J］．现代食品，2020，12（23）：29-31.〕

五、监督实施旅游接待计划，保护游客合法权益

在境外旅游期间，领队应尽量与导游、司机处理好关系，共同协作，把旅游活动安排好，让客人满意。

游览当中，如果遇到交通严重堵塞、天气转坏、视野极差等情况，领队与导游需要及时商量解决的办法，并对当日行程进行必要的调整。调整仅在前后次序上，领队与导游商定即可，但需要向游客说明。调整如果牵涉行程游览项目的取消，必须由领队在征询游客的意见后再做决定。调整后必须取得游客的签字确认。

如遇导游或司机提出无理要求，或者有侵犯客人利益行为时，如随意增加自费项目，延长购物时间或增加购物次数，降低服务标准等，领队应及时与导游交涉，维护客人的正当权益，必要时向地接社投诉并向国内组团社报告。

六、维护团结，消除矛盾

（一）维护团结

领队要维护旅游团内部的团结，协调好游客之间、游客与当地导游之间、游客与司机之间的关系。领队要关心游客，善于观察游客的情绪变化，努力帮助他们保持游兴。

（二）妥善处理各种矛盾

当游客与导游发生矛盾时，领队要出面调解，努力消除矛盾。当接待方的全陪、地陪之间发生矛盾时，领队也要本着友好协商的精神妥善处理。

七、妥善保管证件与机票

（1）保管证件。在旅游过程中，最好将游客的护照、签证集中保管，便于工作并尽量避免游客在国外滞留不归。

（2）保管好全团机票和各国入境卡。

（3）提醒游客保管好自己的海关申报单。

角色练习

【练习名称】

领队境外工作。

【练习要求】

熟悉领队境外工作流程并能够模拟过程。

【角色设置】

将学生分为 4 组，各组均设置领队、地陪、司机、旅行社 OP、游客等角色。

【练习材料】

4 份接待计划。

【练习步骤】

（1）各组抽取任务，认真研究接待计划。

（2）各组针对各自的计划内容，设计情节，完成境外工作流程。

①清点人数及行李。

②办理入店手续。

③核对行程。

④监督接待计划执行。

⑤维护团结，消除矛盾。

⑥妥善保管证件与机票。

（3）各组模拟工作流程展示。

（4）教师对各组展示进行评价总结。

（5）完成境外工作任务评价（见表 10-4）。

表 10-4　境外工作任务评价表

序号	任务内容	任务要求	等级	待改进技能	备注
1	研究接待计划	把握接待计划中的重点			
2	工作流程	清点人数及行李			
		办理入店手续			
		核对行程			

续表

序号	任务内容	任务要求	等级	待改进技能	备注
2	工作流程	监督接待计划执行			
		维护团结，消除矛盾			
		妥善保管证件与机票			

任务五　后续工作

情境导入

王导是位有着十多年出境经验的领队，他一直都非常注重带团的后续工作。在带团回国后的第二天，他就会将团队的各种票据、钱款、报账单、相关物品整理好交回旅行社。王导十多年来都坚持写领队日志，此外还会每天写日记，记载自己对导游工作的理解、感悟。

任务描述

本任务要求学生掌握出境旅游领队带团归来后的交接工作内容、流程与要求，在此基础上增强对领队工作责任意识的认知。

相关知识

与全陪工作相比较，领队的工作难度与时间跨度更大，因此，领队的后续工作更复杂。

一、填写领队日志与旅游服务质量评价表

（一）填写领队日志

领队日志记载团队从出发到归来的每天主要情况，领队按照要求应每日填写。组团社的工作人员往往是通过领队日志了解接待国（地）旅游业的发展状况、旅游服务水平、导游的业务水平、旅游设施水准及演变状况，从而采取必要对策。因此，领队应重视领队日志的填写工作。

领队日志的主要内容包括住宿酒店、用餐、游览、导游、当日交通工具的运用等。领队日志是团队运行的原始记录，领队将其交给 OP 后，应当归入该团的档案中。

视野拓展

领队工作日志样表

姓名		团队日期		线路名称	
团号		地接社名称		出发人数	
带团小结	（带团主要情况、存在问题及改进方向）				
行程意见或建议	（对食、住、行、游、购、娱等行程安排进行关注和总结）				
突发事件	（如有，请详细列明事发原因、经过、处理方法或程序及结果。若内容过多，可另外附 A4 纸说明）				
计调意见	（团队操作情况、存在问题及改进方向）				

领队签字：　　　　　　　　质检部签字：　　　　　　　　计调签字：

（二）填写旅游服务质量评价表

旅游服务质量评价表通常是在行前说明会上发给游客，领队在旅程中回收后应带回交给 OP，通常由旅行社的客户服务部门保存。评价表是来自游客的最直接的反映，内容包括游客对旅行社提供的境外旅游、食宿、导游等多项服务的评价意见，对旅行社改进工作很有帮助。

二、相关报告及资料的交付

（一）特殊事件报告

领队对带团中团队发生的重大事情处理经过，如团内发生过的一些重要事情，包括游客之间发生的争吵、行李丢失、游客被窃等，领队应当提供单独的书面报告。

（二）领队的个人工作总结

领队的个人工作总结包括领队本人对所带的出境旅游团的认识，对目的地国家的讲解要点及对改进线路产品的建议。

（三）相关凭证

团队在旅行期间，如果有行程变更、增加自费项目、取消景点游览等，按照要求，应有游客的签字确认。如团队发生过这些情况，有游客签字的单据，领队均应该保存好带回交给 OP，以备不时之需。

（四）游客来函等资料

有些游客会将自己的意见写成文字材料，让领队带回。这些游客意见有批评的，也有表扬赞美的。领队将这些材料交给 OP，旅行社由专人负责对这类资料进行答复。

三、财务手续

按照旅行社的规定，领队在带团结束后应按照规定的时间及时到旅行社财务部门报账。

报账时领队要交付出团计划，按照旅行社的规定领取出团补助。领队在带团期间得到组团社批准个人垫付的房费、餐费、交通费或其他费用，也须在报账时一并结清。

角色练习

【练习名称】

领队的后续工作。

【练习要求】

（1）针对一次带团经历，做一个分享会的活动。

（2）完成工作交接、账务处理。

【角色设置】

分组，各组选出领队、OP、财务人员。

【练习材料】

（1）领队带团工作的视频。

（2）票据、报账单、领队日志、旅游服务质量评价表。

（3）任务情境材料。

【练习步骤】

（1）分享会：观看领队带团工作视频，大家交流感悟、分享经验。

（2）各组对后续工作进行模拟。

①各组抽取任务。

②详细了解事情经过。

③按照标准处理。

（3）教师对各组展示进行评价总结。

（4）完成后续工作任务评价（见表 10-5）。

表 10–5 后续工作任务评价表

序号	任务内容	任务要求	等级	待改进技能	备注
1	分享会	把握处理事件的关键			
		提出切实可行的意见			
2	工作模拟	将领队日志、旅游服务质量评价表交给 OP			
		后续工作的交付			
		办理财务手续			

课后练习

1. 我国导游报考领队证的要求有哪些?
2. 如何理解出境领队的工作?出境领队需要具备哪些素质要求?
3. 出境领队的工作职责有哪些?
4. 在行前说明会上应提醒游客哪些注意事项?
5. 收集我国热点旅游目的地的入境要求。
6. 出境领队应如何监督实施旅游接待计划、保护游客合法权益?
7. 为何出境领队要重视后续工作?

项目十一 特殊问题的处理

项目概览

作为一名合格的导游，必须具备良好的综合素质，不仅要“读万卷书，行万里路”，还需要学习和积累应对各种突发事件的经验。在遇到紧急情况时，既要大胆决策，又要细心处理。在学习中主要是通过分组教学、角色扮演等方法，对特殊问题的处理技巧进行模拟。

任务导读

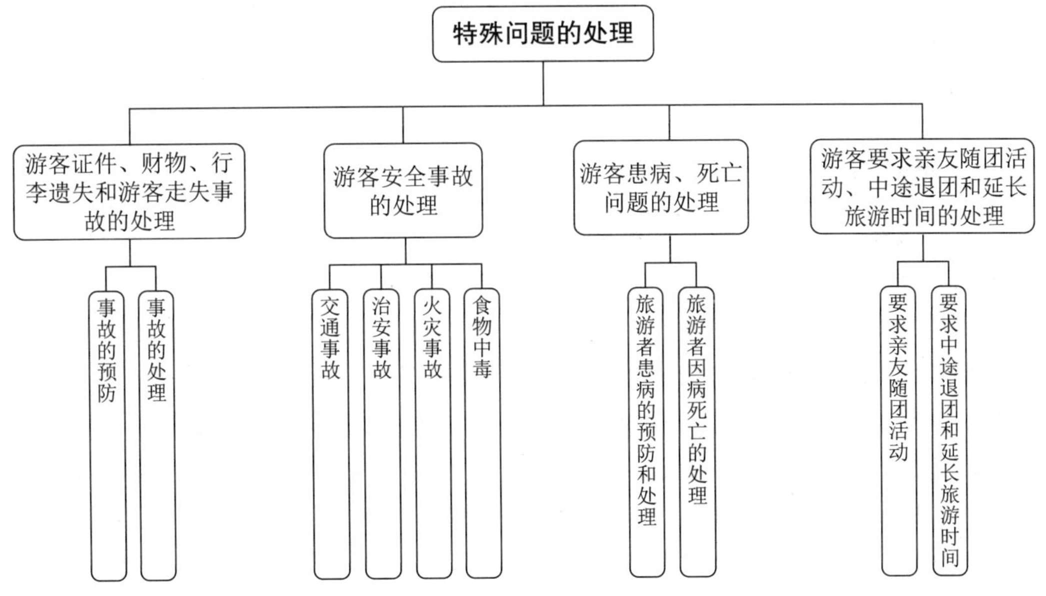

学习目标

（1）了解旅游过程中特殊问题的类型。

（2）了解各种特殊问题产生的原因。

（3）掌握突发事件的预防方法与处理程序。

任务一 游客证件、财物、行李遗失和游客走失事故的处理

情境导入

导游员小李带领一个旅游团在恩施大峡谷游览，大家被大峡谷的景观所吸引。在游览了2/3的行程后，小李发现游客中的王先生不见了。王先生是摄影爱好者，此次恩施之行王先生是单独报团，全程无亲友陪同。

面对以上情况，导游员小李应该如何处理?

任务描述

本任务要求学生熟悉游客证件、钱物、行李遗失和游客走失事故的处理方法。主要是通过分组教学、角色扮演等方法，对处理过程进行模拟。

相关知识

遗失事故、走失事故有些是由于游客个人马虎大意所造成的，但也有的是相关部门的工作失误所造成的。无论是何种原因，不仅会给游客带来损失，还会影响游客情绪，有损旅行社声誉。

一、事故的预防

（一）证件、钱物、行李遗失的预防

旅游期间，旅游者往往处于丢三落四的状态。遗失物品是旅游过程中比较常见的现象。如果遗失了证件、钱物和行李，不仅给旅游者造成许多不便和烦恼，也会给导游员带来不少麻烦和困难。因此，导游员在旅游期间要多做提醒工作，提醒大家带好随身物品。在热闹、拥挤的场所，特别是在购物时，要提醒他们保管好钱包和贵重物品。离开饭店时，提醒旅游者检查一下是否带好了随身行李，护照、身份证等证件是否在身边。这样做可有效地避免旅游者遗失证件和财物，也显示出导游员对他们的关心。到达游览点旅游者下车后，导游员要提醒旅游车司机关好车窗并锁车，建议司机不要离车，防止旅游者放在车上的财物被盗。

（二）游客走失的预防

1. 做好提醒工作

防止游客走失最为直接的做法是多做提醒工作。在到达旅游景点之前，地陪要提醒旅游者记住接待社的名称、旅行车的车牌号和停车位置标志，还要记住下榻饭店的名称、饭店电话号码。为有效防止意外，最好提醒游客带上所住饭店的卡片等。

团体游览时，地陪要提醒旅游者不要走散。自由活动时，提醒旅游者不要走得太远，不要回饭店太晚，不要去热闹、拥挤、秩序乱的地方。

2. 做好各项活动的行程预报

在旅游团出发前或者旅游车离开饭店后，地陪要向旅游者告知一天的行程，内容包括上午、下午游览点和吃中餐、晚餐餐厅的名称和地址。

到游览点后，地陪要在景点示意图前向旅游者介绍游览线路，告知旅游车的停车地点，强调集合时间和地点，再次提醒旅游者记住旅游车的特征和车牌号。

3. 和旅游者在一起，经常清点人数

在游览过程中，地陪要注意观察环境和游客的动向，时常清点人数。在行程中的游客休息区及景区内的游客聚集地都应核查游客的人数。同时，地陪要确保游览行程的顺利进行。

4. 地陪、全陪和领队应密切配合

带好一个团队需要地陪和全陪的密切配合。地陪在旅游团的前面高举导游旗带领讲解，全陪和领队在后面断后。在个别重要地方，无论是全陪还是地陪，都需要提醒游客跟上队伍并且注意安全。

5. 导游员要以高超的导游技巧和丰富的讲解内容吸引旅游者

导游员的个人魅力也有助于吸引游客、聚集游客。这里的个人魅力指的是导游员的讲解技能。导游用讲解来吸引游客的注意力，让游客时时刻刻以导游为中心。

二、事故的处理

（一）旅游者遗失证件的处理

证件，如护照、签证、旅行证、港澳同胞回乡证、台湾同胞旅行证明、我国公民的身份证等都是非常重要的证件，旅行时都必须随身携带，若不慎遗失，会遇到一系列麻烦。申请新证的手续复杂，要花很多时间，严重时会无法出境或无法回国。所以，旅游者和导游员对证件都要高度重视。

对旅游者的证件，导游员的正确态度应是需要证件时随时收取，用完后立即归还，不得代为保管。旅游团离开本地前导游员要认真清点自己的物品，检查是否还保存有游客的证件，并随时提醒旅游者保管好自己的证件。

当旅游者诉说遗失了护照等证件时，导游员首先是冷静地帮他回忆，详细了解情况，协助寻找。护照等证件确已遗失，导游员就得帮他领取新的证件。

1. 遗失外国护照和签证

（1）由接待社开具遗失证明；

（2）请失主准备彩色照片；

（3）失主持旅行社开具的证明和照片到当地公安局出入境管理处报失，申请领取护照报失证明；

（4）失主持护照报失证明，立即到所在国驻华使、领馆申请补办新护照；

（5）失主持新护照再到当地公安局出入境管理处申请办理有关签证手续。

2. 遗失团体签证

（1）由接待社开具遗失公函；

（2）准备原团体签证复印件（副本）；

（3）重新打印与原团体签证格式、内容相同的该团人员名单；

（4）收集该团全体旅游者的护照；

（5）持上述证明材料到当地公安局出入境管理处报失，并填写有关申请表。

3. 遗失中国护照与签证

（1）华侨遗失护照与签证：

①接待社开具遗失证明；

②失主准备彩色照片；

③失主持证明、照片到当地公安局出入境管理处报失并申请办理新护照；

④持新护照到其居住国驻华使、领馆办理入境签证手续。

（2）中国公民出境旅游时遗失护照、签证：

①请当地地陪协助在接待社开具遗失证明；

②持遗失证明到当地警察机构报案，并取得警察机构开具的报案证明；

③持报案证明和有关材料到我国驻该国使、领馆领取中华人民共和国旅行证。

④回国后，凭中华人民共和国旅行证和境外警方的报失证明申请补发新护照。

4. 遗失港澳同胞回乡证（港澳居民来往内地通行证）

（1）向当地公安机关报失，并取得报失证明，或由接待社开具遗失证明；

（2）持报失证明或遗失证明到当地公安局出入境管理处申请领取赴港澳证件；

（3）经当地公安机关出入境管理部门核实后，给失主签发一次性入出境通行证；

（4）失主持入出境通行证回港澳地区后，填写港澳居民来往内地通行证件遗失登记表和申请表，凭本人的港澳居民身份证，向通行证受理机关申请补发新的通行证。

5. 遗失台湾同胞旅行证明

失主向遗失地的市、县公安机关报失，核实后发给一次性有效的入出境通行证。

6. 遗失身份证

由当地旅行社核实后开具证明，失主持证明到当地公安局报失，经核实后开具身份证明，机场安检人员核准放行。

视野拓展

利用面部生物识别技术　通过刷脸就能完成值机

曾几何时，提到生物识别技术，人们脑海中浮现的是有关未来电影中的画面，似乎这项技术属于太空时代。但是近几年，仅仅依靠某一项生物特征进行身份验证早已不是什么新鲜事。

随着越来越多的人开始从生物和行为层面理解人类的独特性，生物识别技术的发展步伐进一步加快。近两年，在商业活动领域，从指纹解锁手机到刷脸支付，生物识别技术的身影早已渗透到我们生活的方方面面。

尽管生物识别技术的发展速度很快，但其可靠性一直受到质疑。伤口或疤痕可能让指纹识别变得非常困难，感冒会影响语音识别，即使是我们的虹膜，也有改变的时候。

在硬件设备上，几乎所有的生物识别技术都依赖专用设备及应用。在软件管理上，生物识别技术的用户和解决方案运营商面临的是多系统挑战——在同样的工作环境下，各种侧重点不同的生物信息识别系统可能导致效率低下，制定标准和加强协作就显得尤为重要。

有效的生物信息应用需考虑持久性、普遍性、独特性和易于采集。无论应用哪种生物识别技术，成本效益、准确性、易用性，能否与使用环境相融合，以及安全标准均为应考虑的因素。

在移动技术迅猛发展的今天，服务业想要增强竞争力，丰富服务内容，提高服务水平，势必会为消费者提供更多选择，其中包括以创造性的方式进行生物识别技术应用。

有交通安全专家认为，发展生物识别技术的出发点不是完全取代我们今天所用的常规辨识设备和方法，只是在不减慢速度和降低效率的前提下，在扩大安全层面保障的同时，为增强旅客出行体验提供更多选择。

生物识别技术在现实世界和电子世界的对接中扮演了重要角色。未来几年，能做到平衡安全性和便利性因素的运输者会取得更好的发展，生物识别技术运用得当的话，无疑会为机场和航空公司加分。

（资料来源：董晨晨．我们离“刷脸通关还有多远？”［N］．中国民航报，2017-10-2. 有改写。）

（二）旅游者财物遗失的处理

旅游者遗失财物，导游员要详细了解遗失财物的形状、特征、价值，分析遗失的时间和地点并积极帮助寻找。若遗失的是进海关时登记并须复带出境的物品或是购买过保险的贵重物品，接待社要出具证明，失主持证明到当地公安局开具遗失证明，以备出海关时查验或向保险公司索赔。

证件、财物，特别是贵重物品被盗属于治安事故，导游员必须立即向公安部门和保险公司报案并协助有关人员破案，找回被窃证件、物品，挽回不良影响。若被盗物品无法找回，导游员要协助失主持旅行社的证明到当地公安局开具失窃证明书，以便出关时查验或向保险公司索赔，同时要提供周到的服务安慰失主，缓解情绪。

（三）旅游者行李遗失的处理

旅游者的行李遗失现象往往发生在行李运输途中。行李遗失会给游客的生活带来诸多不便和困难，也会影响游客在旅游过程中的情绪。所以，每到一地，导游员都要认真清点行李，必须认真对待游客行李遗失问题，积极地协助寻找，妥善处理好善后事宜。

1. 来华途中遗失行李

来华途中遗失行李一般与游客所乘飞机的航空公司有关。导游员应带失主到机场失物登记处办理行李遗失和认领手续。由失主出示机票及行李牌，详细说明始发站、转运站，行李件数及遗失行李的特征，并填写失物登记表。为方便联系，还需要将失主所下榻饭店的名称、房间号和电话号码告知登记处并记下登记处的电话和联系人。

旅游者在当地游览期间，导游员需要不时打电话询问机场有关行李的情况，一时找不回行李，要协助失主购置在当地必备的生活用品。

离开本地前行李还没有找到，导游员应帮助失主将接待旅行社的名称、全程旅游线路及各地可能下榻的饭店名称告知航空公司，以便行李找到后及时运往下一站地点交还失主。

行李遗失且无法找回，失主可根据相关条例向有关航空公司索赔。

2. 在中国境内遗失行李

旅游者在中国境内遗失行李，一般是交通部门的责任或行李员的责任。导游员要重视每次行李的交接工作，做好记录，以免遗漏。当发现行李遗失时，导游员要认真分析，积极寻找。

如果行李确已来到本地并已进入饭店，可能就是行李员将行李运错了楼层或房间，导游员应协助查找并及时送到游客房间。如果在往返途中行李遗失或损坏，地陪应报告接待旅行社并由饭店行李员负责处理。

在其他环节遗失行李，导游员应详细了解情况，根据每次行李交接时的记录，找出线索，采取积极措施帮助寻找，并及时报告旅行社，请领导派人协助寻找。导游员要安慰失主，帮助其解决因遗失行李造成的生活方面的困难。

找回游客行李应及时归还。找不回行李，则应由旅行社领导或导游员向失主说明情况，向失主表示歉意并根据国际惯例向有关部门索赔。

操作示例

玛丽小姐的行李哪儿去了

美国某旅游团一行18人来到北京观光。导游员小张12时10分在机场接到该旅游团，13时旅游团到达下榻的酒店。小张协助领队和全陪迅速办理了住店手续，客人们也陆续进入了自己的房间。这时小张接到了一个朋友的电话，有急事需要办理。碰巧同一旅行社的导游员小李也在该酒店，于是小张委托小李负责办理旅游团入住饭店其他事项，自己就离开酒店了。此时，该旅游团的玛丽小姐非常愤怒地赶到大堂找导游员小张。因小张不在，玛丽小姐更是愤怒。此时导游员小李主动找到玛丽小姐问明情况。原来行李员并未把玛丽小姐的行李送至其房间。经过核对行李票，小李发现在机场就未领到玛丽小姐的行李。

导游员小张在机场没有对旅游团的行李进行认真的清点、交接，致使玛丽小姐的行李在机场就没有领到。小李接到玛丽小姐的投诉时应该立即与小张联系，马上赶往机场寻找，并帮助游客解决因行李丢失带来的生活方面的困难，同时向旅行社领导汇报，请协助查找行李。

在此次入住服务中，小张仅仅只是协助办理了住店手续，还有照顾行李入客人房间、带领团队用好第一餐、宣布当日或次日的活动安排这三项重要工作没有做。

（四）游客走失的处理

参观游览或自由活动时，时常有旅游者走失的情况发生。造成旅游者走失的原因一般有三种。

一是导游员没有对游客讲清集合地点、停车位置或景点的游览路线。

二是旅游者在游览途中对一景点或事物产生极大兴趣，或在某处摄影时因滞留时间较长而脱离团队。

三是在自由活动时旅游者没有记清路线或集合地点而走失。

一旦发生旅游者走失，导游员应立即采取有效措施。

1. 游览活动中走失

（1）了解情况，迅速寻找。导游员应立即向其他旅游者、景点工作人员了解与走失游客有关的情况并迅速寻找。地陪、全陪和领队要密切配合。一般来说，全陪、领队分头去找，地陪带领其他旅游者继续游览。

（2）向有关部门报告。在经过寻找仍然找不到走失的旅游者后，导游员应该立即向当地的派出所和管理部门求助，争取当地有关部门的协助。

（3）与饭店联系。在寻找过程中，导游员可与饭店前台、楼层服务台联系，请他们注意该旅游者是否已经回到饭店。

（4）向旅行社报告。如采取了以上措施仍找不到走失的旅游者，地陪应向旅行社及时报告并请求帮助，必要时请示领导。

（5）做好善后工作。找到走失的旅游者后，导游员要做好善后工作，分析走失的原因。如属导游员的责任，导游员应向旅游者赔礼道歉；如果责任属于走失者，导游员也不应指责或训斥对方，而应对其进行安慰，讲清利害关系，提醒以后注意。

（6）写出事故报告。若发生严重的走失事故，导游员要写出书面报告，详细记述事件经过。

操作示例

张先生走失了

地陪小王带领游客在某景区游览，张太太告诉小王自己一直未找到张先生。由于景区较大，且有几个出口，小王当即和全陪商量，从游客中挑选了两位游客与他们分头去找。剩下的游客在原地焦急地等待着，可一直不见他们的踪迹。景区快关门时，四个人才匆忙地从不同方向赶回来。小王抱歉地对大家说，我们找遍了景区，也没有发现张先生，由于时间关系，司机将各位送回饭店，我去景区派出所报案。游客顿时怨声一片，小王也觉得非常委屈。

面对此类问题，导游员的正确处理方法是：

（1）了解情况，迅速查找，一般情况是由全陪和领队带人分道去找，地陪带领其他游客继续游览。

（2）向风景区和当地派出所报告，请求援助。

（3）向旅行社报告，必要时向公安机关报案。

（4）与饭店联系，询问走失者是否已回到下榻饭店。

（5）若是未找到游客，旅游团可按计划时间返回，注意导游员可以与领队、全陪商量，留下两个人继续寻找，待找到后可搭乘其他车辆返回宾馆。

（6）做好善后工作，找到走失者后，导游员要问清走失原因，如属于导游员责任，应向走失者道歉，责任在走失者，应对其进行安慰，提醒其以后注意。

2. 自由活动时走失

（1）立即报告旅行社。旅游者在自己外出活动时走失，导游员得知后应立即报告旅行社，请求指示和协助，通过有关部门通报公安局、派出所和交通部门，提供走失者可辨认的特征，请求协助寻找。

（2）做好善后工作。走失者回饭店后，导游员不应斥责，而应该表示高兴。向游客问清情况，必要时提出善意的批评，提醒走失者引以为戒，避免走失事故再次出现。

（3）旅游者走失后如果出现其他情况，应视具体情况作为治安事故或其他事故处理。

角色练习

【练习名称】

处理游客证件、财物、行李遗失和游客走失事故。

【练习要求】

熟悉处理程序并能够模拟处理过程。

【角色设置】

（1）教师和部分学生扮演旅游团成员，模拟在旅游过程中发生证件、财物、行李遗失和游客走失事故。

（2）学生分组，各组抽签完成对以上事故的处理。

【练习材料】

收集、整理关于证件、财物、行李遗失和游客走失事故的案例。

【练习步骤】

1. 认真了解下列事故产生的原因

（1）游客证件遗失。

（2）游客财务遗失。

（3）游客行李遗失。

（4）游客走失。

2. 各组针对不同类型的事故按照规定环节处理

（1）安抚游客情绪。

（2）详细了解事情经过。

（3）按照规定和标准处理。

（4）在接下来的旅游行程中尽力做好预防工作。

3. 模拟事件的处理

各组代表按照抽取的案例内容模拟事件的处理。

4. 评价总结

教师和学生对各组进行评价总结。

任务评价内容、要求等见表 11-1。

表 11-1 任务评价表

序号	任务内容	任务要求	等级	待改进技能	备注
1	了解游客证件、财物、行李遗失和游客走失事故	认识事故产生的原因及影响			
		了解事故的预防方法			
2	游客证件、财物、行李遗失和游客走失事故的处理	游客证件遗失的处理			
		游客财务遗失的处理			
		游客行李遗失的处理			
		游客走失的处理			

任务二 游客安全事故的处理

情境导入

一辆旅游车于 2019 年 4 月 27 日中午在山间道路上行驶时不慎发生碰撞事故，造成多名游客不同程度受伤。

任务描述

本任务要求学生学会常见的安全事故的处理，具备一定的安全事故应急处理能力。主要是通过分组教学、案例分析、角色扮演等方法，对安全事故的处理进行模拟演练。

相关知识

2016 年 12 月 1 日起施行的《旅游安全管理办法》中规定：凡涉及旅游者人身、财产安全的事故均为旅游安全事故。旅行社接待过程中可能发生的旅游安全事故，主要包括交通事故、治安事故、火灾、食物中毒等。

一、交通事故

交通事故不是导游员所能预料、控制的。遇有交通事故发生，只要导游员没负重伤，神志清楚，就应立即采取应急措施。由于交通事故类型不同，处理方法也很难统一。但一般情况下，导游员应采取如下措施。

（一）交通事故的预防

（1）导游员在接待工作中应该具有安全意识，协助司机做好安全行车工作。

（2）接待旅游者前，提醒司机检查车辆，发现事故隐患要及时提出更换车辆的建议。

（3）导游员在安排活动日程的时间上要留有余地，不催促司机为抢时间赶日程而违章、超速行驶。

（4）遇有天气不好（如下雨、下雪、下雾）、交通拥堵、路况不好等情况，要主动提醒司机注意安全，谨慎驾驶。

（5）导游员应该阻止非本车司机开车。要提醒司机不要饮酒。如遇司机酒后开车，导游员要立即阻止，并向旅行社领导汇报，请求改派其他车辆或调换司机。

（二）交通事故的处理

1. 立即组织抢救

发生交通事故出现伤亡时，导游员应立即组织现场人员迅速抢救受伤的游客，特别是抢救重伤员。如不能就地抢救，应立即将伤员送往距离出事地点最近的医院抢救。

2. 保护现场，立即报案

事故发生后，不要在忙乱中破坏现场，应指定专人保护现场，并尽快通知交通、公安部门（交通事故报警台电话是 122），请求派人来现场调查处理。

3. 迅速向旅行社汇报

导游员应迅速向接待社领导报告交通事故的发生及旅游者伤亡的情况，听取领导对工作的指示。

4. 做好全团旅游者的安抚工作

交通事故发生后，导游员应做好团内其他旅游者的安抚工作。事故原因查清后，要向全团旅游者说明情况。

5. 写出书面报告

交通事故处理结束后，导游员要写出事故报告，内容包括：事故的原因和经过；抢救经过、治疗情况；事故责任及对责任者的处理；旅游者的情绪及对处理的反映等。报告力求详细、准确、清楚。

视野拓展

2020年十大旅游安全事故

NO.1　网红蹦床接二连三出事，是监管失误还是游客疏忽?

5月，一女研究生玩蹦床致完全性瘫痪。6月，一太原男子玩蹦床摔成胸椎骨折。9月，浙江一个13岁的新升初一的学生玩蹦床摔破膝盖。

NO.2　饲养员被熊群攻击身亡，野生动物园为何事故频发?

10月17日，上海野生动物园猛兽区（车入区）发生动物意外伤人事件，该园一名员工遭熊攻击，不幸死亡。

NO.3　热气球事故频发，工作人员高空坠落

10月2日，湖南株洲悠移庄园热气球飞行营地发生坠落事故，造成1人死亡。11月30日，云南腾冲火山地质公园热气球发生故障，一名工作人员从高空当场掉落身亡。

NO.4　驴友挑战滴水滩瀑布遇难，瀑降到底有多危险?

8月25日，两名“驴友”在贵州关岭县滴水滩挑战瀑降，不幸遇难。此次事故是由于探险者在路线选择、装备使用上出现失误造成。

NO.5　女子高空索道直线坠亡，找刺激的游乐项目该不该玩?

9月18日，重庆万盛奥陶纪景区内，一名女子从速滑索道上坠入山谷。据悉，重庆奥陶纪景区主打高空惊险刺激类项目，是新晋的网红景区，但近三年发生多起事故。

NO.6　鳌山穿越遇难

鳌山穿越太白是国内最难走的徒步线路之一

每年3月至11月，是鳌太穿越的黄金季节。8月，5名驴友私自穿越鳌太，1人遇难，事件刚过去，9月25日，又有一名四川籍男子独自进行鳌太穿越时遇难。

NO.7　游客三亚潜水不幸溺亡，警方立案调查

8月18日，一名游客在三亚百福湾海域进行户外潜水活动时，发生意外事故溺亡。涉事公司业务不含潜水培训，涉嫌非法经营。

NO.8　河南景区一女子漂流溺亡，只因为去找鞋

7月29日下午，一行4人到河南省商城县苏仙石邓楼村仙石谷漂流，一女子于终漂点上岸后下水找鞋，不慎坠入水中漩涡，经现场抢救无效死亡。

NO.9　河南小伙独自进入可可西里，失联50天后确认遇难

8月25日下午，青海省玉树藏族自治州治多县公安局发布情况通报，在青海省境内失联50天的河南小伙已离世。

NO.10　三人自驾九寨沟坠江

10月22日，一辆载有3人的白色轿车在从九寨沟自驾返回成都的途中，经过四川阿坝州茂县境内的飞虹乡时，与一辆货车相撞，坠入湍急的岷江。

发生这10起旅游安全事故，既有游客安全意识淡薄的原因，也有景区经营者安全措施不到位的原因，安全无小事，旅游安全重在预防。

（资料来源：根据人民日报社人民旅游网上资料改写。）

二、治安事故

在旅游活动过程中，遇到坏人行凶、诈骗、偷窃、抢劫，导致旅游者身心及财物受到不同程度的损害，统称治安事故。

（一）治安事故的预防

导游员在接待工作中要时刻提高警惕，采取有效的措施防止治安事故的发生。

（1）提醒旅游者不要将房间号码随便告诉陌生人。不要让陌生人或自称饭店维修人员的人随便进入房间。出入房间锁好门，尤其是夜间不可贸然开门，以防意外。不要与私人兑换外币。

（2）进住饭店后，导游员应建议旅游者将贵重财物存入饭店保险柜，不宜随身携带或放在房间内。

（3）离开游览车时，导游员要提醒旅游者不要将证件或贵重物品遗留在车内。旅游者下车后，导游员要提醒司机锁好车门、关好车窗。

（4）在旅游活动中，导游员要始终和旅游者在一起，注意观察周围的环境，经常清点人数。

（5）汽车行驶途中，不得停车让无关人员上车；若有不明身份者拦车，导游员提醒司机不要停车。

（二）治安事故的处理

发生治安事故，导游员应做好如下工作。

1. 保护旅游者的人身、财产安全

若歹徒向旅游者行凶、抢劫财物，在场的导游员应挺身而出，勇敢地保护旅游者。导游员应立即将旅游者转移到安全地点，力争与在场群众、当地公安人员缉拿罪犯，追回钱物；如有旅游者受伤，应立即组织抢救。

2. 立即报警

治安事故发生后，导游员应立即向当地公安部门报案并积极协助破案。报案时要讲清楚事故发生的时间、地点、案情和经过，提供作案者的特征、受害者的信息。

3. 及时向旅行社领导报告

导游员要及时向旅行社领导报告治安事故发生的情况并请求指示，情况严重时请领导

前来指挥、处理。

4. 安定旅游者的情绪

治安事故发生后，导游员应采取必要措施安抚旅游者的情绪，努力使旅游活动能够顺利地进行下去。

5. 写出书面报告

导游员应写出详细、准确的书面报告。报告除上述内容外，还应写明案件的性质、采取的应急措施、侦破情况、受害者和旅游团其他成员的情绪及他们有何反映、要求等。

6. 协助领导做好善后工作

导游员应在领导指挥下，准备好必要的证明、资料，处理好善后事宜。

三、火灾事故

为了防止火灾事故的发生，在旅游活动中，导游员应提醒旅游者不要携带易燃、易爆物品，不乱扔烟头和火种。向旅游者讲明交通运输部门有关规定，不得将不准携带的物品夹带在行李中。

（一）火灾事故的预防

1. 做好提醒工作

提醒游客不要携带易燃、易爆物品；不乱扔烟头和火种，不要躺在床上吸烟；向游客说明，在托运行李时应按照运输部门有关规定办理。

2. 熟悉饭店的安全出口和转移路线

导游员在带领游客入住饭店后，必须向游客介绍饭店楼层的安全出口、安全楼梯的位置及安全转移的路线。

3. 牢记火警电话

导游员应牢记火警电话（119），掌握领队和旅游者所住房间的号码，一旦火情发生，能够及时通知游客。

（二）火灾事故的处理

万一发生了火灾，导游员应：

（1）立即报警。

（2）迅速通知领队及全团旅游者。

（3）配合工作人员，听从统一指挥，迅速通过安全出口疏散旅游者。

（4）引导大家自救。

如果情况紧急，千万不要搭乘电梯或随意跳楼，导游员要镇定地判断火情，引导大家自救：

（1）若身上着火，可就地打滚，或用厚重衣物压灭火苗。

（2）必须穿过浓烟时，用浸湿的衣物披裹身体，捂着口鼻，贴近地面顺墙爬行。

（3）大火封门无法逃出时，可用浸湿的衣物、被褥堵塞门缝或泼水降温，等待救援。

（4）摇动色彩鲜艳的衣物呼唤救援人员。

（5）协助处理善后事宜。旅游者得救后，导游员应立即组织抢救受伤者；若有重伤者，应迅速将其送往医院；若有人死亡，按有关规定处理；采取各种措施安定旅游者的情绪，解决游客因火灾造成的生活方面的困难，设法使旅游活动继续进行；协助领导处理好善后事宜；写出翔实的书面报告。

操作示例

KTV 吧台突然起火

全陪小王带领某旅行社的旅游团一行 28 人前往上海旅游，他们白天游览完豫园后，游客提出晚上去娱乐。小王为了客人的安全，建议大家不要走得太远，最好在饭店内或饭店周围活动。游客们理解小张的好意，就决定在宾馆旁边的 KTV 唱歌，大家为了感谢小王，就邀请他一同前往。在 KTV，大家正唱得高兴时，突然吧台方向冒出了黑烟，紧接着起了火苗，形势十分危急……

如果你是导游员，应采取哪些应急措施带领旅游团脱离险境？

（1）导游员要镇定地判断火情，引导游客自救。

（2）若身上着火，可就地打滚，或用厚重衣物压灭火苗。

（3）必须穿过浓烟时，用浸湿的衣物披裹身体，捂住口鼻贴近地面，顺墙爬行。

（4）大火封门无法逃出时，用浸湿的衣物、被褥堵塞门缝或泼水降温，等待救援。

四、食物中毒

旅游者因食用不洁的食物常会发生食物中毒事件。其特点是：潜伏期短，发病快，且常常集体发病，若抢救不及时会有生命危险。

（一）食物中毒的预防

为防止食物中毒事故的发生，导游员应：

（1）严格执行在旅游定点餐厅就餐的规定。

（2）提醒旅游者不要在小摊上购买食物。

（3）用餐时，若发现食物、饮料不卫生，或有异味变质的情况，导游员应立即要求更换，并要求餐厅负责人出面道歉，必要时向旅行社领导汇报。

（二）食物中毒的处理

发现旅游者食物中毒，导游员的正确做法为：

（1）设法催吐，让中毒者多喝水，以加速排泄，缓解毒性。

（2）立即将患者送往医院抢救，请医生开具诊断证明。

（3）迅速报告旅行社并追究供餐单位的责任。

操作示例

花园酒店 40 多名游客和员工疑似食物中毒

2019 年 10 月，泸定县一个花园酒店有 34 名游客、8 名员工和员工小孩 1 人出现呕吐、头晕、心跳加快等症状，疑似出现了食物中毒。

这种情况下，导游员应做如下处理：

（1）立即设法催吐，并让患者多喝水，以加速排泄，缓解毒性。

（2）立即将患者送往医院抢救治疗，请医生开具诊断证明。

（3）立即报告旅行社并追究供餐单位的责任。

角色练习

【练习名称】

处理旅游安全事故。

【练习要求】

熟悉旅游安全事故的预防与处理并进行模拟。

【角色设置】

（1）部分学生按照不同安全事故的案例，扮演游客及相关部门工作人员。

（2）学生分组，各组抽签完成以上事故的处理。

【练习材料】

收集、整理旅游安全事故的案例（包括事情经过、角色安排）。

【练习步骤】

1. 阅读案例，了解事故类型

认真阅读旅游安全事故案例，详细地了解该安全事故的类型及处理的关键点，并就相关要点做记录。

（1）旅游交通事故。

（2）旅游治安事故。

（3）在饭店、景点等场所发生火灾事故。

（4）食物中毒事故。

2. 各组针对案例内容分析事故的关键点，采取急救措施

（1）通过与“演员”对话，迅速了解事故的相关信息。

（2）根据事故情况采取急救措施。

（3）寻求相关部门（公安部门、医院、旅行社领导、消防队、餐馆等）的协助，注意沟通方法。

3. 评价总结

教师和学生对各组进行评价总结。

任务评价内容、要求等见表 11-2。

表 11-2 任务评价表

序号	任务内容	任务要求	等级	待改进技能	备注
1	熟悉安全事故的类型和预防措施	了解安全事故的类型			
		熟悉各种安全事故的预防措施			
2	掌握各种安全事故的处理方法	掌握交通事故的处理方法			
		掌握治安事故的处理方法			
		掌握火灾事故的处理方法			
		掌握食物中毒的处理方法			

任务三 游客患病、死亡问题的处理

情境导入

某国际旅行社组织的新马泰港澳 15 天旅游团是从香港往返的。出发的当天，在香港海关大厅，领队看到团员王先生精神很差、脸色蜡黄。领队关心地询问他的身体是不是不舒服，要不要去医院检查一下，王先生说没事。当团队来到马来西亚时，王先生的腹部突然隆起，病情恶化，到医院检查，诊断为传染性黄疸型肝炎并伴腹水，需马上住院，但王先生不同意，坚持随队游览。回到香港时，领队立即把他送到香港伊丽莎白医院。当晚，王先生因病情加重在医院去世。

任务描述

本任务要求学生了解游客患病和死亡问题的处理方法，同时需要特别注意游客患病事故的预防方法。主要是通过分组教学、角色扮演等方法，对处理过程进行模拟。

相关知识

由于旅途劳累、气候变化、水土不服、起居习惯改变等原因，旅游者，尤其是年老、体弱的旅游者常会感到身体不适甚至患病。在旅途中，旅游者突然患病、患重病、病危的事时有发生。常见的旅行疾病包括晕车（机、船）、高原反应、中暑、腹泻等。

一、旅游者患病的预防和处理

导游员应尽量避免人为原因致使旅游者生病。这就需要导游员从多方面了解游客的身体状况，照顾好他们的生活，提醒旅游者注意饮食卫生。如遇旅游者患病、突患重病的情况，导游员要沉着冷静地及时处理。

（一）旅游者患病的预防

（1）接待前，导游员应熟悉旅游团成员情况，根据团员的年龄、身体状况安排游览活动。

（2）制订计划、安排活动日程要劳逸结合。一天之内安排的游览项目不能太多，体力消耗大的项目不要集中，晚间活动安排时间不宜过长。

（3）提醒旅游者注意饮食卫生，如不要买小贩的食品、不喝生水和不洁的水等。

（4）做好天气预报工作，提醒旅游者及时增减衣服、带雨具等。

（5）做好各种提醒工作。例如，气候干燥的季节，提醒旅游者多喝水、多吃水果等。

（二）旅游者患一般疾病的处理

1. 劝其及早就医，注意休息

旅游者患一般疾病时，导游员要劝其尽早去医院看病，不要勉强游览，可以留在饭店内休息。如有需要，导游员应陪同患者前往医院就医。

2. 关心患病的游客

如果旅游者留在饭店休息，导游员要主动前去问候，询问其身体状况，以示关心。根据需要安排好用餐，必要时通知餐厅为其提供送餐服务。

3. 向旅游者讲清看病费用自理

需要时，导游员可陪同患者前往医院就医，但是应该向患者讲清楚，所需费用自理。提醒其保存好诊断证明和收据。

4. 严禁导游员擅自给患者用药

导游员不能擅自给患者用药，也不能建议患者用何种药。

视野拓展

出境旅游保健应该注意的问题

在旅游旺季，有不少人会选择出境游。对出境时的身体条件与如何保健有一些必须重视的学问，应该就以下几个问题加以注意。

1. 是否适应旅游，需先进行一个正确的评估

如今出境游以中老年人为主体，但老年人的身体又是出境游首先考虑的条件。出境游者，必须对自己的身体进行一个正确的评估，考量一下自己能否经受长途车船飞机的跋涉，最好做一个相应的体检，以保证不因身体原因而导致出行危险。

2. 备好必要的保健药品

一般出境游，旅行社总会做一些关于如何备好保健药品的指南，保健药品一般包括：感冒药、健胃消化药、消炎止痛药。患有慢性病而需经常用药者，如高血压、糖尿病、冠心病患者，要带足量药物，并要按时服药。

3. 如何适应时差

出境游，往往碰到不同地方出现的时差，对于时差在4小时以上，有些人会感到不适，要主动适应，及时调整时差。

4. 重视休息

出境游最不习惯的是没有午休，且休息时间少了，打乱了原来的“生物钟”。在旅游途中的车船飞机上，有大量的零碎时间可供旅客休息，要善于利用，在车船飞机上忙里偷闲，进行“打盹”。

5. 注意饮食卫生

注意饮食卫生，包括不要暴食暴饮，要吃卫生的食物。有些人不适应西餐，尤其是冷菜冷饮，容易闹肚子，因此，最好还是自带些食物，解决饮食不适应的问题。

6. 选择适当参与的游玩项目

为了安全，根据自己的年龄与身体，选择好适合的项目。对于年老或恐高或不会游泳者，上天下海都是危险的娱乐，应该主动放弃，以防万一。

7. 预防和处理好晕车晕船晕机

出行前休息好是防止晕车晕船晕机的最好办法。有晕车晕船者，要备好保健药提前服用。

〔资料来源：吕若埼 . 春节出境旅游保健有学问［J］. 开心老年，2019（12）. 有改动。〕

（三）旅游者突患重病的处理

1. 前往景点途中突患重病

游客在去旅游景点的途中突然患病，导游员应采取以下措施：

（1）在征得患者、患者亲友或领队同意后，立即将患病游客送往就近医院进行治疗，或拦截其他车辆将其送往医院，必要时中止旅行，让旅行车直接开到医院。

（2）及时将情况通知接待社有关人员，请求指示和派人协助。

（3）一般由全陪、领队、病人亲友一同前往医院。如无全陪和领队，地陪应该立即通知接待社请求协助。

2. 参观游览时突患重病

游客在参观游览时突患重病，导游员应采取以下措施：

（1）不要搬动患病游客，让其就地坐下或躺下。

（2）立即拨打电话叫救护车（医疗急救电话：120）。

（3）向景点工作人员或管理部门请求帮助。

（4）及时向接待社领导及有关人员报告。

3. 在饭店突然患重病

游客在饭店突然患重病，先由饭店医务人员抢救，然后送医院救治。导游员还应及时向当地接待社领导汇报情况。

4. 在向异地转移途中突患重病

乘飞机、火车、轮船前往下一站的途中，游客突患重病，全陪应请求乘务员的帮助，并在乘客中寻找医务人员救治。同时，通知下一站旅行社做好抢救的各项准备工作。

操作示例

六旬游客发病晕倒　医院诊断癌症晚期

导游员小张带团去华东五市旅游，团队共有80人，其中有12个儿童，规模是比较大的。当到达杭州准备外出游览时，意想不到的事情发生了：游客中有一位60多岁的老人突然发病晕倒，送医院检查诊断是癌症晚期，随时都有死亡的可能，医院要求通知其家属。面对这突如其来的变故，小张当机立断，要求医生照顾好病人，等待其家属的到来。

接下来的几天，她与旅行社派来的工作人员照料病人，直至家属赶来。病人经过精心治疗，病情稳定后由其家属接回。在治病过程中病人情绪极其不稳定，小张丝毫不介意。同时，小张也没有耽误其他游客的旅游，使得这次旅游圆满结束。后来，在得知病人去世后，旅游公司还特意派人去慰问，病人家属十分感激，旅游公司与客户之间建立了良好的关系。

5. 游客突患重病的处理要点

（1）旅游者病危时，导游员应立即协同领队和亲友送病人去急救中心或医院抢救，或请医生前来抢救。

（2）患者如系国际急救组织的投保者，导游员还应提醒领队及时与该组织的代理机构联系。

（3）在抢救过程中，领队或患者亲友应在现场，并详细记录患者患病前后的症状及治疗情况。导游员还应随时向当地接待社反映情况。

（4）如果需要做手术，须征得患者亲属的同意；如果亲属不在身边，须由领队同意并签字。

（5）若患者病危其亲属不在身边时，导游员应提醒领队及时通知患者亲属。如患者系外籍人士，导游员应提醒领队通知所在国使、领馆；患者家属来到后，导游员应协助其解决生活方面的问题；若找不到亲属，一切按使、领馆的书面意见处理。

（6）有关诊治、抢救或动手术的所有书面材料，应由主治医生出具并签字盖章，要妥善保存。

（7）地陪应该请求接待社领导派人帮助照顾患者、办理住院的相关事宜，同时安排好旅游团继续按计划活动，不得将全团活动中断。

（8）患者转危为安但仍需要继续住院治疗，不能随团继续旅游或出境时，接待社领导和导游员（主要是地陪）要不时去医院探望，帮助患者办理分离签证、延期签证及出院、回国手续及交通票证等事宜。

（9）患者住院和医疗费用自理。如患者没钱看病，应请领队或组团社与境外旅行社、其家属或保险公司联系解决费用问题。

（10）患者在离团住院期间未享受的综合服务费由中外旅行社之间结算后，按协议规定处理。患者亲属的一切费用自理。导游员这时应安排好旅游团其他旅游者的活动，全陪应继续随团旅游。

视野拓展

心肺复苏术的诞生

1967 年 7 月，美国佛州杰克森维尔市郊区一位名叫锡安平的电修工在抢修高压线路时触电昏迷，在救护车到达之前，另一名电修工汤姆森爬上了电线杆，在电线杆上给锡安平做了口对口呼吸。此景正好被当地《杰克森维尔晚报》的摄影记者莫洛比托摄下，这张《生命之吻》的照片于次年获得普利策新闻摄影奖，成为人类历史上的经典瞬间之一。

心肺复苏术（CPR）是指当呼吸终止及心跳停顿时，合并使用人工呼吸及心外按压来进行急救的一种技术，是针对由于各种原因导致的心搏骤停，在 4～6 分钟内所必须采取的急救措施之一。心肺复苏术适用于因心脏病突发、溺水、窒息或其他意外事件造成的意识昏迷并伴有呼吸及心跳停止的状态。

1972 年西雅图的利奥拉德•科布医生组织了一个公众 CPR 培训项目，医学界逐渐对公众掌握相关技术转为支持态度。在 1973 年，医学界组织的急救体系与以救火队为主的公众急救体系达成谅解。心肺复苏与心脏急救标准会议建议急救工作形成完整的体系，以戈登为主席的会议将急救划分为基本与高级两个层次，而心肺复苏术作为基本急救措施，要求实施全民教育，这宣告了心肺复苏术黄金时代的来临。

〔资料来源：寻正. 生命之吻：心肺复苏术的诞生［J］. 百科知识，2010（24）：9-11. 有改动。〕

二、旅游者因病死亡的处理

游客在旅游期间不论什么原因导致死亡，都是很不幸的事情。当出现游客死亡的情况时，导游员应沉着冷静，立即向当地接待社报告，按当地接待社领导的指示做好善后工作。同时，导游员应稳定其他旅游者的情绪，并继续做好旅游团的接待工作。

（1）如死者的亲属不在身边，导游员必须立即通知其亲属；如死者系外籍人士，应提醒领队或经由外事部门及早通知死者所属国驻华使、领馆，通知其亲属来华。

（2）由参加抢救的医师向死者的亲属、领队及死者的好友详细报告抢救经过，并写出抢救经过报告、死亡诊断证明书，由主治医师签字后盖章并复印，分别交给死者的亲属、领队和旅行社。

（3）对外籍死者一般不做尸体解剖，如要求解剖尸体，应由死者的亲属或领队，或其所在国家使、领馆有关官员签字的书面请求，经医院和有关部门同意后方可进行。

（4）如果外籍死者属非正常死亡，导游员应保护好现场，立即向公安局和旅行社领导汇报，协助查明死因。如需解剖尸体，要征得死者亲属和领队或所在国驻华使、领馆人员的同意，并签字认可。解剖后写出“尸体解剖报告”（无论出于何种原因解剖尸体，都要写“尸体解剖报告”）。此外，旅行社还应向司法机关办理公证书。

（5）死亡原因确定后，在与领队、死者亲属协商一致的基础上，请领队向全团宣布死亡原因及抢救、死亡经过情况。

（6）外籍死者遗体的处理，一般以火化为宜。遗体火化前，应由死者亲属或领队，或所在国家驻华使、领馆写出“火化申请书”并签字后进行火化。

（7）外籍死者遗体由领队、死者亲属护送火化后，火葬场出具的死者火化证明书交给领队或死者亲属；我民政部门发给对方携带骨灰出境证明。各有关事项的办理，接待社应予以协助。

（8）死者如在生前已办理人寿保险，导游员应协助死者亲属办理人寿保险索赔、医疗费报销等有关证明。

（9）出现游客因病死亡事件后，除领队、死者亲属和旅行社代表负责处理外，其余团员应当由代理领队带领仍按原计划参观游览。旅行社派何人处理死亡事故，何人负责团队游览活动，一律请示旅行社领导决定。

（10）若外籍死者亲属要求将遗体运回国，除需办理上述手续外，还应由医院对尸体进行防腐处理，并办理“尸体防腐证明书”“装殓证明书”“外国人运送灵柩（骨灰）许可证”“尸体灵柩进出境许可证”等有关证件，方可将遗体运出境。灵柩要按有关规定包装运输，要用铁皮密封，外廓要包装结实。由死者所属国驻华使、领馆办理一张经由国的通行证，此证随灵柩通行。

（11）有关抢救外籍死者的医疗、火化、尸体运送、交通等各项费用，一律由死者亲属或该团队交付。

（12）外籍死者的遗物由其亲属或领队，死者生前好友代表，全陪或所在国驻华使、领馆有关官员共同清点造册，制出清单，清点人要在清单上一一签字，清单一式两份，签字人员分别保存。遗物要交给死者亲属或死者所在国家驻华使、领馆有关人员。接收遗物者应在收据上签字，收据上应注意接收时间、地点、在场人员等。

操作示例

游客突然死在酒店客房

一天早上，全陪小李发现一位住单人房间的游客迟迟没有来吃早饭，他有点纳闷，但没有在意。集合登车时也没有见此游客，小李就找领队询问，领队也不知道；于是打电话到房间，没人接，两人就上楼找。敲门，无人答应；推门，门锁着。两人马上找来楼层服务员。小李请服务员打开房门，发现游客已死在床上。两人吓得跑到前厅，惊恐地向团队成员报告该游客死亡的消息。地陪当即决定取消当天的游览活动，并赶紧打电话向地方接待旅行社报告，请领导前来处理。

若发现游客死亡，导游应该按以下流程处理：

（1）保留现场，一旦发现游客死亡，一定要保护好现场，以便查明真实死因。

（2）立即报告旅行社领导，按当地旅行社领导的指示做好善后工作。

（3）等查明原因后再向团队成员报告该游客死亡原因。

（4）稳定其他旅游者的情绪，并继续做好旅游团的接待工作。

（5）后续处理工作按导游业务规范流程进行处理。

角色练习

【练习名称】

游客患病、死亡事故的处理。

【练习要求】

熟悉处理程序并能够模拟处理过程。

【角色设置】

（1）部分学生按照不同事故的案例，扮演游客、旅行社工作人员及相关部门工作人员。

（2）学生分组，各组抽签完成以上事故的处理。

【练习材料】

收集、整理关于游客患病、死亡事故的案例。

【练习步骤】

1. 认真阅读案例，了解事故的类型和产生原因

（1）了解游客基本情况：身体情况、亲友是否在场、国籍、签证情况等。

（2）判断事故的程度与类型，游客是一般患病还是患重病。

（3）判断需要与哪些部门沟通。

2. 各组针对事故的类型按照规定程序处理

（1）安抚患者及其他游客情绪。

（2）了解情况。

（3）按照规定程序处理。

（4）在旅游过程中做好疾病预防工作。

3. 模拟事件的处理过程

各组代表按照抽取的案例内容模拟事件的处理过程。

4. 评价总结

教师和学生对各组的演练进行评价总结。

任务评价内容、要求等见表 11-3。

表 11-3 任务评价表

序号	任务内容	任务要求	等级	待改进技能	备注
1	了解游客患病事故	熟悉患病的预防措施			
		能够正确处理游客患病事故			
2	熟悉对游客死亡事故的处理	能够正确处理游客死亡事故			

任务四 游客要求亲友随团活动、中途退团和延长旅游时间的处理

情境导入

某外国旅游团持集体签证入境，在该团出境回国的前两天，团员史密斯先生向地陪小李提出旅游结束后，他需要去另一座城市办事，小李没有明确答复。在该团出境前一天，史密斯先生再次提出并向小李说明了自己的特殊原因，要求旅行社办理前往另一地的委托服务。小李以时间紧迫予以拒绝，引起了史密斯先生的强烈不满，他通过领队向旅行社对小李进行了投诉。

导游员小李的做法是否合理？你会如何处理此类问题？

任务描述

本任务要求学生掌握对游客要求亲友随团活动、中途退团和延长旅游时间问题的处理方法。主要是通过分组教学、角色扮演等方法，对处理过程进行模拟。

相关知识

一、要求亲友随团活动

有些旅游者，特别是港澳台同胞和华侨，他们在祖国大陆的亲朋好友较多，希望能在

大陆和亲朋好友见上一面，但是他们旅游的时间有限，一般也不愿舍弃参观游览项目。因此，其亲友随团活动对他们来说是一个不错的解决方案。当旅游者向导游提出这样的要求时，导游应该做到以下几点。

（1）首先征得领队和旅游团其他成员的同意。

（2）与接待社有关部门联系，如无特殊情况可请随团活动的人员到接待社办理入团手续：出示有效证件、填写表格、缴纳费用。办完随团手续后方可随团活动。

（3）如果时间紧张，随团活动人员无法到旅行社办理相关手续，导游可以通过电话与接待社有关部门联系，得到允许后代为查阅证件，收取费用，并尽快将收据、合同等资料交给游客。

（4）若随团活动的游客亲友身份是外国驻华外交官员或外国记者，应该向有关部门请示，获准后方可允许其办理入团手续。

操作示例

寻根之旅，亲情长存

导游员小李接待了一个从台湾来的旅游团。该团是以寻根为目的。旅游团入住酒店后，团员王老先生在领队的陪同下找到导游员小李。王老先生情绪非常激动，他表示希望自己的一位多年未见的堂兄能够随团一同参加活动。原来，王老先生在幼年时随父母离开大陆。此次的寻根之旅是他第一次返回祖国大陆。在离开台湾的前一晚，王老先生刚刚得知了自己一位在大陆的堂兄的联系方式。两位阔别多年的老人在电话联系后，急切地在大陆机场见了一面。因为两位老人年事已高，所以不知下次再见会是何时，再加上此次又是意义非凡的寻根之旅，所以王老先生希望堂兄能够与自己一同参加此次旅游活动。

面对游客要求亲友随团活动的问题时，导游应做如下几方面的工作：

（1）首先要征得领队和旅游团其他成员的同意。

（2）与接待社有关部门联系，如无特殊情况可请随团活动的人员准备好有效身份证件到接待社填写表格，缴纳费用；办完随团手续后方可随团活动。

（3）如因时间关系无法到旅行社办理相关手续，可打电话与接待社有关部门联系，得到允许后代为查阅证件，收取费用；办完手续后尽快将收据交给游客。

视野拓展

游客要求探视或寻找亲友

一、探视有联系的亲友

如果旅游者与希望探视的亲友有联系，知道其姓名、地址、电话，导游人员可以让旅游者自行联系，也可协助联系并帮助安排见面。

二、寻找失散多年的亲友

旅游者希望找到失散多年的亲友，只知其名，不知其他信息，或记得亲友曾经住过的地方、曾经工作过的单位，导游人员要积极帮助寻找。

（1）请旅游者详细写明亲友的有关情况，经由旅行社请公安户籍部门协助寻找，找到了应及时告诉旅游者，帮其联系并安排见面。

（2）如果旅游者在华期间找不到亲友，导游人员可让其留下详细的通信地址，待找到后书面通知他。

导游人员应高度重视旅游者寻找失散亲友的要求，若能帮其找到亲友，会在旅游团内产生较大影响，有助于提高旅游服务质量。

三、要求会见同行

入境旅游者要求会见中国同行进行洽谈业务、联系工作或其他活动，导游人员应问明事由，向旅行社汇报，在领导指示下给予积极协助。

四、要求会见名人

旅游者慕名求访某位名人，导游人员应了解会见目的并报告旅行社，按规定办理。

五、注意事项

1. 导游人员无义务充当私人会见的翻译

协助入境旅游者联系在华亲友、安排会见是导游人员的工作，但导游人员一般不参加私人会见，更无充当翻译的义务。

2. 婉拒外国使、领馆的活动

外国使、领馆及其外交官请入境旅游者去使、领馆参加一些活动，同时也邀请导游人员参加，对此，导游人员一般应婉拒；若对方一再盛情邀请，经请示领导获批准后方可前往。在使、领馆活动时，要大方、谨慎；活动结束后应向领导汇报。

（资料来源：全国导游人员资格考试教材编写组．导游业务［M］．5版．旅游教育出版社，2020. 有改写。）

二、要求中途退团和延长旅游时间

旅游者要求中途退团的情况虽然不多见，但也时有发生。旅游者的这些特殊要求，并不是导游员所能够单独解决的。因此，当旅游团全体成员或部分成员提出中途退团或延长旅游时间的要求时，导游员必须立即报告接待方旅行社，由其视具体情况做出决定，导游员则在领导指示下协助旅游者。

（一）旅游者要求中途退团

1. 因特殊原因执意要求中途退团

旅游者因患病、受伤或因其他特殊原因，要求提前离开旅游团，中止旅游活动，经接待方旅行社与组团社协商后可予以满足。至于未享受的综合服务费，按旅游协议书规定，或部分退还，或不予退还。

2. 无特殊原因要求中途退团

旅游者无特殊原因，只因某个要求得不到满足而提出中止旅游活动，在这种情况下，导游员应做好如下工作。

（1）配合领队做说服工作，劝其继续随团旅游。

（2）了解旅游者中止旅游活动的真实原因，如果接待方旅行社确实有责任，应设法尽快弥补；若旅游者提出的是无理要求，要做耐心的解释工作。

（3）若劝说无效，旅游者仍执意要求退团，可满足其要求，但应告知他未享受的综合服务费用不予退还。

海外旅游者不管因何种原因中止旅游、提前回国，导游员都要在领导指示下协助旅游者重订航班、机座，办理分离签证及其他离团、回国手续，所需费用由旅游者自理。

操作示例

美国游客母亲病故　立即回国办理丧事

某旅行社导游员小李接待了一个美国旅行团，该团原计划于10月15日从A市飞抵B市。10月16日，游客们晚餐后回到房间不久，领队陪着团员玛丽小姐找到小李："玛丽小姐刚刚接到家里电话，她的母亲病故了，需要立即赶回美国处理丧事。"玛丽小姐非常悲痛，请求小李帮助。

游客因患病，或因家中出事，或因工作上急需，或因其他特殊原因，要求提前离开旅游团、中止旅游活动，经接待方旅行社与组团社协商后可予以满足，至于未享受的综合服务费，按旅游协议书中的规定，或部分退还，或不予退还。

（二）旅游者要求延长旅游时间

1. 因伤、因病需要延长旅游时间

外国旅游者因伤、因病需要延长在中国的时间，导游员应首先对其进行安慰，除为其办理有关手续外，还应该前往医院探视，并帮助伤病者及其陪伴家属解决生活问题。

2. 其他原因要求延长旅游时间

旅游团的活动结束后，有的旅游者要求继续在中国旅行游览，导游员的处理方法如下。

（1）不需要办理延长签证手续的，一般可满足其要求。

（2）需要办理延长签证手续的，原则上应予以婉拒。确有特殊理由需要留下的，导游员应请示旅行社，然后向其提供必要的服务。

办理延长签证手续的具体做法：先到旅行社开证明，然后陪同游客持旅行社的证明、护照及集体签证到当地公安局外国人出入境管理处办理分离签证手续和延长签证手续，费用自理。

（3）旅游团离境后，继续留下的游客需要帮助，导游员一般可以提供以下服务：协助其重新订妥航班、机票或火车票、饭店等，并向其讲明所需费用自理；如其要求继续提供导游或其他服务，则应该与接待社另外签一份合同。

操作示例

一老年游客脑出血发作

日本某旅游团一行18人（该团无全陪）按计划于10月12日乘国际航班从A市出境。10月11日上午，当该团乘车前往某景点时，一位老人突然昏厥。因情况紧急，导游员小王让司机立即将车开往就近医院。医生诊断老人为严重脑出血，并开出病危通知书，需手术抢救。手术后患者脱离危险，但不能继续随团活动，也不能按时离境。

（1）迅速报告旅行社，提醒领队报告海外组团社。

（2）手术前需征得领队同意并签字，保留相应诊治材料。

（3）提醒领队联系日本驻华使、领馆并通知患者国内亲属，按他们意见处理。

（4）协助患者办理分离签证与延长签证手续。

（5）安抚其他旅游者情绪，照原计划送其他游客离境。

（6）患者住院期间，导游员与领导不时前往医院探望。

（7）患者出院后协助办理出院、回国手续及交通票证。

（8）患者医疗及亲属生活费用自理，患者未享受的综合服务费由旅行社之间协商后按规定退还。

角色练习

【练习名称】

游客要求亲友随团活动、中途退团和延长旅游时间时的处理。

【练习要求】

熟悉处理程序并能够模拟处理过程。

【角色设置】

（1）根据游客要求亲友随团活动、中途退团和延长旅游时间这三类情况的案例，设置游客、旅行社工作人员及相关部门工作人员等角色，由部分学生扮演。

（2）学生分组，各组抽签，模拟以上三类情况的处理过程。

【练习材料】

收集、整理游客要求亲友随团活动、中途退团和延长旅游时间的案例。

【练习步骤】

1. 认真阅读案例，了解具体原因

（1）亲友随团活动：游客的理由；亲友是否为外国驻华外交官员或外国记者。

（2）中途退团：有无特殊原因，是否需要重订航班、机座，是否需要办理分离签证或延长签证手续。

（3）延长旅游时间：延长的原因，是否需要办理分离签证或延长签证手续，离团后还需要提供哪些服务。

2. 各组针对不同情况按照规定程序处理

（1）注意与游客之间的沟通，了解情况。

（2）按照规定程序和标准处理。

3. 模拟处理过程

各组代表按照抽取的案例内容模拟事件的处理过程。

4. 评价总结

教师和学生对各组的演练进行评价总结。

任务评价内容、要求等见表 11–4。

表 11–4　任务评价表

序号	任务内容	任务要求	等级	待改进技能	备注
1	要求亲友随团活动	沟通得当			
		能够按照程序和标准处理			
2	要求中途退团	沟通得当			
		能够按照程序和标准处理			
3	要求延长旅游时间	沟通得当			
		能够按照程序和标准处理			

课后练习

1. 旅游过程中如何预防游客走失？
2. 如果游客行李在来华途中遗失，导游应该如何处理？
3. 华侨遗失护照与签证应该如何处理？
4. 在游览过程中，一名游客突患重病，导游应该如何处理？
5. 简述火灾事故的预防措施。
6. 简述治安事故的预防措施。
7. 导游可否允许游客的亲友随团活动？导游应该如何处理？
8. 游客因病而延长在一地的逗留时间，导游应该如何处理？

参考文献

[1] 程新造 . 模拟导游 [M]. 北京：旅游教育出版社，2014.

[2] 湖北省导游人员资格考试系列教材 . 导游实务与案例 [M]. 武汉：湖北教育出版社，2014.

[3] 吴英鹰 . 模拟导游 [M]. 北京：国防工业出版社，2014.

[4] 宙斯 . 带团就是战斗 [M]. 北京：旅游教育出版社，2014.

[5] 王延君 . 模拟导游实务 [M]. 北京：北京大学出版社，2012.

[6] 鄢向荣 . 旅游服务礼仪 [M]. 北京：北京交通大学出版社，2006.

[7] 熊剑平 . 导游实务 [M]. 北京：旅游教育出版社，2009.

[8] 周晓梅 . 导游带团技能一本通 [M]. 北京：旅游教育出版社，2007.